太平洋戦争と日系アメリカ人の軌跡

日米関係史を考える

吉浜精一郎 著

芙蓉書房出版

はじめに

一九八五（昭和六〇）年、私は川崎市から派遣され、アメリカのメリーランド州ボルティモア市へ交換教員として赴任した。任期は一年、前半は同市教育センターで日本語教育の指導書の作成に従事し、後半は公立および私立の中等学校と高等学校でじっさいに教壇に立ち、日本語教育の指導にあたった。このとき経験したアメリカ公教育の実際については、帰国後に報告書としてまとめ上梓した。私の滞米中、しばしば日本の学校での「いじめ」の問題が話題となっていたが、たとえば「いじめ」の問題については、日米の比較検討など、教育現場におけるまさに生の現実を取り上げ、アメリカの公教育を論じている書物がこれまで数多く出版されてきている[*1]。

ところで一九八五年というと、今から三〇年も前に遡ることになる。そこで当時の時代背景をまず大まかに把握しておかなければならないであろう。はじめに、私の任期中の一九八五年から八六年にかけて起こった大きな出来事を確認し、そしてアメリカ社会が大きく変化していった一九八〇年代の時代状況について、むろん私がじっさいに経験した範囲内に限定されるが、参考までにごく簡単に記しておきたい。

一九八五年九月、日本、アメリカ、イギリス、フランス、ドイツの先進五ヵ国蔵相会議がニューヨークのプラザ・ホテルで開かれ、日米貿易摩擦に対応するため、過度のドル高を是正し、協調介入に踏み切るプラザ合意の声明が出された。滞在中、じっさいに円相場が趨勢的に上昇し、円高・ドル安の動きの現実を日常生活で実感することができた。

一九八六年一月二八日、スペースシャトル「チャレンジャー」が午前一一時三八分（大西洋時間）に打ち上げられたが、二分後に爆発事故を起こし、大西洋上に墜落した。ハワイ生まれの日系三世も宇宙飛行士として搭乗していて、乗組員七人全員の死亡のニュースが伝えられた。そのとき私が担当していた公立女子高校のクラスの生徒たちが受けた衝撃は強く、授業を中止にせざるをえなかったことを今でも鮮明に憶えている*2。

一九八五年八月、これは直接アメリカで起こった事件ではなかったが、日本で一度に五二〇人もの生命を奪った日航ジャンボ機の墜落事故が起こり、アメリカでも連日そのニュースがテレビや新聞で報道され、日本語を学んでいた生徒たちはもとより、アメリカ社会に強い衝撃を与えた。

すでに私は帰国していたが、一九八六年九月、当時の中曽根首相が自民党の研修会で、「米国には黒人やヒスパニックの人がいるため、平均的にみたら日本人より知識水準が低い」という趣旨の発言をした。この発言はアメリカ下院で首相非難決議案が提出されるなど、アメリカで大きな反響を呼んだことが記憶に新しい*3。

中曽根元首相のこうした発言が物議をかもしたほど、一九八〇年代において日米関係は経済上の摩擦で悪化の一途をたどっていった。巨額の対日貿易赤字を抱え、アメリカの世論のなかで反日本・反日本人感情が高まり、「日本たたき」が具体的に行動化されていった。赴任してすぐ、ボルティモア市の経済界の要人による昼食会に招待され、「アンフェアな日本」という意識が如実に見え隠れする質問攻めにあい、当時は私自身こうした方面に興味も関心もなく、また無知だっただけに、質問者に納得してもらうようには答えることができず、とまどったことを憶えている。

さらに任期中、国会議事堂の前で日本製の自動車や電化製品を積み上げ、ガソリンをかけて火をつけ、「ジャパン・バッシング」の演説をぶっている連邦議員のパフォーマンスをテレビで見て、日本では考えられなかっただけに、これからのアメリカでの生活も大変なことになるやもしれないと不安になった*4。

ともあれ一九八〇年代のこうした悪化した日米関係の時代状況のなかで、私のアメリカでの生活が始まったわけである。任期前半の教育センター、そして後半の学校での仕事は、いわゆる「客員」という資格だけに責任も軽く、日本における勤務状態を考えれば比較にならないほど楽であった。土日を除く五日勤務で、それも自分の持ち時間を果たせば、通常はおよそ午後三時以降まったく拘束されることはなかった。英語力をさらに向上させるため、週二回ほどボルティモア市にある大学の夜間英語コースに通った以外、あり余るほどの自由な時間は、国籍や人種に関係なくできるだけ多くの友人、知人を作ってゆくことにもっぱら力を注いでいった。

川崎市とボルティモア市は姉妹都市としてすでに各種の国際交流事業を推進してきていたが、一九八五（昭和六〇）年度から新規事業として両市の間で教員の相互派遣を実施することになったのである。ボルティモア市には行政側に「川崎姉妹都市委員会」（Kawasaki Sister City Committee）、民間側に「日米親善協会」（Japanese American Fellowship Society）という組織があり、交換教員を受け入れる準備は整っていた。「日米親善協会」はボルティモア市内および近郊に住む日系人の親睦団体（会員数は、一九八五年七月の時点で一〇八名）であるが、定期的に「ニューズレター」（newsletter）を発行し、姉妹都市委員会からの報告、会主催の各種事業や行事の報告および案内、会員の近況報告、ボランティア活動の要請などを掲載し、会員の結束を図っていた。そして「ボルチモア滞在中に様々な援助を必要とする日系の方々が時折いらっしゃるという事を、協会の会員の方々の記憶に留めておいて頂きたいと思います」（原文のまま）という記述が、なによりもこの会の精神を端的に物語っているように思われた*5。

ボルティモア市で私の交友関係は、「日米親善協会」の会員を通して拡がっていったと言ってよい。一九三七（昭和一二）年生まれの私は、太平洋戦争の終戦時には国民学校二年生であったが、私自身の戦争体験などはすっかり忘れ、アメリカ文化に強い影響を受けながら戦後の日本を生きてきたと言える。ボルティモア市に赴任して初めの頃、私は現地の日系人に二冊の書物を紹介され通読し、日本にとってつねに大きな存在であったアメリカについて、教科書や書物などで学んだいわゆる正史とは別に、表立って取り上げられていない歴史の現実があることにはじめて気づいたのである。むろん映画や小説、そしてマスコミによる報道などを通して、日米間の歴史にはそんなこともあったのかと断片的には知ってはいたが、渡米前とくに興味や関心を引き起こされていたわけではなかった。すなわちその一冊は、森田徳『アメリカから語り掛ける――メリーランド州派遣研修報告書――』（神奈川県自治総合研究センター、一九八四年）であり、もう一冊は、江成常夫『花嫁のアメリカ』（講談社文庫、一九八四年）であった。

前書の『アメリカから語り掛ける――メリーランド州派遣研修報告書――』は、一九八一（昭和五六）年に川崎市がある神奈川県とボルティモア市があるメリーランド州との間で友好提携が結ばれたのをきっかけに、県職員の森田徳副主幹が、一九八二（昭和五七）年九月から一年間メリーランド州政府に派遣され、その研修成果をまとめたものである。およそ三〇人の在住日系（米）人にインタビューし、そのうち一六組の人びとが選ばれ、その内容が掲載されている。そのなかのひとり日系二世のベス・ヤノさん（Mrs. Bess Yano）へのインタビューでは、戦時下日系人の強制収容所（キャンプ）での生活実態、そして日系一世および二世のアメリカでの苦闘の歴史、さらには三世の生活観などが淡々と語られ、強く興味と関心を抱かされた。

もう一冊の『花嫁のアメリカ』は、ボルティモア市在住の日系人女性の間で回し読みされていたようで、この書物を読んで私はいわゆる「戦争花嫁」の存在をはじめて知ったのである。本書では、副題が「ドキュメント・太平洋を結ぶ愛」となっているように、終戦後日本に進駐してきたアメリカ兵や軍属、そして軍および政府関係者などと国際結婚し、アメリカで暮らすことになった日本人女性八六人の生活の軌跡が写真とともに語られていた。この書物に眼を通しながら、私はおよそ四〇年という長い年月を遡って、一挙に終戦直後の日本の風景のなかへと連れ戻されてしまったように感じた。

このようなわけで、派遣教員の仕事とは別に、私は日系一世および二世、そして戦争花嫁のいわゆる「生活の軌跡」に強い関心を抱き、在米中なるべく多くの日系人に会い、聞き書きを続け、関連資料の収集に努めた。こうした作業の過程を通して私が気づいたことは、私が出合った在住日系人の多くに共通してみられる生活信条や価値観が、日本および日本人に対する強い誇りに支えられているということであった。誰もが、「日本人として私たちはなによりも誇りを持っていました」*6と語るのを聞くと、戦後日本で日本人として生きてきた私は、「あなたも私たちと同じに日本人としての誇りを持っていますか」と問われているように思え、自信をもって「持っています」と答えることのできない自分に気づくほかなかった。

帰国後、米軍日系人二世部隊に関する資料を読み、ヨーロッパ戦線で米兵として、「バンザイ」と叫びながら散っていった二世兵士の精神を支えていたものは、やはり同じく日本および日本人に対するなによりも強い誇りであったにちがいないと思った。そして激しい戦闘で自らの命までをも捧げてアメリカへの忠誠を示し、そうすることでアメリカ社会に生きる同胞の日系人により安定した生活を与えようとした、日系二世兵士たちの日本人としての誇りについて改めて思いを巡らさざるをえなかった*7。

ところで「悲劇の悲痛な悦楽をなすものは残忍である」*8とニーチェ（一八四四〜一九〇〇年）は言っているが、戦争がむしろ直接には戦争行為に加担しない非戦闘員に、酷薄な運命を強いる理不尽な行為であるということは、すでにギリシア悲劇をはじめとして、これまで多く語られてきている。たとえば、アイスキュロス（前五二五〜四五六年）『アガメムノーン』のなかにあるつぎの一節は、なによりも雄弁にこのことを物語っているのではなかろうか。

見わたせばギリシア全土、遠征軍の兵士らの故郷には、

胸をおさえて　悲哀に堪える女の姿が
あの家にも、この家にも、はっきりと影をおとす。
ひっきりなしに訪れる、断腸の悲しみなのだ。
親しいものらを見送ったのに、
おのおのの家もとに帰ってくるのは、
骨壷と灰、人ではなくて*9。

やむにやまれぬ、正当化される戦争がありうると言う。ただしそのばあい戦争すること自体、そして戦争行為、さらには戦争後など、戦争をあらゆる側面から、道徳的批判に堪えうるかどうか厳しく検証されなければならないとされている*10。けれども、単に純粋に理論的に考えてゆくかぎり、それは可能かもしれないが、たとえば戦争を止めるための軍事力行使による非戦闘員の犠牲、そして社会的弱者を含め非戦闘員の戦時下の生活の苛酷な現実などを考えたばあい、はたして肯定することができるのか、はなはだ疑問に思える。

本書で取り上げた日系一世および二世、そして戦争花嫁など、多くの在住日系人に会い、聞き書きを続けてゆくと、基本的にはすべて日本とアメリカとの間で争われた太平洋戦争の問題にゆきつかざるをえなかった。もし太平洋戦争がなかったならば、かれらの生活の状況はまったく別のものになっていたであろうし、そして日米間に戦争花嫁という言葉すらも存在しなかったはずである。それだけに非戦闘員として、かれらが被った戦争による傷跡には想像を絶するものがあると言ってよいであろう。

『新約聖書』「マタイによる福音書」のなかで、イエスは弟子たちに向って、「あなたがたは，地の塩である。」（五－一三）、「あなたがたは、世の光である。」（五－一四～一六）と語り、神を信じる者は、この世にあって塩のように、人の心の腐敗をとどめなければならない、この世の光として、「よいおこない」で世界の万民を照らさなければならない、と教えている。そしてイエスのこの教えは、転じて「模範」や「手本」を示すものとして解釈され、ひろく引例されてきている*11。

もっとも日本と西洋世界とは宗教や文化を異にするかぎり、安易にイエスの教えを引例するのは控えなければならないし、それに「マタイによる福音書」それ自体が、使徒マタイとは別の著者によるものとされ、さらにこれまでの神学的そして思想的な批判的検討も考慮に入れなければならないことを認めるとして、たとえば異郷で骨を埋める覚悟で自らに課せられた使命を果たし、異郷の土に還るという、日本人として伝統的な生き方は、イエスのこの教えに底流で通ずるものがあるのではなかろうか。

国際化が著しく進展してきた今日、国際結婚も、海外に生活の居を定めることも、とりたてて珍しいことではなくなった。けれども戦争という例外状況とはいえ、敵性外国人として強制収容所に隔離された日系一世、二世、三世の人たち、そしてなかには親子の縁を断たれてまで、それまで敵国であったアメリカ将兵と結婚し、海を渡った戦争花嫁たちは、たとえば戦後ずっと良好な関係を続けてきた日米間の架け橋として、その功績はもっと高く評価されてもよいのではなかろうか。

そこでこうした問題意識から、そのひとつの試みとして、広大なアメリカ社会で、すでに土に還ったひとも多くなってしまったが、いわば「地の塩」として貢献してきた先駆的存在である日系人の何人かを取り上げ、資料や聞き書きなどを参考にしてより具体的な像を示し、日米関係のいくつかの断面を検討してゆくことを、なによりも本書の優先課題としてゆきたい。

＊

1 吉浜精一郎編著『アメリカ公教育のいま』(川崎市総合教育センター、一九九〇年)、『アメリカ公教育の課題と展望』（川崎教育文化研究所、一九九二年）。たとえば、保護者の立場からアメリカの教育現場の実際を論じている書物として、永家光子『星条旗と日の丸――アメリカの体験から日本の教育を考える――』（太郎次郎社、一九八七年）は、今日でも示唆するところが多い。

2 *HOKUBEI MAINICHI*, January 29, 1986.

3 『アメリカ人の日本観――朝日新聞・日米両国民意識調査――』（朝日新聞社、一九八七年）六一頁。

4 NHK特集、緊急リポート『アメリカからの警告』（日本放送協会、一九八六年）、参照。

5 Japanese /American Fellowship Society of Greater Baltimore, Inc., Fall 1985, Winter / Spring 1986.

6 たとえば、森田徳『アメリカから語り掛ける――メリーランド州派遣研修報告書――』（神奈川県自治総合研究センター、一九八四年）三三頁。

7 橋本明『棄民たちの戦場――米軍日系人部隊の悲劇――』（新潮社、二〇〇九年）、飯野正子『もう一つの日米関係史――紛争と強調のなかの日系アメリカ人――』（有斐閣、二〇〇〇年）、渡辺正清『ヤマト魂――アメリカ・日系二世、自由への戦い――』（集英社、二〇〇一年）、ほか。

8 ニーチェ『善悪の彼岸』木場深定訳〈岩波文庫〉（岩波書店、二〇一〇年）二四一頁。

9 アイスキュロス『アガメムノーン』久保正彰訳〈岩波文庫〉（岩波書店、一九九八年）四三頁。

10 マイケル・ウォルツァー『戦争を論ずる――正戦のモラル・リアリティ』駒村圭吾、鈴木正彦、松元雅和訳（風行社、二〇〇八年）、同『正しい戦争と不正な戦争』萩原能久監訳（風行社、二〇〇八年）。

11 『新約聖書注解Ⅰ』（日本基督教団出版局、一九九一年）五三～五四頁、『聖書名言辞典』（講談社、二〇〇四年）四〇七頁、『キリスト教辞典』（岩波書店、二〇〇二年）七三九頁、『新聖書辞典』（いのちのことば社出版部、一九八五年）八二四頁、『日本国語大辞典』第二版（小学館、二〇〇一年）一三七六頁。なお、田川建三『書物としての新約聖書』（勁草書房、一九九七年）一七四、三四五、三四六、五四一頁、吉本隆明『マチウ書試論・転向論』（講談社文芸文庫、一九九〇年）五七～一四〇頁、参照。

太平洋戦争と日系アメリカ人の軌跡●目次

第一章 ❖ 記憶のなかの太平洋戦争

盧溝橋事件が起こり、日中戦争が勃発した一九三七（昭和一二）年に、私は生まれた。一九三一（昭和六）年、鉄道が爆破された柳条湖事件を契機に満州事変が起こり、それ以後太平洋戦争の終結までを一般に一五年戦争と呼んでいるが、敗戦時に国民学校二年生であった私の幼年期は、まさに戦争一色に塗りつぶされていたと言ってもよい。終戦時八歳になったばかりの子どもの記憶である。細部にわたってまで鮮明に憶えているわけではない。もっともそうであるだけに、数こそ少ないが、妙に頭の隅にいつまでもこびりついていて、なにかがきっかけでふっと浮かんでくる記憶があるのも確かである。

一九四五（昭和二〇）年八月一五日、昼頃。疎開先の農家の庭先に何人かの大人が集まり、ラジオの雑音に耳を傾けていた。これ以上のことは私の記憶にはないが、この雑音まじりのラジオの放送を境に、それまで暗黒色のモノトーンで覆われ、固く張りつめたような周囲の雰囲気が、なんとなく大きく膨らんだ風船玉が破れてしまったかのように、どうしてよいかわからない雰囲気に変わったみたいに、子ども心にも感じられた。一〇歳年上の私の姉は生前、「戦争が終わった。嬉しいような、何だか呆然とした気持ちだった。これからどんな時代になるのか、ただ空襲のない嬉しさだけ。毎日、気の抜けた暮らしが続いた。」[*1]と走り書きを残し、終戦時の心境を伝えている。

光が外に漏れないように電灯の笠を黒い布で覆った部屋、連夜の空襲警報のサイレンで急いで防空頭巾を被って駆け込んだ防空壕、空襲で真っ赤になった空、母親の背中にかじりついてこわごわ見送った出征兵士の姿、そしてなによりも大きなはじけるような明るい声も笑いもまったくなかった、暗いモノトーンの戦時下。そして敗戦を境に、空襲、権力による抑圧、耐乏生活などから解き放たれ、規範を欠いた弱肉強食むき出しの世の中の出現。とはいえ、たしかに秩序を欠き、混乱に陥ってはいたが、そこに強い束縛から解放された人びとの安堵感が溢れていた社会の出現は、国民学校二年生の私にとってもけっして厭なことではなかったと今でも思う。

戦争が終わって何年、何十年と経過しても、たとえばサイレンが鳴るたびに、熟睡している夜中でも親に叩き起こされ、急いで防空頭巾を被って防空壕に避難した戦時中の体験が蘇ってくる。戦争のつらい記憶は、個人それぞれの心のなかや社会の深層に生き続けて歴史化されてゆく。試みに『戦場体験「声」が語り継ぐ昭和――』(朝日新聞社、二〇〇五年)を繙いてみると、およそ私の幼少体験などと比較にならないくらい悲惨な体験が、多くの人びとによって証言されている。それでも私の戦争体験を記憶し続けることは、「戦争とは何か」を問う原点として、私が生きているかぎり、意味を失うことはないのではなかろうか。

ところで、人類の歴史は戦争の歴史でもあると言ってよいが、個人同士の争いはけっして戦争とは言わない。組織された集団と集団との間での争いが戦争である。組織を指揮し、自らは安全圏にいるだけに血に飢えた権力者による殺戮、そして戦闘員であれ非戦闘員であれ、組織に組み込まれた個人の理不尽な自己犠牲が正当化されるメカニズムがなによりも戦争にほかならない。そして一般に歴史は、権力者の視点に特化されながら、史実による物語として理解されてゆくのに対して、記憶は歴史の真実を解き明かすものとされてはいるが、その信憑性への疑いや、記憶自体の変容の可能性がつねにつきまとうのを避けることができないのである*2。ましてや記憶も定かではない幼少期の体験である。それだけに、それらを単に個人の記憶として記述するだけではなく、なるべく文書資料を引例して客観的に裏づけることによって、できれば歴史の証言として意味あるものにしてゆかなければならないであろう。

本章で、太平洋戦争に関して私の記憶に残っているもののなかからいくつかの項目を取り上げ、そして関連ある資料に基づいて、できるかぎり記憶の信憑性を確かなものにしてゆくことによって、戦争とは何か、改めて再考してゆくことにしたい。

一、俘虜収容所

何年か前、戦争に関する文献を集中して読んでいたとき、そのなかの一冊ウィリアム・アリスター著『キャンプ――日本軍の捕虜になった男――』（以下、『キャンプ』と略記）のつぎに記す箇所に接し、私の体に電流が走るのを感じた。

また別の列車に乗せられ、川崎へ連れていかれた。着くと、騎馬将校に従って泥道を行進させられ、やがてここの収容所で割りあてられることになる宿舎に向かう。周辺は、煙や埃の立ちこめる、ごみごみした産業地帯だ。美しい田園都市とは打って変わって、草の葉一枚、木一本見あたらない。二つの長い小屋にはさまれた狭い囲い地に連れてこられた。むき出しの地面を、炭の燃え殻が覆っている。ここが三D強制収容所。これからわれわれが何ヵ月も何ヵ月もはてしのない日々を過ごすことになる「家」だ。

（中略）

二月の寒い雨の中、日本鋼管の造船所まで、三キロ余りの道を歩かされた。今後、われわれはこの造船所で働かされるのだ。支給される履物は、多くが擦りきれたズック靴で、それを素足にはいているから、氷のように冷たいぬかるみの道を行くのはひどく情けない。造船所の門をくぐって構内に入り、食卓とベンチがずらりと並んだ大きな小屋に通された。そしてさまざまな作業班に分けられると、「俘メン」と呼ばれる監督役の民間人に引きわたされた*3。

日本鋼管造船所および三D強制収容所があった場所について、『キャンプ』の訳注では川崎市ではなく、横浜市鶴見区にあったと記しているが*4、私の記憶では、少なくとも収容所については、やはり著者の記憶通り、川崎市内ではないかと思う。そして日本鋼管造船所については、川崎市の沿岸地区と横浜市鶴見区の沿岸地区にまたがって、東京湾に面する臨海地帯に京浜工業地帯の核として発展していった巨大企業の一画を担っていただけに、どちらとも言えないと思う。

戦時中、俘虜収容所は東京都大森区入新居町にあった東京俘虜収容所と称する本所の下に、一六ヵ所の分所と三ヵ所の分遣所があり、川崎市内には第一分所として大島四丁目の俘虜収容所（川崎市大島町）、第二分所として扇町俘虜収容所（川崎市扇町）、このほかに味の素俘虜収容所（川崎市大師本町）があった。俘虜は国籍がアメリカ、イギリス、オランダ、濠州、支那、インド、阿（阿弗利加《アフリカ》の略）、ジャマイカ、エストニア、イアラ《（ママ）》、イタリー、ノルウェーに及び、士官や准士官のほか、非軍人が数多く含まれていた*5。

「昭和十七年十月　俘虜就労状況報告書」によれば、川崎収容所関係は、収容人員が二九三名、就労人員が九月二三日から一〇月六日まで延人員一〇一〇人、主な就労場所ならびに労務の種類は、三井物産川崎埠頭、日本鋼管岸壁、日満倉庫、川崎駅等石炭荷揚貨物積卸労務、工場旋盤工となっている。

一方、横浜収容所関係は、収容人員が二二六名、就労人員が九月三〇日から一〇月六日まで延人員六〇七人、主な就労場所ならびに労務の種類は、横浜港荷揚労務ならびに工場雑役となっている*6。

ところで、かつてあった大島四丁目の俘虜収容所から、現在の追分町を通り鋼管通の一本道を真直ぐ三キロ余り歩いてゆくと、日本鋼管（現ＪＦＥ）の構内に着く。俘虜たちは当時、前後に銃剣をもった警備隊の兵士に監視されながら、工場などの労務に使役されるため歩かされていったとされている*7。

さらに、米軍が空から撮影した、空襲による被災後の富士見公園付近の写真を見ると、屋根にＰＷ (Prisoner of War) と書かれた木造二階建ての俘虜収容所の建物のほか、戦後は市営住宅として使われていた同じ規模の木造二階建ての建物が、引例した文中にある「二つの長い小屋」という記述を思わせるように並んで建っていて、いずれも空襲を受けずに残っている*8。

『キャンプ』に記述されている「三D強制収容所」は、このように資料にあたってゆくと、むろん断定はできないであろうが、大島四丁目の俘虜収容所ではなかったかと推定されるのである。

当時、私の生家は、現在の追分を起点に日本鋼管の構内に至る鋼管通りを、およそ三分の二ほど行った通りに面して建っていた。建物強制疎開で生家が取り壊される前であったから、国民学校一年生かその少し前の頃だったと思う。毎朝みすぼらしい恰好をした大きな男たちが群れをなして、馬にまたがった警備の兵士に囲まれ、とぼとぼ歩いてゆく姿を原風景として記憶している。それはまさに『キャンプ』から引用した記述に重なる風景でもあるだけに、私の体に電流が走ったのかもしれないのである。

前記の「昭和十七年十月　俘虜就労状況報告書」は、厚生大臣および内務大臣宛に提出された神奈川県知事の報告書であるが、それによると、俘虜に関しては防諜上、取り扱いに万全を期さなければならないのは当然のこととしても、就労場所と収容所間の往復はどうしても一般人の眼に触れざるをえないが、このことがかえって、戦争に敗ければ誰もがこうした状況におかれることを知らしめる効果が期待できると記されている*9。

強制収容所と言えば、三百万人の無辜の市民の人命を奪ったアウシュヴィッツ収容所の組織的集団虐殺は人類史の汚点として人びとの記憶から消えない。それは、人間がどれほどまで残虐なことができるかというサディズムの構造化の典型とされている。ユダヤ人としてアウシュヴィッツ収容所に囚われ奇跡的に生還したヴィクトール・E・フランクルの『夜と霧――ドイツ強制収容所の体験記録――』を通読すると、絶望的状況のなかにあっても、好奇心や想像力を失わないことが生につながるということがわかる*10。

『キャンプ』の著者ウィリアム・アリスターは、カナダの通信兵であったが、画家であり、作家であり、またコメディアンでもあったというだけに、アウシュヴィッツ収容所ほどではないにしても、香港や日本で俘虜収容所の過酷な状況に置かれても、諧謔や皮肉の精神を失うことなく、積極的で明るく生きぬいてゆく姿勢が本書を通じて伺える*11。

『キャンプ』の著者は、川崎の三D捕虜収容所へ連れてこられた一九四三年から四〇年が経過した一九八三年、再び日本を訪れている。かつての俘虜生活を回顧して、飢え、殴打、病気、侮辱、心の痛手など今でも心の傷として残り、およそ「楽しかった」などとは口が裂けても言えない、じつに身の毛もよだつ生活だったと述懐している*12。そして著者は、日本での過去を「是認しないこと」を条件に「許すこと」はできるが、それでもけっして「忘れること」はできないと明言している*13。

すでに記したように、戦時中、川崎市内には大島四丁目、扇町のほか、大師本町の味の素俘虜収容所と、三つの収容所があった。外界とは完全に遮断され、密室空間であったアウシュヴィッツ収容所とは異なり、収容所内や就労場所の工場などで直接に俘虜と係わった日本人、そして収容所の近隣住民たちの証言によると、俘虜たちとの血の通った温かい交流があったことがわかる。戦時中、貨物船が南大西洋でドイツ軍に撃沈され、俘虜として日本に引き渡され、終戦までの三年間、川崎市の味の素工場などで働かされたイギリス人の一等航海士が、戦後一五年ぶりに英国貨物船の船長として横浜港に入港し、俘虜収容所生活中に親切に世話をしてくれた日本人を新聞を通して尋ね探し、幸い再会し旧交を温めることができたことを伝える新聞記事、および当の日本人である森茂重の手記が、なによりもこのことを雄弁に物語っている。

私は別に捕虜係りではないが、捕虜係りに仕事の打合せに行くうち捕虜と知り合った。この捕虜たちは兵隊ではなくて戦争に加わっていない英国の貨物船の船員達で、故国には妻や子が帰りを待っている者ばかりであった。私はこの戦争に加わらない、武器を持たない、抵抗もしない捕虜に同情した＊14。

当時は日本も食糧難で、配給制のため日本人も満足に食べられない時代であったが、無理して毎朝「おにぎり」を作って会社に持ってゆき、俘虜たちにひとつずつ与え、またタバコも並んでひとり一箱しか買えなかったので、家族の者に買わせてまでして、朝一本ずつ与えていたという。

このようにして森茂重は俘虜たちに日本語を教えるようになるまで親しくなり、そのかれに召集令状がきて、いよいよ出征するために会社で挨拶を終えてひとり門を出ようとしたとき、内緒にしていたにもかかわらず、親しく接した俘虜たちが集まってきて、かれらに教えた歌「見よ東海の空明けて」を唄って送ってくれたと回想し、「捕虜に送られたのは、後にも先にも私一人だったと思う。」＊15と述べている。

国家間で行なわれる戦争、そしてそれによって翻弄され、運命までも狂わされる個人という例外状況のなかで、ときに敵、味方を超えて称賛される美談が報じられることもあるが、それが本来あるべき姿ではないことは言うまでもない。戦闘員であれ非戦闘員であれ、個人に強いられる理不尽な自己犠牲は、けっして「忘れること」ができない、誰によっても、何によっても贖われることのできない国家の罪なのではないだろうか＊16。

二、建物強制疎開

二枚の写真が、生家が建物強制疎開で取り壊されるのを目撃した、私の幼少期の原風景を思い起こさせる。一枚は、「空襲の延焼防止のため民家を壊す『建物疎開』に戦車が出動した」というキャプションがついた、東京・荒川区にある家の取り壊しの写真であり、もう一枚は、「建物強制疎開に力を合わせる市民たち」というキャプションがついた、川崎駅近くの家の取り壊しの写真である。いずれも、兵士や民間人の作業員によって、もの凄い砂埃をあげて建物が壊されてゆく様子をリアルに伝えている*17。東京・荒川区の写真は、『戦場体験 ――「声」が語り継ぐ昭和 ――』のなかの、家を取り壊された当事者の証言が掲載されている頁に挿入されていて、その証言のなかで「戦車と大勢の兵隊が来て、将校は防空壕の上で指揮。戦車と大黒柱をロープでつなぎ、戦車を前後に動かし、ヒーフーミーで家は瞬時に私たちの眼前で壊された。戦争ほど残酷で、悲惨なものはない。夫を奪い家を奪い、小さな幸せも一瞬にして奪い去った。」と述べられているのが注意をひく*18。

すでに述べたが、私の生家は鋼管通りに面した二階建の木造住宅であった。鋼管通りは、その名が示すように、明治時代末期に川崎市の臨海地帯に設立され、そののち京浜工業地帯の核として発展していった、巨大企業の日本鋼管（現ＪＦＥ）のいわば城下町ということで、とくに確かめたわけではないので命名の経緯についてはよくわからないが、おそらくその会社名にちなんで命名されたのではないだろうか。そもそもこの地域は、もとは中島、大島、渡田、小田、下新田、田辺新田の六つの字からなる田島村として一八八九（明治二二）年に誕生し、一九二七（昭和二）年に川崎市に編入されたのである。私の生家はそのため「大島」という別称で呼ばれていて、住所も「東渡田」と表示されていた。地名は、ただなんとなく付けられたものではなく、そこに住む人びとの自分たちの土地を愛する息吹きが表現されたものであるように思われる。日本の各地で地元の人間ではない者が、地元の人びとの自らの土地への愛着をないがしろにして、単に力関係で安易に平然と町名変更をしてこなかったか疑問なしとしない。

川崎市は、明治時代末期以来の近代工業化の急速な発展とともに都市化が進み、一大臨海工業地帯として今日に至っているが、戦時中は軍需工業都市として、アメリカ軍の大都市精密爆撃作戦の目標選定でAランクに評価されていた。それだけに神奈川県内では、横浜市、横須賀市とともに川崎市は、都市疎開事業の実施計画において、建物強制疎開地区に指定されていたのである*19。

当時、政府は一九四三（昭和一八）年一二月二一日の閣議で「都市疎開実施要領」を定め、「防空法」（昭和一二年四月公布、昭和一六年一一月改正、昭和一八年一一月再改正）の規定により、主要都市の市街地に防空地帯を設置するため、建物ならびに人員の疎開を決定し、内務大臣の指定として関係府県知事に指示した。これにより地方長官（知事）はその地域内の建物疎開を命じることができるようになったのである*20。

川崎市は一九四四（昭和一九）年二月八日の第一次指定に始まり、一九四五（昭和二〇）年四月二八日の第九次指定まで計九回にわたり、川崎駅前を中心とした市街地、日本鋼管付近など南部臨海地区から中原、高津方面の北部まで広い範囲にわたって、建物強制疎開が実施されたことが記録として残されている*21。

ここで、建物強制疎開に関して記録として残されている関係者の証言からいくつか選んで、いずれも少し長いが引例しておこう。

　市の担当者と軍隊の方から一通り注意を受け、作業にかかったのは、五、六〇坪もあろうかと思われる瓦屋根の立派な住宅であった。これを打ち壊すのかと思った時、いかに戦争のため都市を空襲から守る手段とはいえ、なんともやり切れぬ思いがした。もちろん、その家の人は作業を見てもいられないでしょうし、余りにもむごたらしくて見せられる光景ではなかった。男たちが畳・建具などを取りはずすと、もう外では兵隊が鋸で柱をごしごし切っていた。何本かを残して、家の隅にロープを掛け大勢で力まかせに引き倒す。ガラガラ、ミシミシ、ズドーン、物すごい地響きで土煙が舞い上がる。一寸先も見えない有様、なんと無残なことだろう。これが戦争なのか、だれもが口々につぶやいていた。これほどまでしなくては、戦争に勝てないのか！（民間作業員の証言）＊22。

取り壊しが決まった家には、二日前に県の疎開課の人が、除却指定の紙を貼って回りました。貼られた家は、それは大変でした。なにしろ、一日の間に家の中を全部、片付けなければならなかったからです。親類、縁者を頼んで片付けていました。

取り壊しは、川崎市街地の方から始められ、逐次、中原・高津の方面に及びました。高津の町には取り壊し作業が間に合わず、東部第六二部隊の兵隊の協力も得ました。

壊し方は丁寧なことはやっておられません。最後には柱に綱をかけて、大勢でそれを引っ張るような作業が続きました。柱が倒れるたびごとに、各班は「火災予防万歳」と叫びました。家主は「ご苦労さまです」と、笑顔で挨拶されましたが、しかし、自分の家が壊される悲しみは、私の目にありありと見えました（高津緊急工作隊員の証言）＊23。

川崎臨港署管内の疎開は、たしかに昭和一九年七月の第三次指定で、管内では初めてでした。地域は日本鋼管付近ほか二ヵ所で、戸数は約五〇〇戸でした。

防空空地をつくるためとは言え、永年住みなれた家が取りこわされ、長くなじんだ土地から離れるということは、住民の人たちにとってはなんともしのびがたいことだったでしょう。ですから、なかには強硬に反対するものもいて、実施があやぶまれるおそれもあったわけですが、これらの者に対しては、署長が緊迫した時局をよく説明し、説得にあたったわけです。特に川崎臨港署管内は重工業地帯ですから、爆撃をうける危険度も非常に高かったわけで、説得する私なんかも、実際、真剣でした。まあそういうわけで、住民もおいおい理解してくれて、ともかく計画どおり疎開が実施されたわけです。

昭和一九年八月二一日に、これら疎開して行く人たちの壮行会を日本鋼管の講堂で開催し、私もあいさつのため壇上にあがったわけですが、なんだかこう胸が一杯になって、話しているうち涙が出て仕方ありませんでした（川崎臨港警察署長の証言）＊24。

建物強制疎開が決定すると、建物の所有者・居住者に何月何日までに除却するという知事名の命令書が、神奈川県臨時都市疎開事業所（京町に所在）から発送され、市疎開課にも除却建物の所在地や所有者・居住者などが通知されてくる。疎開課ではさっそく関係町内会に連絡し、まず実施方法について説明会を開くが、その説明会が協力会の大きな仕事であって、たいていの場合、私が説明役を務めた。

（中略）

小さな空地をつくるため、建物の間引き除却は、人家が密集していた川崎地区では、随所に行われた。なにしろ、県の係官が地図の上へ無作為に線を引いて、小空地を描いていくのだからたまらない。その場所にある建物は、否応なしに除却されていった（川崎市疎開協力会長の証言）＊25。

局長（防空総本部総務局）の指示を求めると、計画や内容はもちろん、大筋の目標すら全く白紙だというのである。すべて疎開課で立案しろ、実行は早ければ早いほどよいというわけである。これではどこから手をつけてよいか見当がつかない。しかも戦局の様相は一刻の猶予も許さないことだけはわかる。

まず陸海軍の注文をきくのが先決として連絡をとった。陸軍の担当官の考えでは、東京の全家屋の約六分の一程度は最小限疎開してもらいたいという。もっと突込んでただすと、それには理論的な根拠等があるわけではない。やる以上それくらいでなければ実効があるまいという程度の見解である（同局疎開課長の証言）＊26。

引例した証言を読んでゆくと、幼少期の私のおぼろげな記憶が改めて甦ってくる。その記憶のなかに、取り壊された家をみつめ茫然と立ちつくす、なぜか父親だけの姿がぼんやりと残っている。個人の生命、自由、財産を国家が保証するところに近代国家成立の政治的原理が求められるかぎり、ときに私権が制限されることもある例外状況とはいえ、まさに私権である建物の国家権力による強制撤去は、さぞや無念であったと今にして思う。しかも、なかには建物強制疎開を二度も経験したという証言までも残されているのである＊27。もっとも、それも無理からぬことかもしれない。引例文からもわかるように、防空総本部総務局長が「計画や内容はもちろん、大筋の目標すら全く白紙」な状態で、疎開課に丸投げし、また陸軍の担当官も「理論的な根拠等」もなく、「東京の全家屋の約六分の一程度は最小限疎開してもらいたいと」指示する程度のいい加減な方針であったからである（前掲、防空総本部総務局疎開課長の証言）。このように国の方針自体がいい加減であったから、それを実行する段階では、「県の係官が地図の上へ無作為に線を引いて、小空地を描いていくのだからたまらない。その場所にある建物は、否応なしに除却されていった」（前掲、川崎市疎開協力会長の証言）というように、まさにゆきあたりばったり、有無を言わせず性急に進められてゆかざるをえなかったのである。

除却建物の補償費や住民の移転費などは定められた額で支払われたとはいえ、「移築したいとか、畳・ふすま・障子などが欲しいというような場合は、自分の持ち家や建具でありながら、あらためて買い戻すこと」（川崎市疎開協力会長の証言）＊28とされていた。特別高等警察（特高）の警察官やおまわり（巡査）の眼、住民同士の監視や密告制度などに支えられた全体主義国家体制のもと、いかに理不尽な役所の所行であるとはいえ、住民は訴えることなど考えることさえできないまま、泣き寝入りするしかなかったのである。

川崎市は京浜工業地帯を中心に、空襲で甚大な被害を蒙ったが、終戦後、建物強制疎開にあった私の生家と道路ひとつ隔てた、木造家屋が密集している地区が被災しないまま残っているのを見て、自分の家が空爆によって破壊される前に、なんで壊され除去されてしまったんだろうという、誰に尋ねても理にかなった説明ができそうにもない強烈な印象が、私の幼少期の体験として焼きついてしまったのは否定できない。

ところで堀田善衛は、三月一〇日の東京大空襲から、およそ二週間後に上海へ出発するまでの短い期間に、ほとんど集中的に『方丈記』を読んで過ごした、と述べている。そして「それは、やはり戦争そのものであり、また戦禍に遭遇してのわれわれ日本人民の処し方、精神的、内面的な処し方についての考察に、何か根源的に資してくれるものがここにある、またその処し方を解き明すためのよすがとなるものがある、と感じたからであった。」＊29と告白している。堀田善衛にとって、平安末期の京の都の大火災、強制引っ越し、買い出し、流言蜚語、飢饉、屍臭、戦乱、強盗、殺人など当時の日常が、戦時中の日本の日常に重なるように思え、歴史の転換期においては、「古京はすでに荒れて」いて、しかもつねに「新都はいまだ成」ってはいないのである。こうした歴史の転換期に置かれた人びとの心の持ち方は、洋の東西、時の古今において変ったものである筈がなく、こうした亀裂に、人びとを浮雲の思いに放り出すところに、まさに歴史そのものの無気味な姿があるように思えるのである＊30。

さらに堀田善衛は、『方丈記』を書き残した鴨長明が生きた時代の閉鎖文化集団の閉鎖的な権威主義が、空襲と飢餓にみちて、死体がそこらにごろごろしていても、「神州不滅」などとヒステリックに唱え、根拠のない神話に頼った戦争中の天皇制国家日本の、生者の現実を無視し、政治のもたらした災殃を人びとに無理強いした政治文化に通じていると指摘する*31。そしてなによりも堀田善衛は、支配階級というものの等質性を指摘し、その症例のひとつとして、「国民は戦争を、或は自分たちを、何と考えているか、という疑いを通じてしか考えていない、という」「国民というものの無視、或いは敵視」としか言いようがない、こうした考え方が支配階級の政治的無責任体質を生んでいったと、暗に主張しているのである*32。

このことはまた、つねに自らは安全圏にいる権力者が、ひと度その安全圏への梯子を外されたとき、いかに責任を免れ、延命のために周章狼狽し、見苦しい態度をとるかということを、たとえば日本が戦争に敗れ無条件降伏したとき、戦争の計画、準備、開始および遂行の責任者を含め、戦争犯罪人の逮捕が占領軍によって示唆され、政界、財界、言論界など旧勢力の幹部が、いかに不安に陥り、動揺し、責任を免れようとしたか、敗戦時に外務大臣となった重光葵が手記で、「上に立つ指導者、政治家は戦争責任に問われて敵の手の身に及ばんことを恐れ、戦争責任の転嫁に是汲々たる有様である。之は最高責任者より、財界も、実業界も、新聞界も、果〔将〕又右翼陣営も全様であるのは寧ろ奇観である。」と赤裸に述べていることからも理解できるのである*33。

三、空　襲

日本の本土初空襲は一九四二（昭和一七）年四月一八日である。この日、軍需工業都市であった川崎市は、昭和電工、日本鋼管、横山工業が被弾している。東京、名古屋、神戸、大阪、横浜、川崎は、日本の六大重要工業都市として、米軍の都市爆撃計画で最重要目標とされていたのである。第二回目の空襲は一九四四（昭和一九）年一一月二四日で、この日も川崎市は、B-二九による空爆を受けている。これ以降、日本の本土への爆撃はますます本格化し、神奈川県では一九四五（昭和二〇）年八月一五日、つまり終戦の日まで、一九四五（昭和二〇）年四月一五日の川崎大空襲、同年五月二九日の横浜大空襲を含め、じつに五二回もの空襲を数え、そのうち川崎市は約二〇回の空襲を受けている。東京大空襲が同年三月一〇日にあったから、およそ一ヵ月の間隔で、京浜工業地帯はすさまじい空爆を受けたことになる*34。

すでに私は母親や弟と共に横浜市港北区小机の在にある農家の物置小屋に疎開していたので、川崎大空襲は体験していない。日本の本土空襲についてはこれまで数多くの記録が刊行されている*35。空爆による悲惨な状況を伝える記録は、それこそ枚挙にいとまがないほどであろうが、川崎大空襲については、私自身がじっさいには体験していないだけに、身近な関係者の記録として、地元の「私たちの町の歴史を掘り起こそう」編集委員会、そして私の肉親の記録を選び、記しておきたい。

――四月一五日――

日曜日のこの夜は晴天、風位西のち北八米。二一時二十分に警戒警報が発令、二二時三二分空襲警報のサイレンが鳴った。B-二九少数機が房総半島から京浜地区に侵入、照明弾を投下した。後続機が房総南部から京浜地区に侵入焼夷弾を投下し始めた。次いで多数のB-二九が駿河湾、伊豆南部にあることがわかり、これが東北進し、京浜南西地域に飛来した。川崎は最初、東からついで西の方向から狭撃的に波状攻撃をうけた訳である。

B-二九の来襲機数は約二百機であった。空襲警報は発令後約三時間を経た、十六日一時十分に解除されたが、火は炎々と燃えつづけ、明け方五時ごろまでにようやく鎮火した。（「私たちの町の歴史を掘り起こそう」編集委員会の記録）*36。

川崎大空襲の事実の記録として、主観をいっさい排除して淡淡と記述され、短いがよくまとめられていると思う。じっさいにこの空襲を経験した人たちの記録がほかにもあるとするならば、そこには主観の入ることが否定できないだけに、おそらく百人百様のものとなるであろう。それがまた、それぞれの「声」が語り継ぐ戦争の記録でもあるわけである。

試みに、私の姉と父親の空襲体験の記録を、ここで少し長くなるが引例しておこう。

まだ夕飯〔雑炊〕も食べていない夕方七時頃、空襲警報。急いでリュックに大豆の炒ったのだけ。家の中で電気を消して、じっと。やがて大爆音。防空壕に。爆弾の音。そして照明弾を落とし真昼間の明るさ。姿を見せれば機銃で撃たれる。父が「お前達、早く防空壕から外へ出ないと。裏まで火の海だから、むし焼きになるぞ。」と。

外は火の海。大島小学校〔注：近くの小学校〕のところまで。機銃に撃たれるので防空頭巾の上から庭のトタン板をかぶった。一晩中、大空襲。

朝四時頃やっと静かになった。でも、あたりは一面の焼野原。六郷〔多摩川〕の土手まで浜町〔家があった所〕から丸見え。市役所の時計台だけが見えた。第二京浜国道の方へ逃げた人は低空飛行の機銃にやられ、大勢道路に死人がごろごろだったたって。

おなかが空ききって、何となく本家まで父と三人〔父、長女、次女〕で歩いて行ったが、すべて灰となり、誰の姿も見えなかった。

やっぱり小机〔疎開先〕に一刻も早くこの状況を知らせて炊き出しでもと思い、歩いてでも行く決断をする。父は女の子二人じゃあぶないと云ったが、何とかなると思った。（あの時の勇気、何か不思議）。

父は焼け跡に居て片付けすると云って残った。野宿していたらしい。

いよいよ小机に向かってスタート。綾〔一番上の姉〕はリュックにいり豆だけ。照〔二番目の姉〕は教科書全部。一度も歩いて行ったことのない道を歩き出した。

（中略）

菊名、ここへ来たら菊名池のほとりに坐ってしまった。あまりの空腹と疲れ。さすがの照も本の重さでぐったり。中山の方から百姓のおじさんが野菜をたくさん馬力〔荷馬車〕に積んで来た。「ねえちゃん達、どこから来たのか。どこまで行くの。小机はもう一息だから頑張りなよ。」と云ってくれた。水もない。炒り豆だけ食べて小机に向かった。

やっと広い広い原っぱの中に小机の駅が見えてきた。駅をすぎ、町中に入ると、泉谷寺の曲り角のすこし前のところへ母がこっちへ歩いてくる。夢のようだった。思わず二人でわめいて母にとびついた。一瞬の感激。両方とも声も出ない。ただ涙、涙。

本家に向かって歩き出していた。

「お前達よくここまで歩いたね。」と母。

「だって早く知らせなければ、川崎は全部丸焼け。お父さんは餓死しちゃうよ。」と綾。

「早く炊き出しをしなけりゃね。」と母。

三時頃、泉谷寺前の本家につく。おばあちゃんが真っ黒な私達の顔を見て驚く。ゆうべから翌日の今まで何も食べてないのに驚き、早速「すいとん」を作ってくれた。お椀にたった一杯のみであったが、あの味は忘れないよ。生きのびた。

食糧難なので、いくら本家に財力があっても入手出来なかった。戦争はみじめだね（以上、姉の記録）＊37。

このとき一番上の姉は一七歳、つぎの姉は一五歳、二人とも高等女学校の生徒であった。「私たちの町の歴史を掘り起こそう」編集委員会による空襲の事実の記録とは違った意味で、姉の記録は戦争のリアルな現実の一端を伝えていると思う。それにしても川崎から小机まで二〇キロメートルを超える道を、夜通し水も飲まず、よく歩いたものである。戦争という例外状況が、人間に過酷な事態を乗り切っていく力を与えるのであろうか。

四月一五日の大空襲に関して、私の父親は川崎市が刊行した資料に体験記を寄稿している。その最後の二節を引例し、やはり戦争のリアルな現実を直視しておきたい。

昭和二十年四月十五日夜八時ごろに警報が出たが、いずれ解除になるだろうと、二人の子供を庭の防空壕に入れ、屋外で様子を見ていた。初めは数機であったが爆音がだんだんと増大し、一面空が爆音におおわれ、焼夷弾の投下も激しくなり、ますます増えてくる。これは一大事と子供二人を連れ安全地を求めるべく移動を始めた。東西南北とも鉄金属音、火の勢いも強く、火の落下物を避けながら、昭和電線近くの天飛川堤へと避難した。いぜんとして火の粉が飛び散り、熱さのため、川に入ってこれを避けながら、夜の明けるのを待った。

幾分明けてくると、見える限り焦土と化し、くすぶり続けている。子供は横浜市港北区小机の縁故疎開先へ行かせ、私は焼跡の整理や対策に取りかからねばならぬと考えながら庭先を見ると、金網の中のチャボが蒸し焼になっている。食料ができたと意を強くした。長い年月と金で集めた家財と家宝も、一夜にして灰になった姿を見て、涙も出なかった*38。

金網のなかに閉じ込められ、逃げることもできず、灼熱の炎で蒸し焼きにされたチャボも哀れなら、すべてが灰燼に帰し、食べるものもなく、飼っていたチャボを口にしながら、焼け跡で野宿せざるをえなかった父親も哀れである。

本土空襲では、北海道から九州まで全国の主要都市が被害を蒙り、非戦闘員である一般市民の死者数は、沖縄を除いても五〇万人を超えている。航空機による空からの無差別絨毯爆撃は、非戦闘員である無防備な市民を大量に殺戮する、言語による表現の域を超えた残虐な非人道的戦闘行為であった。都市の周囲をまず包囲状に焼夷弾爆撃し、灼熱の炎の地獄と化したなかを逃げまどう、そのほとんどが老人、女性、子どもである市民を、グラマン機が超低空飛行で機銃掃射してゆく、まさに皆殺しの戦略としか言いようがない。銃後が最前線の戦場となったのである。

四月一五日の川崎大空襲の夜、私は疎開先の防空壕に潜り、北の方の空が真っ赤に焦がされているのを見ていた。傍らで、「東京のつぎは、今度は川崎がやられているんだろう」と、大人たちが囁いているのが聞こえた。つぎの日、埃や煤で顔を真っ黒にした姉二人が、空襲で無我夢中で逃げているとき、すぐ前を逃げていた母と子が機銃で撃たれて倒れたと、興奮して母親に話しているのを聞いて、怖いと思ったのを憶えている。そして五月二九日の横浜大空襲のとき、命からがら逃れてきた人びとが、着のみ着のまま、顔は煤で汚れ、なかには焦げて破れた布団を頭から被り、風呂敷や鍋や釜を持って、まさに今の難民と同じような姿で、疎開先の村の街道を放心状態で歩いてゆく光景を、私は鮮明に憶えている。

空襲による惨状を伝える証言や記録や詩集を読み、そして写真を見るたびに、太平洋戦争が終わっておよそ七〇年にもなる今でも、激しい戦慄を覚える。早乙女勝元著『東京大空襲 —— 昭和20年3月10日の記録 ——』所収の被災者の証言。近藤信行著『炎の記憶—— 一九四五・空襲・狂気の果て ——』所収の「焼夷弾の直撃を腹に受け内臓を出して死んでいる婦人」＊39、容赦なく両側から吹きつける炎と煙で火だるまとなって熱いよと泣き叫ぶ子ども、赤ん坊を抱いたまま死んでいる母親、駅構内の入口から階段の上まで折り重なっている黒焦げの死体など、京浜急行「黄金町駅」および駅付近の惨状の記録*40。さらに、言語による表現を絶する、空襲・空爆による大量殺戮の現実を、それにもかかわらず言語によって極限まで感情を純化させて、事実の記録として表現している詩集*41。そして写真については、「江東地域の人びとは、あらそって運河へ逃げのびたものの、助かった人はすくなかった。水中の死体は、ウィンチで陸揚げされる。三月一六日の本所菊川橋付近。」*42というキャプションのついた写真。さらに「子どもを背負ったまま倒れた母の背は白い。幼い子どもは、爆風に吹きとばされて焼かれたのか。三月一〇日、浅草花川戸にて」*43というキャプションのついた、真っ黒に焼け、片足をあげてうつ伏せた状態のままの母親の炭化した焼死体と、その足元に仰向けになって死んでいる、同じように真っ黒に炭化した子どもの焼死体の写真。こうした証言、記録、詩集、写真など、いずれもいつ読み、いつ見ても、胸に激しく迫ってくるものがある。

ところで、こうした証言、記録、詩集、写真などが示している、空爆による殺戮の惨状は、「可視の現実」がじつは「見える闇」*44にほかならないことを表していると言えるのではなかろうか。いかなる時代でも、戦争はそれぞれの国の政治権力者による独善的判断でなされてきたと言ってよい。そしてとりわけ二〇世紀になって、都市に住む非戦闘員の空爆による大量殺戮は、およそ政治的ないし公的倫理を欠き、それこそ血も涙もない、単に殺戮の冷徹な効率性のみを追求した戦略となっていったのである。個々の人間を超えて、永遠なる公共性の概念を含んだ祖国のために死ぬという、自己犠牲のおよそ高貴な観念は喪失し、人間の生命はもはや犠牲にされるものではなく、消されるとしか表現されえないものになってしまったのである*45。こうなると、寺山修司の「マッチ擦るつかのま海に霧ふかし身捨つるほどの祖国はありや」*46の短歌に共感を覚えるが、こうした共感をもまた冷酷に抹殺してしまうのが政治の現実にほかならない、と言ってもけっして過言ではないのである。数世紀も前に近代国家が形成され、一人ひとりの人間が国民として国家に統合されることになっていったが、国民は愛国心から国のために死ぬというだけではなく、国のなかで生きるということこそを望まなければならないのではあるまいか。

四、時代を生きた敗戦後の原風景

二枚の写真が私を、敗戦後に目にした原風景へと連れ戻す。一枚は、林忠彦撮影の上野の浮浪児の写真で、二人の子どもが半裸、裸足で道路に坐り、そのうち一人が煙草をふかしている＊47。もう一枚は、ジョン・ダワー著『敗北を抱きしめて』（上）所収のパンパン・ガールの写真である。「パンパンあるいは『夜の女』をとらえた、古典とも言える一枚、有楽町、吉田潤撮影、後に写真集に収められるにあたって、この写真には、当時のヒット曲の歌詞がキャプションとして付された――『こんな女に誰がした』」というキャプションがついている。サングラスにロングスカート、指に煙草をはさみ、歩道に並べて立てられている鉄の支柱をつなぐ鎖に腰を下ろした、ひとりの夜の女の写真である＊48。

浮浪児

終戦後、食べるものがろくにない頃、夏と冬の長い休みはきまって千葉県の南房総にある父親の実家の農家で過ごした。当時、房総線は秋葉原が始発駅であった。あるとき列車を待つ間、母親が用意してきたグリンピース入りのおにぎりを、母や弟と一緒に食べていると、垢にまみれ、裸足の浮浪児が前に立って手を差し出したので、おにぎりを分けてやった。ところがその浮浪児は、グリンピースを一つひとつ摘まんでは投げ捨て、米飯だけを口に入れていた。食べるものが乏しく、いつもは大根の葉っぱがたくさん入ったご飯しか食べていない私には、グリンピース入りのおにぎりは大変なご馳走であっただけに、なんと表現してよいか、半世紀以上が経った今でも、なにかのきっかけで思い出しては、じつに複雑な気持ちになる。

戦後、浮浪児を題材にした小説を何篇か読んだと思うが、とくに野坂昭如作『火垂るの墓』、石川淳作『焼跡のイエス』の二篇が、終戦後一年か二年経って私自身が経験した、秋葉原駅での浮浪児の光景が思い出されるのか、印象深い。

一口に浮浪児と言っても、それぞれの小説に登場する浮浪児の行動は対照的である。

『火垂るの墓』は、「昭和二十年九月二十二日午後、三宮駅構内で野垂れ死にした清太は、他に二、三十はあった浮浪児の死体と共に、布引の上の寺で荼毘に付され、骨は無縁仏として納骨堂におさめられた。」＊49という叙述で終っている。空襲で母親を失い、幼い妹と妹思いの兄の二人は、防空壕で螢を灯り代わりにしてかろうじて生きていたが、食べるものもなく先に死んだ妹を自分の手で荼毘に付し、その骨をドロップの缶に入れ、肌身離さず腹巻のなかに入れていた兄の清太も、栄養失調で国鉄の三宮駅構内で野垂れ死んでしまうという、心優しい浮浪児の話である。

『焼跡のイエス』は、「溝泥の色どすぐろく、垂れさがったボロと肌とのけじめがなく、肌のうへにはさらに芥と垢とが鱗形の隈をとり、」＊50「ボロとデキモノとウミとおそらくシラミをもって鏤めた盛装」＊51をした、「苦患にみちたナザレのイエス」＊52にも似た浮浪児が、上野のガード下の闇市を根城に、盗みやかっぱらいをしながら逞しく生きてゆく話である。

戦争の惨禍は、前線でも銃後でも、戦闘員であれ非戦闘員であれ、容赦なく襲う。敗戦後、戦災で家や家族を失った子が街に現れ、浮浪児として生きていたが、年端もゆかぬ子が、親を亡くし、家族を失うことを、自ら望んだり考えたりしはしまい。それでも、意識しようとしまいと、絶望を超えて、たとえ浮浪児になっても、なおも自己保存の本能から生きてゆかなければならない、人間の条件の永遠の悲惨を前に、息が詰まる思いを禁じえないのである＊53。

パンパン・ガール

集団疎開であれ縁故疎開であれ、疎開生活のつらい体験については多くの記録が残されている。私はまだ小学二年生で幼かったため、疎開生活についてはっきりした記憶は残っていない。日本は戦争に敗れ、敗戦時まで一応は維持されていた社会秩序が崩壊し、アナーキーが蔓延した時代状況にあって、不在地主の土地が勝手に乗っ取られてゆくなか、父親は所有地を守るため、焼け跡にただトタン板で囲っただけの小屋にひとり住んでいた。父親を除く家族六人が、農家の鶏小屋を改造して住んでいたことは憶えている。板を張っただけの金網からは容赦なく風が吹き込み、トイレは外にあったため、夜間は小屋のなかに木の桶がトイレの代わりに置かれていた。姉の「手記」によると、お風呂は大家である農家の家族八人が入ったあとで、いつも風呂桶がぬるぬるしていて汚く、それでも気兼ねしながら入らせてもらっていたという。

このような疎開生活のなかで、いくつかつぎのようなことを原風景として断片的に記憶している。

「マッカーサーとアメリカの兵隊が厚木にやってきて、女や子どもはみんな連れ去られるから表には出るな」と周りの大人たちに言われたこと。

小学校の授業で、九九をいちはやく憶えても、また漢字が早く書けても、担任教師は疎開児童ということで、地元の有力者の子弟より先に下校を許してくれず、いつも教室に最後まで残され、掃除をさせられたこと。

アメリカ兵が何人かジープに乗って農家の庭先まで入ってきて、ニコニコして手を振り、たまたま帰ってきていて、溜め池で大根を洗っていた父親に、何を言っているのかわからないが話しかけていたこと。

その当時、たしか四〇分に一本ぐらいしか運行していなかった横浜線は単線でいつも超満員であったが、あるときたまたま乗っていたアメリカ兵に、ガムだったかチョコレートだったか、とにかく私が見慣れないお菓子をもらったこと。

このような疎開生活であっただけに、姉の「手記」によると、夏の終戦から冬を越し、翌年には川崎の元の土地に、たとえ三間しかなく、小さな家であっても、新築し移り住んだときの家族の喜びは大きかったようである。風呂桶がなく、ドラム缶風呂であったが、疎開先のドロドロとして汚れた風呂から解放されただけでも嬉しかったと、姉は「手記」で書いている*54。食べ盛りであった私にはこうした記憶はなく、お米は配給制で、それも量が少なく、いつもひもじい思いをしていた記憶しか残っていない。手塚治虫の漫画にもあるように、家畜の飼料にしている豆かす、とうもろこし粉、ヌカ、フスマ、コウリャンなどが大量に入った、母親の手造りの蒸しパン、そしてふかしたさつま芋やカボチャの煮物などが主食であった*55。教室で弁当箱の蓋をあけたら、大根の葉に米飯がくっついていると言ってよいような中味であったことを今でも鮮明に憶えている。

空襲で焼尽に帰した鋼管通りにも、復興住宅と称して棟続きの店舗が立ち並ぶようになり、再び街らしくなっていった。ちょうどその頃、夜になると通りに進駐軍のトラックが止まり、色まではっきりと憶えていないが、ほとんど原色と言ってよい、派手な服を身につけ、ネッカチーフを首に巻き、爪は真っ赤に塗られ、そして踵の高い靴を履き、濃厚に化粧をした女性たちが荷台に乗っていて、さらに同じような格好をした女性たちが乗ってくるのを待っているようになった。母親には、「あの人たちも一生懸命に生きているんだから、あまりじろじろと見るんじゃないよ。」と注意されたように記憶している。彼女たちは俗にパンパンと蔑称されていた街娼で、たしかクラスの友達の姉もそのなかにいたように思う*56。

パンパンについて、『広辞苑』では原語不詳とされ、戦後日本で、「街娼・売春婦のことを指した語」としか記されていない。そこでいくつか文献にあたってみると、おおよそつぎのように整理できることがわかった。
①サイパン島に進出した日本兵が椰子の木陰で手をパンパンと叩いて島民の女を呼んだことから。
②仏印（仏領印度支那）に上陸した日本兵に土地の娘がパンパンと食べ物をせがんだのが始まり。
③アメリカでは、スポーツの試合で、ラインダンサーのように足を出して踊りまくり、ポンポンと手を打って賑やかに景気づけの声援を送る女子応援団（cheer girls）を俗に **pom pom girls** と呼ぶ。
④日本人の耳にはパンパンと聞こえるこの擬声語 **pom pom** は、自動機関銃の意である。
⑤ **pom pom** は、ずばり性交を意味する軍特有のスラングである＊57。
⑥単にインドネシア語で女という意味であり、「ミーとユーはフレンドね」式の独特の言葉遣いを「パングリッシュ」と言う＊58。
⑦夜の女、街の女、闇の女など、売春婦を遠回しに呼ぶ言葉。もとは戦争中、南洋でアメリカ人が現地語をまねたのが始まりで、手に入る女性という意味であると言われているが、確かなことはわからない＊59。
ところで、その頃はやった歌に、前述したジョン・ダワー『敗北を抱きしめて』でも取り上げられている『星の流れに』があった。「星の流れに　身をうらなって　どこをねぐらの　今日の宿　荒む心でいるのじゃないが　泣けて涙も　涸れ果てた　こんな女に　誰がした」と歌詞の一番で綴られ、二番と三番の歌詞も、「こんな女に　誰がした」の同じ文言で終わっている。

敗戦後すぐ昭和二〇年に作られ、大ヒットした『リンゴの唄』のように明るい歌とは違い、詞にも曲にも虚無感が漂い、やるせなく、哀切を帯びた歌であったが、敗戦の惨めさに打ちひしがれていた、その頃の日本の時代状況をこれほど見事に切り取った歌はほかにはあるまい。歌い手は菊池章子であったが、ほかの歌手が歌の内容にひるんで唄うのを断るなか、「彼女らが悪いのではない。誰が好んで身を落とすだろう。戦争の被害者なのだ。」と考え、引き受けたという*60。

その頃パンパン、パンパン・ガール、パンスケという言葉はとにかくよく耳にしたが、幼い私にその実態はわかるはずもなかった。成長して田村泰次郎の小説『肉体の門』*61を読み、また映画『夜の女たち』などを見て、彼女たちの生活の実態、そしてとくに仲間同士の間の「群れ」の掟のことなどがはじめてわかったのである。彼女たちが生きてゆく厳しい現実を描写することで、やはりこうした小説や映画は、敗戦後の荒廃した日本の時代状況を見事に切り取っているのではないだろうかと思った。

吉村昭著『東京の戦争』のなかにつぎのような文章がある。

彼女たちはパンパンと俗称された街娼で、一人の将兵に独占されて部屋をあてがわれていた女は、オンリーと称されていた。彼女たちは将兵から衣服、食料品をもらって、豊かそうであった。

或る日、銀座で若い兵と手をにぎり合って歩いている若い女を見た時は、強い衝撃を受けた。それは、街娼とは異なった良家の子女らしい服装と化粧をした美しい娘だった。

私は、進駐軍の兵とともにいる女に同じ日本人として苛立ちと腹立たしさを感じた。少し前までは敵国人であった進駐軍の兵に肉体を売る女たちが許しがたく、卑劣にも思えた。代償は、兵たちがあたえる食料品、嗜好品などと言われ、同国人として恥しかった*62。

『星の流れに』の歌のモデルとなった女性は、終戦前は中国の奉天で看護婦をしていたという*63。戦災で家族を失い、身寄りも職もない若い女性が、食べる物もなく、知らない男に恵んでもらった握り飯で簡単に「闇の女」に転落していった時代でもあった。しかも世間の風は冷たく、「アイツはパン助だって」

と、つねに後ろ指をさされなければならなかったのである＊64。彼女たちは、一般の日本人によってつねに蔑んで見られていて、そのうち何割かの女性は進駐軍の将兵と結婚し海を渡ったが、後年私がアメリカやオーストラリアで生活していたとき感じたことでもあったが、なかには日本での経歴に関していぜんとして噂されている女性もいた。なにしろ戦争に負けた日本人、とくに男性にとって、進駐軍の兵士と一緒にいるだけで、女性は「パンパン・ガール」とみなされた時代であったのである。しかし結婚して海を渡った、いわゆる「戦争花嫁」がすべて「パンパン・ガール」ではけっしてない。それぞれの事情で海を渡り、風土も習慣も、そして言語も違う社会で、それこそ命を懸けて懸命に生きている女性たちがほとんどであった。

それだけに私は、その筋の女性をいわゆるパンパン・ガールとして蔑視する風潮にあって、明治維新になって貧しい男女が海を越えて働きに出てゆくようになり、ときに「密航婦」と呼ばれながら、海外の娼楼で娼婦として働かざるをえなかった「からゆき」と称された女性たちの記録、『からゆきさん』＊65の著者である森崎和江のつぎに引例する言葉には、重いものがあると思わざるをえないのである。

……体当たりで大勢の女が占領軍相手に生きぬいていた。その国家敗退直後のひとり立ちは、数年後の女性解放の声々よりもはるかにいみがある。

（中略）

……当然のこと占領軍を相手に稼ぐ女たちは、さげすみの目でみられた。また、事実占領軍の兵士によって傷つく娘も少くなかったが、そんな娘をかばう力は、日本の国家にはなかった。

まるで情欲による占領にさらされているような苦い屈辱の思いが、わたしの青春の時代的背景ともなっている。同世代の者はその味を知っているだろう。他界のことのように、「巷にはパンパンがあふれ」などというけれど、時代を生きるとはそんな他界ごとではない。

（中略）

それは数十年経って、アメリカが占領軍ではなく、友好国あるいは経済的競合国となったと考えられるようになってからの、恋愛や結婚とはまるで様相がちがうのである。それはもう国際結婚にすぎない。が、占領による支配とは、日常性からみたとき、名実ともに占領兵士の性欲に無言で堪える女体、というものであった。

（中略）

そしてアメリカへ移住した夫妻は日本人への偏見にぶつかる。（略）戦勝国の感情が、敗残の国民に対してどのように働くものであるかを、わたしたちは十分に知っている。なぜならかつてわたしたちのくには、日清・日露戦争を経て朝鮮侵略を経験した。（略）植民地支配を行った朝鮮や台湾の人びとへの感情は、ふっとことばが途切れるほど非情なものがあった。

（中略）

……すくなくとも「花嫁のアメリカ」は、なまやさしいものではなかった。個人的なたたかいが待っていた。（略）家族というまるがかえの対人関係の内外に、黄色い猿に対する感情が波打っていた。ことに黒人兵やアジア系アメリカ人の妻たちは、その偏見が増幅されるのを感じたろう。そして同時に経済生活の困難にぶつかった*66。


鋭く凄みを利かせて切り込んだ評言である。歴史上、国や政府が真に国民のためにあったためしなどほとんどないと言ってよいかもしれない。それでもひとは、国民としてではなく、一個の人間として自ら命を絶たないかぎり、懸命に生きてゆかなければならないのである。国はいざというとき、およそ一般国民の面倒などみようとはしなかった事例を歴史上に求めるのは容易であろう。それだけに、「そりゃ、パン助は悪いわ、だけど戦災で身寄りもなく職もないワタシたちはどうして生きていけばいいの……好きでサ、こんな商売している人なんて何人もいないのヨ……それなのに、苦労してカタギになって職を見つけたって、世間の人は、アイツはパン助だって指さすじゃないの。」*67という、ある街娼の言葉は、やはり時代を切り取った言葉として、けっして忘れてはならないのではなかろうか。

五、戦争の甘い誘惑

『朝日新聞』に定期的に掲載される「声―語りつぐ戦争」の欄には、毎回九〇歳近い高齢者の生々しい戦争の記憶をはじめ、前線および銃後の悲惨な戦争体験が取り上げられてきている。それらは主として、阿鼻叫喚と化した戦場、軍隊内の規律、理不尽な戦死、疎開、空襲、空腹、引き揚げ、占領下の日本などの項目に整理することができるが、戦争において、国家が国民の生殺与奪の権をにぎっていることをなによりも物語っているのである*68。本章で言及してきた「記憶のなかの太平洋戦争」は、なによりも私の戦争体験であるだけに、私にとっては忘れることができない、それだけ強烈なものにちがいないが、それでもひとりの人間の生涯をたとえば八〇年ぐらいとして、亡くなれば、かりにその人の記憶や体験が語りつがれてゆくとしても、実感が伴わないかぎり次第に風化してゆくのは避けられまい。それだけに、歴史を教訓として生かしてゆくには、世代を越えて人びとの不断の努力が欠かせないと言ってよかろう。

ところでE・H・カーは「歴史とは何か」という問いに対して、「歴史とは歴史家と事実との間の相互作用の不断の過程」、つまり「現在と過去との間の尽きることを知らぬ対話」*69であると答えている。たしかに歴史は、つねに現在の眼を通して過去を見ることであるにちがいない。そのばあい、歴史上の事実は純粋な形式で存在するものではなく、記録する者の記録として存在するのであり、そして歴史家自身も個人であると同時に時代の人であり、歴史および社会の産物にほかならないのである。こうした条件を前提として、歴史家は現在の光に照らして過去の理解を深め、かつ過去の光に照らして現在の理解を進めてゆかなければならないのである。この意味で、歴史とは解釈のことであり、歴史家の仕事は記録することではなく、評価することであると言ってよかろう。そしてE・H・カーがエンゲルスの手紙のなかの一節、「歴史はあらゆる女神の中でも恐らく最も残酷な女神であろう。（略）この女神は死骸の山を越えて勝利の戦車を引いて行く」を引用して述べているように*70、代償を払う人間が必ずしもすべて利益を享受することができるとはかぎらないのである。それだけに、未来を視野に入れながら、現在における人間のエネルギーを解放しかつ組織してゆくことが、国家、社会、そして時代をより良い方向へと導いてゆくべき、政治家をはじめ国家の指導者たちに課せられる使命でなければならないとして、その使命が果たされるためにも、過去の諸事実に秩序を与え、未来の諸目的を視野に入れながら、それを解釈することが歴史家に求められることになるが、そのばあい過去に対する解釈をつねに問い質す標準となる方向感覚が、なによりも歴史家に求められなければならないであろう*71。

歴史は必ずしも繰り返されるわけではないとしても、戦争に関して言えば、古代ギリシアの叙事詩『イリアス』と『オデュッセイア』、『旧約聖書』、さらには『史記』の時代にまで遡り、古今東西、戦争の記述に溢れた文献は数に限りがないほど多い。時代、地域、民族、人種、宗教、イデオロギー、国家などには等しく戦争を生む因子が組み込まれているにちがいない。そして戦争ほど人間の残虐性が赤裸々に表出される出来事もないのである。

戦争は、国家の理性や計算によって導かれて顕在化した暴力であり、それは対外的には戦力という、そして対内的には兵役の強要という二重の構造をとる*72。二〇世紀になって、航空機をはじめ兵器や軍事技術の飛躍的な発達によって戦争の様相が一変し、戦争は前線や銃後の別なく総力戦化せざるをえなかったとはいえ、基本的に戦争が人を殺す兵士で成り立っていることに変わりはない。兵士は、国家によって有無を言わせず兵士として召集されるかぎり被害者であるが、兵士として戦場で闘い、敵の兵士を殺さざるをえないかぎり加害者でもある。

鹿野政直はひとりの「兵士であること」を視座に戦争論を展開しているが、そのなかで歌人の宮柊二の一首、「ひきよせて寄り添ふごとく刺ししかば声も立てなくくづをれて伏す」を引例し、「ひきよせて寄り添ふ」という一種の愛情表現と、「刺ししかば」という殺害行為との鋭い対比に注目し、被害者ではあるが、加害者にもならざるをえない、兵士自身が持つ二重構造による心の葛藤に戦争の不条理性を求めている*73。

さらに鹿野政直は、浜田知明の版画および銅版画、たとえば「聖馬」、「初年兵哀歌」、「風景」、「仮標」、「黄土地帯（A）（B）」など代表作を取り上げ、殺す側としてヒトは、ひとりの人間から一個の歯車に転化してゆくばかりでなく、殺されたばあいには肉塊となり、さらに放置されたまま「風景」と化してゆく、阿鼻叫喚の戦場でヒトは否応なくモノ化せざるをえないというリアルな現実を、ひとりの兵士として人間が有する残酷性、野蛮性を通して告発しているのである*74。

おそらく浜田知明も強い衝撃を受けたと思われる*75、ゴヤ（一七四六～一八二八年）の版画集『戦争の惨禍』、および油絵の大作『一八〇八年五月三日』ほど、最大の規模で人間の狂気が露骨に現出する戦争という、人間の条件の永遠の悲惨を見事に切り取った作品はほかにあるまい。そしてそれ故にまた、ゴヤは真に時代の証言者たりえたのでもある。八五枚に及ぶ版画集『戦争の惨禍』の一枚一枚にはゴヤによって寸鉄人を刺す題詞が添えられているが、掠奪、暴行、強姦、処刑、拷問、死体凌辱、性器切断など、人間が手を下すありとあらゆる残虐な行為は、たとえば洞窟内に避難している男女の一群が、一斉射撃によって銃殺され、屍と化す、版画集二六番の図の題詞「見ていられない」*76、フランス兵がゲリラの性器を切断する、同三三番の図の題詞「これ以上何が出来るか」*77、さらに、性器を切り取ったうえ、首と四肢をばらばらに切断して木の枝にぶら下げている、同三九番の図の題詞「死体に対しての、何たる武勇ぞ！」*78の文言によって見事なまでに言い尽くされているのである。

ゴヤの『戦争の惨禍』および『一八〇八年五月三日』の作品は、フランス軍によるスペイン侵略によって引き起こされた殺戮行為の告発でもある。じっさい殺戮、掠奪、暴行、強姦などの残虐行為がフランス軍によって行なわれたのはたしかであるが、目を覆いたくなるような厖大な悲惨かつ残酷な行為が、スペイン側の軍隊、ゲリラ、そして女性や聖職者たちによっても行なわれたのである*79。人間の内奥に潜む魔性にひとたび憤怒の火がつけば、それを抑え込むのは難しく、戦争であれば、戦慄すべき残虐行為の連鎖をもたらすしかない。そしてこの戦争でとりわけ女性たちは、たとえば版画集五番「彼女らも猛獣のようだ」にも描かれているが*80、フランス軍の傷病兵の眼の玉を抉り取ったり、性器を切り取ったり、掠奪された金製品を隠していないかと負傷兵の包帯をむしり取ったり、落伍兵を切り刻んだりと、おそろしく手の込んだ数々の残虐行為を行なう先頭に立ったのである*81。それはまさに六九番「虚無だ」の版画で表現されているように、瀕死の人間が垣間見た死の世界が、救済でも天国でも地獄でもなく、虚無そのものであり*82、そして八一番「物凄いけだもの」で描かれているように、一旦は人間を食べた怪獣ですら、際限なく残虐性を発揮する人間どもを吐き出したくもなったほど、人間に対する深い絶望に陥るほかはない、戦争に固有な不条理としか言いようがないのである*83。

惨目吟——惨状を目にうめく

郭沫若

五月三日と五月四日と、
敵機は連日やってきた。
重慶は惨憺たる爆撃を受け、
死者は山のようにつみ重なった。
その中の一つの死骸と見えたもの、
母一人と子供二人だった。
一人の子供は腹の下に横たわり、
もう一人はふところに抱かれていた。
骨と肉とはコークスとなり、
かたくくっついて引き離せない。
ああ、やさしい母の心は、
永久に灰にはできないのだ。

上原淳道訳

この詩は、中国四川省に生まれ、かつて日本で学び、住んだこともある郭沫若（一八九二〜一九七八年）が、日本海軍航空部隊による四川省重慶爆撃による、空からの殺戮の惨禍を告発した詩である*84。

ところで一九三七年四月二十六日の血ぬられた事件、すなわちスペイン内戦の最中、スペインのバスク地方の古都ゲルニカがフランコ軍に味方するナチス・ドイツの空軍によって無差別爆撃を受け、ほぼ壊滅状態にまで破壊された事件は、史上初の都市無差別爆撃として、その後の都市爆撃の先例とみなされている。そしてこの空爆に強い衝撃を受け、ピカソ（一八八一〜一九七三年）は「幻滅の、絶望の、破壊のモニュメント」である『ゲルニカ』を制作し、時代を超えて戦争の告発者となったのである*85。

戦史上、最初の意図的、組織的、継続的な空爆、すなわち戦略爆撃は、日本軍による重慶爆撃とされている。一九三八年二月から一九四三年八月まで、じつに五年半に及んで計二一八回の空爆で、死者は一万二〇〇〇人近くにのぼっている。重慶は日中戦争中、蔣介石政権の戦時首都とされたため戦略爆撃の攻撃目標となり、世界のどこの都市よりも長くかつ多く、執拗に空からの大量殺戮の惨禍にさらされたのである。そして戦史上、重慶爆撃はなによりも戦争の進化という意味で大きな転回点ともなったのである。それは、空からの爆弾投下という、人の顔のみえない、無機質の暴力装置によって一度に大量の人間が殺戮される、空からのテロルの時代の到来にほかならなかったのである*86。

二〇世紀になり兵器および軍事技術の飛躍的な発達によって、いまや戦争それ自体が、敵・味方が武器を手に相まみえる白兵戦ではなく、ボタンひとつ押すだけで想像を絶する大量かつ無差別な殺戮を可能にさせ、人類そして地球そのものをも絶滅させかねない脅威となっている。ゲルニカおよび重慶爆撃が原型とされている無差別都市爆撃は、第二次世界大戦中の広島および長崎への原爆投下を契機として、核弾頭ミサイルによる攻撃へと飛躍的に発展し、いまや世界は核戦略、サイバー・テロの時代を迎えるに至ったが、それと共に大戦後も絶えることなく繰り返されてきた地域紛争で、焼夷弾さらにナパーム弾による空からの爆撃は殺戮と報復の連鎖を呼び起こし、被災地は血と炎によって阿鼻叫喚の巷と化していったのである。そこには殺す側の殺意の表情も、殺される側の断末魔の表情も見えないまま、ただあるのは機械化された殺戮の世界のみであり、それ故にまた殺す側に罪の意識を認めさせるのは困難でもある。それどころか日本軍による重慶爆撃が、戦略爆撃の思想的系譜のいわば原型として、アメリカ軍による日本本土への空襲、そして原爆投下をも正当化する根拠ともなっていったのである*87。

すでにヴァレリー（一八七一〜一九四五年）は、第一次世界大戦直後のヨーロッパの精神的混乱に直面して、大戦が始まった「一九一四年のヨーロッパは恐らくこの近代主義の極限に達していた」と指摘し、「宿命的な精密化への傾向に進歩という名をつけた世界は、生命の恩恵に死の利点を併せようと努めている」と警告を発している*88。近代は理性の時代であると言われている。けれども理性が技術と化し道具化すれば、容易に権力の奉仕者へと転化する。じっさい二〇世紀において、理性が科学技術と結びつき、文明は大いに進歩したかもしれないが、広島および長崎への原爆投下、収まることのない地域紛争、核戦争の脅威など、進歩のために人類が払った代価には計り知れないものがある。それはまさにヴァレリーが「われわれ、もろもろの文明は、われわれもまた死を免れぬことを、今知っております」と述べているように、理性の破産宣告の危機が迫っていることを意味しているのである*89。

ヴァレリーの『精神の危機』（一九一九年）より一二四年前、カント（一七二四〜一八〇四年）は、一七九五年に革命後のフランスとプロイセンとの間にかわされたバーゼル平和条約に対する不信から、『永遠平和のために』（一七九五年）を執筆し公表している。

一般に一八世紀は理性の時代と言われているが、このばあい理性とは、後見役の神的理性の支配と指導から自覚的に自立し、人間がその未成年状態を脱却していった啓蒙的、批判的理性にほかならない。もっともこの近代理性主義哲学は、理性が認識し処理しうる事物の本質存在だけを問題にし、悪も悲惨も含んでいる事物の事実存在には眼をそむけている点で、生への直視を主張するニーチェ（一八四四〜一九〇〇年）をはじめ、その後の哲学者たちによって批判の対象とされていったのである*90。

ところでこの時代を代表する哲学者としてカントは、現象界に限定される認識主観の活動のみならず（『純粋理性批判』一七八一年）、道徳的実践の主体として、理性が自らの推論の能力によって理想理念を確立し、それが命じる「善」と「正」にしたがって生きるという、近代における自己倫理の基本形も問うている（『実践理性批判』一七八八年）。それは物自体（人格）として、やはり物自体（人格）としての他者に自らの自由意思によってかかわってゆく実践哲学を展開してゆくことを意味してもいる。人間理性の立法（哲学）の対象は、存在するものとしての自然、つまり自然法則であり、そして存在すべきものとしての自由、つまり道徳的法則である*91。そしてそのばあい、道徳の原理を構成する二つの道徳的原則、つまり特定の個人だけに妥当する主観的原理としての格率と、理性的存在者に例外なく妥当する客観的、普遍的原理としての道徳的法則とがあるが、人間は有限で不完全な存在者として常に道徳的法則に従って行為するわけではなく、それどころか好んで道徳的法則に背こうとする性向を持っている*92。そこで純粋理性の実践的使用*93と言ってもよいが、すなわち客観的原理としての道徳的法則と、主観的原理としての格率との一致を求める実践理性の根本法則、すなわち「君の意志の格率が、いつでも同時に普遍的立法の原理として妥当するように行為せよ」*94は、たとえばニーチェによって、カントの主張する「道徳もまた情念の一記号法にすぎない」*95と批判されることにもなるが、永遠の目標として絶えず求められてゆかなければならないのである。

理性的であると同時に感性的な存在者であり、ときに感性的欲求を抑えることのできない人間の心を、つねに「私の上なる星をちりばめた空と私のうちなる道徳的法則」*96が、感嘆と畏敬の念とをもって満たしているわけではない。それどころか現実の世界に眼を向ければ、「人間の本性にそなわる邪悪」*97、および「人間の本性に生来そなわっているかに見える権力者の戦争癖」*98から、容易に戦争が遂行され、永遠平和の障害ともなっているのである。けれども一方でカントは『判断力批判』（一七九〇年）において、戦争は「秩序を保ちまた国民法の神聖を認めてこれを尊重しつつ遂行される限り、やはり何かしら崇高なものを具えているし、またそれと同時に、このような仕方で戦争を遂行する国民が、数多の危険にさらされながらもそれに屈することなく戦い抜くことができたならば、その国民の心意をそれだけますます崇高なものにする」*99とも述べ、矛盾しているようだが、長期に亘る平和よりも、むしろ戦争の持つ意義を評価しているのである。

ところでカントは『永遠平和のために』に先立つ五年前、すでに『判断力批判』において、「互に相手の不利を図る危険のあるすべての国家を統摂するような体系」として、「世界公民的全体」の構想を展開している。かりに名誉欲、支配欲、所有欲などが強権を掌握している国家が「世界公民的全体」への配慮を欠くとすれば、戦争はついには避けられないものとなるであろう。そこで戦争が抑えることのできない激情から無意図的に企てられたにしても、それはまた至高の知恵によって隠微なかつ意図的な企てにもなりうるのであり、なによりもそれは、諸国家のそれぞれの自由を共存せしめる合法則性と、諸国家間に道徳的に確立された体系的統一を、将来に備え準備することにほかならないのである。戦争によって人類はもっとも恐るべき苦難を強いられるとしても、このように平時において戦争に対して不断に準備することは、さらにいっそうの苦難を強いられるかもしれないが、心的開発に資するいっさいの才能を最高度に発達させる動機となるのである*100。

カントは『永遠平和のために』において、戦争がより起こりにくい世界、つまり人びとが永遠平和を享受できる世界を求めてより具体的に自説を展開している。カントによれば、臣民が国民でないような体制、つまり共和的ではない体制においては、元首が国家の成員ではなく、国家の所有者であるがため、戦争はまったく慎重さを必要としない世間事となる。国家元首は戦争によって、自らの食卓や狩りや離宮や宮中宴会などを失うことはないので、とるにたらない原因で戦争を一種の遊戯のように決定し、ただ体裁を整えるために、外交使臣団に戦争の正当化を適当に委ねることができるのである。それに反し、国民は自ら戦い、自らの財産から戦費を出し、戦争のもたらした荒廃を復旧し、つぎの戦争に備え負債を引き受けるなど、戦争のあらゆる苦難を背負いこむのを覚悟しなければならないがため、戦争を始めるにはより慎重にならざるをえないのである*101。

このようにしてカントは、現実に言語や宗教の違いによって分離している諸民族が、相互に正義を求めて戦争という手段に訴えるのを避け、そして永遠平和を実現してゆくために具体的な条件として、国内体制として共和制の確立、国際体制として自由な諸国家の連合制度の確立、世界市民法として普遍的な友好権の確立という三つの確定条項を提唱している*102。

戦争はけっしてきれいごとではすまないし、人間の本性が根本的に変わらないかぎり、なくなるものではない。戦争は、啓蒙思想家のカントが『永遠平和のために』のなかで述べているようには、王侯貴族が人民や軍隊を犠牲にして自分たちだけが楽しむゲームとして、あるわけではない。もしそうであるのならば、国家が共和制になれば戦争もなくなるはずである。けれども、じっさいにそうならなかったのは、すでに言及したゴヤが描く凄惨な版画集『戦争の惨禍』で表現されているように、革命後に共和制に移行したフランスが歴史の現実として証明しているのである*103。安全圏内にいる王侯貴族は、人間の肉の焼け焦げる臭いが鼻についたこともないし、間近で苦痛の叫び声を聞いたこともなく、体から血や臓物が噴き出すのを見たこともない。現実に恐怖におののき、不安や屈辱を味わうのはつねに庶民である*104。それでも人類は、有史以来ずっと戦争をし続けてきたのである。そして、おそらくこれからも戦争はなくならないであろう。戦争にはどこか「甘い誘惑」があるのかもしれない。

古来、戦争における闘いの有様は人びとを魅了し、興奮させ、我を忘れさせてきた。今日でも戦争はそれ自体、強力な魅力を発し続けている。勇士は多くが強く美しい姿で小説やドラマに登場する。兵士が身につける礼服ほどこよなく美しく、人びとを魅了するものはない。刀と刀で斬り合う戦士、突撃する戦車大隊、波間を突き進む戦艦、夜間に発射される曳光弾の閃光、撃墜する敵機を探すサーチライト、互いに旋回しながら闘う戦闘機の空中戦、スカッドミサイルを迎撃するパトリオットミサイルなど。戦争はある意味で、並ぶもののない美しさを生み出している*105。そして戦争が刺激的なのは、それが死ぬか生きるかの闘いだからである。そしてまた戦争は外圧を契機に、普段はばらばらでいた人びとが、共通の目標を掲げて集結する団結意識を生み出し、戦力増強要素としてナショナリズムを昂揚させもするのである*106。

すでに石器時代の壁画に見られるように、歴史上それぞれの時代に、戦士の姿や戦闘場面は絵画や彫刻で表現されてきている。とりわけ戦争は西洋美術史の根幹をなすテーマであり、多くの優れた作品が戦争と密接にかかわって描かれてきている。戦闘の刺激、興奮、喜び、美、死、生への意欲など、表現され尽くすことのできない人間の情念は、人間の精神に根ざすものとして、軍服、武器、軍旗、勲章、顕彰、閲兵、軍事パレード、死への追悼、記念碑、音楽など戦争に固有の文化を形成し、歴史を構成する不可欠な要素となってきたのである*107。

戦争は人類だけが行使する行動であるとはいえ、人間の本能である攻撃性だけによって起こるわけではない。戦争は、組織された集団と同じく組織された集団との間で、ある大義のために死ぬ覚悟ができたときに起こる*108。集団には必ずその集団を指揮する権力者が存在する。集団に組み込まれている個々の人間は、基本的には理不尽に闘わされているにすぎない。そしてそのさい個々の人間を戦闘気運に駆り立てるには、なによりも神秘性に包まれた大義が必要不可欠となる。けれども大義には、さまざまな利益集団やイデオローグや軍産複合体と深くかかわり、集団を指揮する権力者の意思で恣意的に利用される欺瞞性がたえず見え隠れするのを否定することができないのである*109。

第二次世界大戦が終わって一九四五年以降、戦争は必ずしも国家対国家という形で行なわれるわけではなく、むしろ国家対集団という形で行なわれるようになった。反政府運動を執拗に展開する過激派、ゲリラ、テロリスト、狂気の革命家などが率いる闘う集団には、国際法に基づいてさまざまな義務を負う、国家の統制下にある軍とは異なり、従来の戦争法の約束事は適応できなくなってきている*110。

たしかに国家、人種、民族、宗教、地域、企業などをひとつの共通の利害のもとに結集させる接着剤として、ナショナリズムは優れた役割を果たす。けれどもナショナリズムは、戦争以外に関心事がないナショナリストによって、強力なウイルスとして利用されることにもなる*111。そして戦争を遂行するのに不可欠な大義が、神に捧げられた神秘に包まれると、難攻不落な原理主義となり、これもまた戦争を遂行するために強力なウイルスになる。政治、経済、社会、文化、科学、スポーツなど、さまざまな面で各国が地球規模でネットワークで結ばれ、もはや覇権主義を求めることが困難になった二一世紀の今日でも、戦争のウイルスは地球上に蔓延し、衰えるどころではないのである*112。

組織化された国家暴力として戦争の形態がどうであれ、基本的に闘う組織は、戦争を指揮する指導権力、死を覚悟の戦闘を強いられる兵士、そして軍事費となる税金を納め、銃後の苦難に耐え忍ぶ民間人という三者によって構成されていることに変わりはないであろう*113。

ウォルツァーによれば、やむにやまれぬ、それゆえ正当化されうる戦争、つまり正戦がありうるという。古代ローマ帝国時代にまで遡り、正戦論の歴史は古い。戦争を悪と認めながらも、平和を確保するという目的とそのための適切な手段に限定し、ときに必要悪として戦争は正当化されてきたのである。ウォルツァーは、こうした伝統的正戦論を前提に、人間の営みとして戦争の道徳的適格性、具体的に戦争は時として正義に適うという主張、そして戦争はつねに道徳的批判にさらされなければならないという主張を、歴史的現実としてじっさいに行なわれた戦争を具体例として検討してゆくことによって、あえて目的も意味もない理不尽な暴力を排除する戦争のルールを求めてゆこうとしている*114。けれども、あえて私見を述べれば、そこに戦争というリアルな現実を冷めた眼で観察し、純粋に政治理論を構築してゆこうとしている姿勢を見るかぎり、やはり安全圏に身を置く者に共通して見られる、現実からの遊離を感じざるをえないのである。

かりに戦争が正当化されうる正戦であったとしても、つねにその判断基準は戦う組織、つまり国家に置かれているのではなかろうか。けれどもひとたび戦争ともなれば、戦争の犠牲者は単に兵士だけではなく、銃後で戦火に追われ逃げまどう民間人であり、軍事費のため重税にあえぐ国民であり、私的権利が踏みにじられてゆく庶民であり、そして戦争が総力戦となるにしたがい、こうした民間の非戦闘員が負わされる犠牲には、じっさい計り知れないものがあると言えよう*115。

戦争が終結し、再び平和を取り戻したあと、戦争の当事国間にも、なるほど謝罪や賠償や領土などの諸問題が未解決のまま残ることがあるとはいえ、それ以上に深刻なのは、個々の人間にとって、静かではあるが取り返しのつかない形で、その後の人生を大きく変えてしまうような深い傷が癒えないまま、生涯つきまとってしまうことが多いということである*116。このように戦争の後遺症が生涯にわたって癒えないほど、個々の人間が犠牲を強いられるかぎり、この世界にはおよそ正しい戦争など存在しえないと言ってもけっして過言ではないであろう。

戦争が、権力による殺戮と個人の自己犠牲が正当化されるメカニズムであるということは、これまでも、そしてこれからも、変わらぬ事実として認めなければならないであろう。団体の永続的な利益は、個人の永続的な利益、そして個人の生命の存続すらよりも、無条件に優先すべきであるという根強い心的態度がある。たとえばそれを国家と仮定して、全体を益するためのある制度で、どんなに個人が苦しもうと破滅してゆこうと、その制度は、こうした個人の犠牲にもかかわらず堅持されなければならないというこうした心的態度は、まさに自らは犠牲になることのない安全圏にいる人たちのみが取りうるのではなかろうか。そしてさらに言えば、個々人がけっして承認しないようなことを、ときに国家が実行するというこうした非道徳性は、命令と実効との分担によって責任の所在が往々にして曖昧にされるからでもある、と言ってよいのではなかろうか*117。

ところで「残酷は人類の最も古いお祭りの歓楽の一つである」*118と述べるニーチェの文言は、その実例を古今東西の歴史に求めるとすれば際限がないほどであろう。ある意味で、人類の歴史は不条理な死による屍の堆積であると言ってもけっして過言ではあるまい。

少し例を挙げて考えてみよう。

コミュニティ全体の儀礼として公開性を原則としたアメリカ南部の黒人に対するリンチは、すでに言及したゴヤの版画集に見られるのと同じに、まさに残虐行為そのものであったと言ってよかろう。処刑の仕方としてごく一般的に首吊りが採用され、しかも住民は、意志さえあれば誰もが処刑に加わることができたのである。木に縛りつけられた黒人の手足の指を一本ずつ切断したり、性器を切除したり、そして頭から油をかけ生きたまま焼き殺したり、あまつさえ首吊りに使われたロープの切れ端や焼けた人骨などを持ち帰ったりもしたのである*119。

こうしたリンチは、まさに人間のサディズムの極端な例と言ってもよいかもしれないが、人間の集団においてなにかのきっかけで、いつでもどこでも容易に起こりうることでもある。たとえば敗戦後の日本で、アメリカ兵相手の夜の女たちの間では、しばしばリンチが行なわれていたことが報告されている*120。そしてフィクションではあるが、田村泰次郎が『肉体の門』でリンチの凄惨な光景を強烈に印象深く描写しているように、夜の女たちが掟を破った仲間を全裸にして柱にくくりつけ、執拗に暴行を加えるリンチは、それを実行する夜の女たちの背筋に戦慄が走るほど残虐な快感を覚えさせるものでもあったのである*121。

人間に内在する残虐性や野蛮性は、人類が生存するかぎり、それこそいつでもどこでも特定の条件下で形を変えて、永遠に発現してゆくことであろう。異端審問で極刑を宣せられた者の処刑が、町々を引き回したうえでほとんど余興のようにして行なわれたこと。つい三〇〇年か四〇〇ほど前、ヨーロッパ各地で王の即位式などが行なわれた機会に、広場に大群衆を集めて罪人を火刑に処して祝賀したこと*122。いや、けっしてヨーロッパだけに限られるわけではない。日本でも江戸時代、罪人の手足を縛り、駕籠に入れて市中を引き回したうえで打ち首にしたこと。それどころか、まさに日本の今、中学校で同じクラス仲間の無抵抗な少年を、三時間も超えて執拗に暴行をし続けたうえで、性的屈辱まで加えて殺害したという、日本の教育現場における陰惨ないじめの実態*123。

それこそ枚挙にいとまがないこうした事例に接し、私たちは人間に絶望せざるをえなくなるが、時と所を超えて人間とはこういうものであるということを、けっして忘れてはならないのである。

人間の狂気が最大規模で発現する戦争という国家の暴力装置には、つねに残虐行為がつきまとう*124。戦場において人間的実存、すなわちその非理性性やその苦悩は*125、「人類の最も古いお祭りの歓楽の一つである残酷」*126の域をはるかに超える。戦場で飢餓のあまり戦友を殺害しその人肉を食べるという、まさに人間の想像を絶する、人間による行為について言えば、「もし人間がその飢えの果てに、互いに喰い合うのが必然であるならば、この世は神の怒りの跡にすぎない。」*127と表現している、大岡昇平の『野火』を高校時代に読んだときの衝撃が、その後これまで戦争について考えるとき、きまって蘇ってくる。

そもそも「太平洋戦争は、日本人にとって米英など連合軍との戦いである以上に、深刻な飢えとの戦いであった」*128と言われている。日露戦争以降、先制主導の積極果敢な攻撃至上主義をとっていった日本軍は、独善と専断を育てるエリート教育を受けた作戦担当者によって、作戦目的を至上とする作戦第一主義がとられ、兵站、補給、給養、衛生、輸送などの部門は軽視されていったのである。しかも国際法を無視して、捕虜になることを認めず、降伏することを許さない日本軍であってみれば、大量の餓死者を発生させ、多くの兵士を無惨な飢え死にに追いやったのも、いわば当然のことでもあった。しかも、戦力や資源に関して科学的、客観的な調査および判断を欠き、非合理的な精神主義、独善的な攻撃主義に駆られた陸海軍のエリート軍人たちによって始められた、太平洋戦争の結果責任が十分に追及されないまま、敗戦後七〇年が過ぎようとしているのである*129。

太平洋戦争は、場所によっては飢餓の戦場となり、大蛇、鮫、山犬、猿、牛、馬の肉などと一種の隠語で呼んで、じつは捕虜の豪州兵や原住民、そしてついには友軍の兵士を殺し、その人肉を調理して食べたり、食糧として飯盒に詰めて持ち歩いたりもした、まさに地獄の絵図としか言い様がない、もうひとつの黒い太平洋戦争でもあったということを、私たちはやはりけっして忘れてはならないであろう。

生きるためとはいえ、敵も味方も、現地の非戦闘員さえも殺害して食いあさった、南太平洋諸島の戦場における飢えた日本兵による人肉食事件は、むろん背景も規模も異なり、単純に比較することはできないが、アウシュヴィッツ収容所の大虐殺に比べても、人肉を食べたという意味で、神とは言わないまでも、この世の摂理の冒涜であると言っては言い過ぎであろうか*130。

最後に、私にとって「記憶のなかの太平洋戦争」は、敗戦後七〇年もの年月が経過する今日でも、溶暗してゆくどころか、折にふれかえって鮮明に蘇ってくる。戦争体験者が年々少なくなってゆくなか、私も「戦争の生き証人」、「戦争の語り部」とならなければならないのであろうか。記録や文書、写真や映像、絵画、演劇など、私の幼少年時代の戦争の記憶を蘇らせるきっかけとなる資料を挙げていったらそれこそ際限がない。

なかでも大庭みな子「むかし女がいた」*131、そして田辺聖子『欲しがりません勝つまでは』*132の二書は、女性の視点から戦争の現実を切り取っていて、「姉の手記」と併せ読み、興味深かった。

日本中がまさに戦争まっさかりのとき、私が何を見て、何を考えていたか、鮮明に思い出すきっかけとなる資料として、古川隆久『戦時下の日本映画』を取り上げてみたい。

私の実家から歩いて一、二分の場所に、鋼管通りに面して今は川崎市立臨港中学校の校舎が建っているが、戦時中は青年学校の建物があった。夜その講堂でよく映画が上映され、私は防空頭巾を肩にかけ、家族の者につれられ見にいった。それこそ国策映画の上映であったと思うが、娯楽のない時代でもあり、毎回けっこうひとが集まっていたと記憶している。灯火管制の状況下、部屋の電灯の笠には光が漏れないように、暗黒色の風呂敷のような布がかぶせられ、街の通りは暗く、会場も暗く、なにからなにまで世の中の全体が暗黒色のモノトーンのなかに埋没していた時代であった。

　そうした状況下で見た映画は、劇映画であったか、記録映画であったか、それともニュース映画であったかはっきり憶えてはいないが、戦闘シーンだけはなぜか記憶に残っている。空中戦で、日の丸も鮮やかな日本軍の航空機が、空中旋回して敵機の後ろに回り機関銃で撃ち落とすシーン。銃を手に兵士が敵の陣地に勇敢に飛び込んでゆくシーン。潜水艦や戦艦が砲弾を浴びせる勇敢な海軍の戦闘シーン。それこそ胸を躍らせて見ていたのではなかったろうか。なかでも、小高い丘に旗が翻っていた戦闘シーンが、なぜかすっぽりなにかに包まれ、記憶のなかに強く刻印されている。もちろん映画のタイトルの漢字はまだ読めなかったが、周囲で「あの旗を……」と呟いていた声が耳に残っている。『戦時下の日本映画』には、当時のヒット映画と優秀映画一覧が資料として掲載されているが、そのなかに『あの旗を撃て』という映画のタイトルを見つけ、「もしや」と思わないわけにはゆかなかった*[133]。

　登下校の際に、国民学校一年生であった少年がはたしてきちんと守ったかどうか記憶にないが、奉安殿に向かって最敬礼するよう指導され、「若い血潮の　予科練の　七つボタンは　桜に錨　今日も飛ぶ飛ぶ　霞が浦にゃ　でっかい希望の　雲が湧く」と、今でもそらで唄える『若鷲の歌』を授業中に大声で唄わされ、そして漫画本や雑誌や玩具、そして遊びもまさに戦争一色の「ボクラ少国民」*[134]の時代であったが、街の映画館でよく見た、「アーノネオッサン、ワシャカナワンヨ」のせりふで知られていた高勢実乗、古川ロッパ、そしてエノケンこと榎本健一などのアチャラカ映画、さらにはチャンバラ映画も忘れることができない。

　今と違い、新聞とラジオが主として情報源であった時代、国家権力が意図する方向へと国家の政策を遂行してゆくためにも、国策映画が情報操作の手段として利用されていったことは考えられるが、周囲の大人たちはもとより、少国民であった私すらも、食糧や物資の統制、空腹、灯火管制、B―二九爆撃機による空襲、そして隣組と称する密告および相互監視体制などに怯え、映画どころではなかったのが実状であったかと思う*135。

それにしても、幼少年時代に刻印された「記憶のなかの太平洋戦争」は、けっして記憶が幻とならずに、なにかを契機に現実のものとして再生されながら終生つきまとってゆくのであろうか。

＊

1 吉浜綾子「手記」（非売品）三三頁。
2 遠藤聡『ベトナム戦争を考える――戦争と平和の関係――』（明石書店、二〇〇五年）二三〇〜二四四頁。
3 ウィリアム・アリスター『キャンプ――日本軍の捕虜になった男――』丙栞訳（朔北社、二〇〇一年）一六二〜一六三、一六五頁。
4 同上書、一四頁、『20世紀のかわさき』〈市民グラフかわさき『ひろば』特別号〉通巻五八号、三〇頁。
5 『川崎市史』通史編四上（川崎市、一九九七年）二一六〜二一七頁、茶園義男編著『大日本帝国内地俘虜収容所』（不二出版、一九八六年）一九、二四頁、『シャベルⅢ――語りつぐ町の歴史――』第三号（川崎市教育文化会館、一九九四年）一三〜一六頁、川崎図書館開館記念誌編集委員会編『川崎区の史話』（川崎市立川崎図書館、一九九五年）一一九頁。
6 『川崎市史』資料編四上（川崎市、一九九一年）二七一〜二七三頁。
7 前掲『川崎市史』通史編四上、二一六〜二一七頁。
8 同上書、二一六頁、『目で見る川崎市の一〇〇年』（郷土出版社、一九九三年）一一〇〜一一一頁。
9 前掲『川崎市史』資料編四上、二七三頁。

10 V・E・フランクル『夜と霧――ドイツ強制収容所の体験記録――』霜山徳爾訳（みすず書房、一九六一年）九八、一二四、一七九、一八三頁、など。
11 ウィリアム・アリスター、前掲書、訳者あとがき、参照。
12 同上書、一〇～一一頁。
13 同上書、四六九～四七〇頁。
14 森茂重「『見よ東海の空明けて』を教えて」〈手記「捕虜たちにかけた同情」〉前掲『シャベルⅢ――語りつぐ町の歴史――』一七～一九頁。
15 同上書、一七～一八頁。
16 なお、国際条約上POW、すなわち“Prisoner of War”の日本語表記は、「捕虜」ではなく「俘虜」が正しいとされているが、ここでは引用文にかぎりそのままの表記に従っている（前掲『大日本帝国内地俘虜収容所』五～一二頁）。
17 朝日新聞社編『戦場体験――「声」が語り継ぐ昭和――』〈朝日文庫〉（朝日新聞社、二〇〇五年）一一五頁、岡健一『一四歳の眼がとらえた戦争・狂気の時代』（光人社、二〇〇三年）一〇六頁。
18 同上『戦場体験――「声」が語り継ぐ昭和――』一一六頁。
19 『川崎空襲・戦災の記録』資料編（川崎市、一九七七年）一九九～二二一、五五七～六〇〇頁、小川一朗『川崎の地誌――新しい郷土研究――』（有隣堂、二〇〇三年）二〇～二一、五三～六一頁、「かながわ産業遺産物語――京浜臨海部編――」〈「マイウェイ」No.62　2006〉（はまぎん産業文化振興財団、二〇〇六年）、「夢発進かわさき」〈市制70周年記念誌〉（川崎市、一九九四年）、日本地名研究所編『川崎の町名』（川崎市、一九九一年）四〇～四五頁、新井一弘「臨海部から考える」〈和光大学・市民大学公開講座「都市川崎を読む Ⅲ」〉（ぱいでいあ和光21、一九九七年）、『神奈川新聞』二〇〇二年一月八日付。なお、なぎら健壱『町の忘れもの』（筑摩書房、二〇一二年）一七四～一七五頁、参照。
20 神奈川県警察史編さん委員会『神奈川県警察史』中巻（神奈川県警察本部、一九七二年）七二三頁。

なお、神奈川県立公文書館、中根賢副主幹「特集　街の姿と人びとの生活を変えた建物疎開——神奈川県下の建物疎開——」『昭和のくらし研究』第一一号（昭和館、二〇一三年）所収、および同副主幹が市民講座用に作成したテキスト「アーカイブズを使ってみませんか——戦時下の建物疎開を調べる——」、徳川夢声『夢声戦争日記抄——敗戦の記——』〈中公文庫〉（中央公論新社、二〇〇一年）一五～一七、二二一～二二四頁。

21　同上『神奈川県警察史』中巻、七二二～七二八頁、『神奈川県都市政策史料』第三集（神奈川県都市部都市政策課、一九八八年）四五～四九頁。

22　『川崎空襲・戦災の記録』戦時下の生活記録編（川崎市、一九七五年）八〇～八一頁。

23　同上書、八一～八二頁。

24　前掲『神奈川県警察史』中巻、七二九～七三〇頁。

25　前掲『川崎空襲・戦災の記録』戦時下の生活記録編、七五～七六頁。

26　前掲『神奈川県都市政策史料』三九頁。

27　『川崎空襲・戦災の記録』空襲・被災体験記編（川崎市、一九七四年）二二六～二二七頁、前掲『川崎空襲・戦災の記録』戦時下の生活記録編、七八～八〇頁。

28　同上『川崎空襲・戦災の記録』戦時下の生活記録編、七六頁。

29　堀田義衛『方丈記私記』〈ちくま文庫〉（筑摩書房、一九八八年）七〇頁。

30　同上書、一〇七頁。

31　同上書、二二〇～二二二頁。

32　同上書、四九～五四頁。

33　重光葵『続重光葵手記』（中央公論社、一九八八年）二五二頁。なお、孫崎享『戦後史の正体、一九四五～二〇一二』（創元社、二〇一二年）三五～四〇頁、参照。

34　前掲『川崎空襲・戦災の記録』資料編、一九九～二二一頁、前掲『川崎市史』通史編四上、二二〇～二二四頁、前掲『神奈川県警察史』中巻、六二三～六五八頁。

35　早乙女勝元『東京大空襲――昭和20年3月10日の記録――』〈岩波新書〉（岩波書店、一九七一年）、内田百閒『東京焼盡』〈中公文庫〉（中央公論社、一九七八年）、近藤信行『炎の記憶――一九四五・空襲・狂気の果て――』（新潮社、二〇〇五年）、鳥居民『昭和二〇年――第一部＝7、東京の焼盡――』（草思社、二〇〇一年）、同『昭和二〇年――第一部＝8、横浜の壊滅――』（草思社、二〇〇一年）、赤塚行雄『昭和二十年の青空――横浜の空襲、そして占領の街――』（有隣堂、二〇〇四年）、吉村昭『東京の戦争』（筑摩書房、二〇〇一年）、前掲『戦場体験――「声」が語り継ぐ昭和――』、「子どもたちの昭和史」編集委員会『〈写真集〉子どもたちの昭和史』（大月書店、一九八四年）、『平和への想い２００９――後世に伝えたい空襲・艦砲射撃の惨禍――』（日本戦災遺族会、二〇〇九年）、ほか。
36　『シャベルⅡ――語りつぐ町の歴史――』第二号（川崎市教育文化会館、一九九三年）一一～一二頁。なお、前掲『20世紀のかわさき』、六二～六九頁、参照。
37　吉浜綾子、前掲「手記」二四～三〇頁。なお、〔　〕内は私注。
38　吉浜忠雄「天飛川堤」前掲『川崎空襲・戦災の記録』空襲・被災体験記編、一二八～一二九頁。
39　近藤信行、前掲書、一九頁。
40　同上書、一九～二一頁。なお、前掲『神奈川県警察史』中巻、六七六頁、参照。
41　鈴木比佐雄・長津功三良・山本十四尾・郡山直編『大空襲三一〇人詩集』（コールサック社、二〇〇九年）。
42　早乙女勝元、前掲書、一三四頁。
43　同上書、一四七頁。
44　寺山修司『寺山修司名言集――身捨つるほどの祖国はありや――』（パルコ出版、二〇〇三年）二七四頁。
45　E・H・カントロヴィッチ『祖国のために死ぬこと』甚野尚志訳（みすず書房、一九九三年）一六、二八、七七頁。
46　寺山修司、前掲書、二六二頁。
47　鈴木佳子　東京都写真美術館監修『写真の歴史入門――第三部「再生」戦争と一二人の写真家――』（新潮社、二〇〇五年）四二頁。
48 ジョン・ダワー『敗北を抱きしめて――第二次大戦後の日本人――』増補版（上）三浦陽一・高杉忠明訳（岩波書店、二〇〇四年）一四〇頁。
49 野坂昭如『火垂るの墓』〈新潮文庫〉（新潮社、一九七二年）四二頁。
50 石川淳「焼跡のイエス」『石川淳集』〈日本文学全集 五二〉（筑摩書房、一九七〇年）一七四頁。
51 同上書、一七八頁。
52 同上書、一八〇頁。
53 堀田善衛『ゴヤⅢ――巨人の影に――』〈朝日文芸文庫〉（朝日新聞社、一九九四年）一四〇～一六二頁、参照。
54 吉浜綾子、前掲「手記」三〇、三四、三九～四二頁。
55 手塚治虫『「戦争漫画」傑作選』（祥伝社、二〇〇七年）二二三頁。
56 山本明『戦後風俗史』（大阪書籍、一九八六年）八五～九七頁、吉村昭『東京の戦争』（筑摩書房、二〇〇一年）一六〇～一七〇頁、参照。
57 ドウス昌代『敗者の贈物』（講談社、一九七九年）一七三頁。
58 三根生久大『終戦直後』下（光文社、一九七四年）二〇二頁。
59 ジョン・ダワー、前掲書、一四八～一四九頁。
60 新井恵美子『哀しい歌たち――戦争と歌の記憶』（マガジンハウス、一九九九年）一三四～一三七頁。なお、塩澤実信『昭和歌謡 一〇〇名曲』（株式会社ブレーン、二〇一二年）四九～五一頁、五木寛之『わが人生の歌がたり――昭和の哀歓――』（角川書店、二〇〇七年）一六六～一六九頁、『朝日新聞』二〇〇九年一〇月一〇日付、『東京新聞』夕刊、二〇一四年五月八日付、参照。
61 田村泰次郎『肉体の門・肉体の悪魔』〈Shincho On Demand Books〉（新潮社、二〇〇三年）一八四～二一九頁。
62 吉村昭、前掲書、一六六～一六七頁。
63 新井恵美子、前掲書、一三四頁。

64　ジョン・ダワー、前掲書、一三七〜一三九頁。
65　森崎和江『からゆきさん』（朝日新聞社、一九七六年）。
66　同著者「《花嫁のアメリカ》――荒野を歩くにも似た人間宣言の年月」、江成常夫『花嫁のアメリカ』解説〈『アサヒカメラ』一九八〇年一二月増刊号〉（朝日新聞社、一九八〇年）二七〇〜二七三頁。
67　ジョン・ダワー、前掲書、一三九頁。
68　鹿野政直『兵士であること――動員と従軍の精神史――』（朝日新聞社、二〇〇五年）三〇〇頁。
69　E・H・カー『歴史とは何か』清水幾太郎訳〈岩波新書〉（岩波書店、一九六二年）四〇頁。
70　同上書、一一八頁。
71　同上書、二四〜四〇、五五〜六一、一一六〜一一八、一八〇〜一九四頁。
72　大岡昇平『戦争』〈岩波現代文庫〉（岩波書店、二〇〇七年）一九八〜二〇一頁。
73　鹿野政直、前掲書、三〜一二、一二五〜四五頁.
74　同上書、五〇〜一〇二頁。
75　同上書、五三頁。
76　堀田善衛、前掲書、二九九〜三〇〇頁。
77　同上書、三〇二〜三〇四頁。
78　同上書、三〇三〜三〇四頁。
79　同上書、一四二〜一四七、一五〇、二九二〜二九八、三〇一、三一六頁。
80　同上書、二九三〜二九四頁。
81　同上書、一四七頁。
82　同上書、三三三〜三三五頁。
83　同上書、一四九、三四〇頁、『ゴヤ』〈現代世界美術全集23〉（集英社、一九七三年）九一、一〇四、一〇八、一三八〜一三九頁。

84 鈴木比佐雄・長津功三良・山本十四尾・郡山直編、前掲書、二〇頁、前田哲男『戦略爆撃の思想――ゲルニカ、重慶、広島――』（凱風社、二〇〇六年）二二～二四頁。

85 前田哲男、同上書、五七～六一頁、堀田善衛、前掲書、三〇一頁、『ピカソ』〈現代世界美術全集14〉（集英社、一九七二年）九七、一〇二～一〇三頁。なお、『スペイン・ポルトガルを知る事典』（平凡社、一九九二年）、参照。

86 前田哲男、同上書、二五頁、鈴木比佐雄・長津功三良・山本十四尾・郡山直編、前掲書、五一一頁、堀田善衛、同上書、三〇〇頁。

87 前田哲男、同上書、二一～二九頁、鹿野政直、前掲書、一三、二五五、三〇〇頁、鈴木比佐雄・長津功三良・山本十四尾・郡山直編、同上書、五一一頁、ハワード・ジン『民衆のアメリカ史――１４９２年から現代まで――』下巻、富田虎雄・平野孝・油井大三郎訳（明石書店、二〇〇五年）一一六～一二二頁、ジョン・Ｗ・ダワー『人種偏見――太平洋戦争に見る日米摩擦の底流』斎藤元一訳（ＴＢＳブリタニカ、一九八七年）四〇～五六頁。なお、『日本歴史大辞典』第五巻（河出書房新社、一九八五年）、『日本史辞典』（岩波書店、一九九九年）、参照。

88 ポール・ヴァレリー『精神の危機』杉捷夫訳〈世界の名著66〉（中央公論社、一九八〇年）三七九～三八一頁。

89 同上書、三七五頁。

90 ニーチェ『道徳の系譜』木場深定訳〈岩波文庫〉（岩波書店、一九四〇年）一九四～一九五頁。なお、木田元『反哲学史』〈講談社学術文庫〉（講談社、二〇〇〇年）一五二～一五三、一八六～一八七頁、同著者『哲学と反哲学』〈岩波現代文庫〉（岩波書店、二〇〇四年）八五～八九頁、参照。

91 カント『純粋理性批判』下、篠田英雄訳〈岩波文庫〉（岩波書店、一九六二年）一三〇頁。なお、木田元、前掲『反哲学史』一六六頁、参照。

92 カント『実践理性批判』波多野精一・宮本和吉・篠田英雄訳〈岩波文庫〉（岩波書店、一九七九年）四七～五一頁。

93 カント、前掲『純粋理性批判』下、一〇九頁。

94 カント、前掲『実践理性批判』七二頁。

95 ニーチェ『善悪の彼岸』木場深定訳〈岩波文庫〉（岩波書店、一九七〇年）一五二～一五三頁。なお、同書、一一

〜五〇頁、参照。
96 カント、前掲『実践理性批判』三一七頁。
97 カント『永遠平和のために』宇都宮芳明訳〈岩波文庫〉（岩波書店、一九八五年）四〇頁。
98 同上書、一八頁。
99 カント『判断力批判』上、篠田英雄訳〈岩波文庫〉（岩波書店、一九六四年）一七七頁。
100 カント『判断力批判』下、篠田英雄訳〈岩波文庫〉（岩波書店、一九六四年）一三七〜一三八頁。
101 カント、前掲『永遠平和のために』三二〜三三頁。
102 同上書、二六〜五三頁。
103 マーチン・ファン・クレフェルト『戦争文化論』上、石津朋之監訳（原書房、二〇一〇年）二七四頁、同『戦争文化論』下、二二〜三四頁。
104 クリス・ヘッジズ『戦争の甘い誘惑』中谷和男訳（河出書房新社、二〇〇三年）二二二頁。
105 マーチン・ファン・クレフェルト、前掲『戦争文化論』上、一九八〜一九九頁。
106 同上書、一八〇〜一八一頁。
107 同上書、三三二〜三七七頁、同『戦争文化論』下、二四二〜二四八頁。
108 同『戦争文化論』下、訳者解説、二五五頁。
109 クリス・ヘッジズ、前掲書、一九三〜二〇九頁。
110 マーチン・ファン・クレフェルト、前掲『戦争文化論』上、一六四〜一六六頁、クリス・ヘッジズ、同上書、訳者あとがき、二四八頁。
111 クリス・ヘッジズ、同上書、八二〜九一頁。
112 同上書、一九七〜二〇三頁。
113 マーチン・ファン・クレフェルト、前掲『戦争文化論』下、七七頁。
114 マイケル・ウォルツァー『正しい戦争と不正な戦争』萩原能久監訳（風行社、二〇〇八年）八一〜一三一、二六一～二七七頁、同『戦争を論ずる――正戦のモラル・リアリティ――』駒村圭吾・鈴木正彦・松元雅和訳（風行社、二〇〇八年）一～二二二頁。
115 鹿野政直、前掲書、二六七～二七〇頁。
116 梯久美子『昭和二十年夏、女たちの戦争』〈角川書店、二〇一〇年〉一六五～一六六頁。
117 ニーチェ『人間的、あまりに人間的』Ⅱ（ニーチェ全集6）中島義生訳〈ちくま学芸文庫〉〈筑摩書房、一九九四年〉七三頁、ニーチェ『権力への意志』下（ニーチェ全集13）原佑訳〈ちくま学芸文庫〉〈筑摩書房、一九九三年〉二四一～二四二頁、参照。
118 ニーチェ『曙光』（ニーチェ全集7）茅野良男訳〈ちくま学芸文庫〉〈筑摩書房、一九九三年〉三三五頁。
119 上杉忍『公民権運動への道――アメリカ南部農村における黒人のたたかい――』〈岩波書店、一九九八年〉一二八～一三〇頁。
120 水野浩編『日本の貞操』〈蒼樹社、一九五三年〉一〇六～一一一頁。
121 田村泰次郎、前掲書、一九七～二〇一、二二六～二二九頁。
122 堀田善衛『ゴヤⅠ――スペイン・光と影――』〈朝日文芸文庫〉〈朝日新聞社、一九九四年〉一〇三頁、祖父江孝男『文化人類学』〈中公新書〉〈中央公論社、一九七九年〉一五七～一五八頁、浜林正夫『魔女の社会史』〈未来社、一九七八年〉三八～五二頁。
123 『神奈川新聞』一九九三年九月二〇日より三部にわたって連載。
124 マイラ・マクファーソン『ロング・タイム・パッシング――ベトナムを越えて生きる人々――』松尾弌之訳〈地湧社、一九九〇年〉三四〇～三九六頁。
125 ニーチェ『哲学者の書』（ニーチェ全集3）渡辺二郎訳〈ちくま学芸文庫〉〈筑摩書房、一九九四年〉三九四頁。
126 ニーチェ、前掲『曙光』三三五頁。
127 大岡昇平『野火』〈角川文庫〉〈角川書店、一九五五年〉一六八頁、同『レイテ戦記』（上・中・下）〈中公文庫〉〈中央公論社、一九七四年〉、参照。

128 伊藤一男『昭和天皇の戦場――証言で綴る秘められた太平洋戦争――』（光人社、一九八九年）八頁。
129 藤原彰『餓死した英霊たち』（青木書店、二〇〇一年）一三三～一三五頁。
130 伊藤一男、前掲書、一一、四〇、一二五、一四四、二六八～二七〇頁。
131 大庭みな子「むかし女がいた」『大庭みな子全集』第一三巻（日本経済新聞出版社、二〇一〇年）四三三～四四五頁。
132 田辺聖子『欲しがりません勝つまでは――私の終戦まで――』（ポプラ社、一九九七年）。
133 古川隆久『戦時下の日本映画――人々は国策映画を観たか――』（吉川弘文館、二〇〇三年）一七三頁。
134 山中恒『少国民の名のもとに――ボクラ少国民の周辺――』（辺境社、二〇〇四年）ほか、参照。
135 古川隆久、前掲書、一～一四、七九～八五頁。

第二章❖太平洋戦争と日系一世および二世

一枚の写真がある。ガラス戸の出入口が鎖され、人の住んでいる気配がまったく感じられない食料品店。店の前には、人が誰も乗っていない自動車が停まっている。店の正面には、"SOLD"「売約済」と、"I AM AN AMERICAN"「私はアメリカ人だ」という文言が表記されている掲示板が掲げられている*1。これと同じ写真は、一九八七年一〇月に開催された、スミソニアン国立アメリカ歴史博物館の展覧会、"A MORE PERFECT UNION ―― JAPANESE AMERICANS AND THE UNITED STATES CONSTITUTION ――"「さらに完璧な統合を――日系アメリカ人と合衆国憲法――」のパンフレットにも掲載されている。そのキャプションには、「日系アメリカ人は、真珠湾攻撃について起こったパニックで、家も事業も失った。」と書かれている。

一九四一（昭和一六）年一二月七日、日本軍の予告なしの真珠湾攻撃によって日米間で太平洋戦争が始まった。この真珠湾攻撃という社会的大地震は、アメリカ西海岸の社会に大規模な地殻変動が起きたような亀裂を走らせた*2。一九四二年二月一九日、フランクリン・ローズヴェルト大統領は西海岸の軍事当局の要請を受けて、大統領令第九〇六六号（Executive Order 9066）を発令した。これによって西海岸に住むおよそ一二万人の日系アメリカ人は、その三分の二は合衆国の市民権を持っていたにもかかわらず、自分たちの住む家や地域から追い払われ、そして合衆国政府管理下の強制収容所に入れられ、武装した兵士に監視されながら有刺鉄線のなかで暮らすことになったのである*3。

スミソニアン国立アメリカ歴史博物館で開催された展覧会は、そのパンフレットの表紙に、出生地主義を採るアメリカに生まれ、アメリカ国籍を持つ日系人の幼い女の子が胸に手を当て、合衆国に宣誓している写真を大きく掲載している。そしてこの写真がなによりも雄弁に物語っているのは、日系人に対する人種偏見、嫌悪、恐怖心、敵愾心、反感など負の感情が、日米開戦を契機に、とりわけカリフォルニア州を中心にアメリカ西海岸沿岸地域においてヒステリー症となって表面化し、アメリカ国民である日系アメリカ人が、単に日本人の血が流れているというだけで、合衆国憲法の認める国民としての権利を連邦政府によって公然と剥奪されたことであり、そしてこうしたいわばアメリカ史の汚点を、国家としてアメリカが率直に認め、その反省から多民族国家アメリカとして「さらに完璧な統合」を求めてゆくという、なによりも正義実現のための決意を表明していることにほかならないように思えるのである*4。

すでに本書の「はじめに」で記したように、私は今からおよそ三〇年前、一九八五年にアメリカのメリーランド州ボルティモア市の公立および私立学校で教鞭を執る貴重な経験をした。勤務の傍ら、せっかくの機会を有効に活かそうと、国籍や人種を超えできるかぎり多くの人に会い、そしてできるかぎり多くのことを体験しようと努めた。もちろんアメリカ研究の専門家ではないので、アメリカに関して教科書程度の基礎的知識しか持っていなかったのは認めるとして、私の知見に誤りはないかと不安を覚えながらも、一日が終わると、就寝前に、必ずその日に見聞したことや調べたことをノートに記してゆくようにした。

じっさいアメリカの学校に勤め、アメリカでの生活を始めてから、アメリカ人はもとより、じつに多くの日系アメリカ人と親しく接するようになり、日本にいては考えも及ばなかった「ことばと国家」の問題が、毎日の生活で折にふれて切実に感じられるようになった。すでに読んでいた田中克彦著『ことばと国家』の内容が、日々の生活のなかで実感として理解できるようになったと言ってもよいかもしれない。

「親から受けた肉体を通じて自然とつながり、母のことばによって社会とつながる」と言われている。けれども多くの日系アメリカ人に接し、使われている日本語と英語の関係にじつに幅広い落差があることが感じられたのが現実でもあった。いかなる政治的環境からも切り離され、ただひたすらことばの伝え手である母と、受け手である子どもとの関係でとらえられるのが母語であるとして、政治以前の関係である母にではなく、子どもが現に国民として属している、国家に結びついた言語に囲まれ生活してゆかざるをえない社会的環境に置かれるかぎり、文化観や価値観の相克は絶えざる課題としてその身に投げかけられているのではなかろうか。とりわけ日系アメリカ人である二世および三世と親しく接してゆくと、日本語中心の日系一世の母から乳を吸うように身につけた母語としての日本語と、家族の外で学習してゆかざるをえない英語との相克は、引き裂かれたアイデンティティとして生涯の課題にならざるをえないのではないかと考えるようになった。そしてこの課題に対する回答が、私が接した多くの日系アメリカ人の価値観に決定的な影響を与えているように思われた。それはまた、私が言語の持つ社会的意義を真剣に考える契機ともなったのである＊5。

アメリカ滞在中、私は明治三四（一九〇二）年生まれの日系アメリカ人、国府田邦子さんと知り合い、滞在中はもとより帰国後も、アメリカ社会や生活全般に関していろいろと貴重なご教示をいただいた。当時八四歳。けれども頭脳明晰にして記憶力抜群、そしてなによりも意欲的、積極的になにごとにも前向きに取り組んでいた姿勢が、三〇年ほど経過した今でも鮮明に浮かんでくる。

国府田邦子さんはまた、太平洋戦争後に戦争花嫁と呼ばれアメリカに渡り、ボルティモア市およびその近郊に住むようになった多くの日本女性にとって心の支えになってきたことでも知られていた。そしてカリフォルニアのライス・キングとしてその名が知られている、国府田敬三郎氏は義兄にあたり、元衆議院議員の上坂昇氏は令弟である。むろん私が当地の日系アメリカ人から聞いた情報であって、国府田さん自身はこうした個人的なことをけっして自慢するような女性ではなかった。

さらに国府田邦子さんには、私がすでに四〇歳代も半ばを過ぎての単身赴任ということを知ったのであろうか、生活面でも親身になっていろいろと気を遣っていただいた。私の帰国後、これが日本の見納めといって福島県の実家を訪れたとき、私の家にも泊まり、箱根を案内したことをつい昨日のことのように憶えている。

そして国府田邦子さんには、私がアメリカでの生活経験を記録としてまとめるため精力的に動き回っているのを知り、「私が持っているより、いずれあなたの仕事に役立つかもしれないから」と言って、貴重な資料を寄贈していただいた。そのなかに日系人強制収容所に関する文献として、今では骨董的な価値があるのではないかと思われる、鉄筆、謄写版刷り、えび茶の紐で和綴じされた『ゼローム共同企業組合記念号』、そして『サンタフェー・ローズバーグ戦時敵国人抑留所日記』(一、二、三巻)が含まれ、そのほか、排日土地法を葬った藤井整の記録『羅府ぎぎゅう音頭』、戦争前のアメリカ生活をいきいきと今に伝える、一九三七(昭和一二)年にカリフォルニアの出版社で発行された『阿め里か生活』、それに義兄の国府田敬三郎氏の伝記、令弟の上坂昇氏の自伝など、あわせて計一〇冊になった。そして以上の資料のほかに、私が帰国してからも、日系アメリカ人に関する記事が掲載されていると、きまってその新聞(*HOKUBEI MAINICHI, The Baltimore Sun, The Evening Sun*)の切り抜きが送られてきた。

本章で私は、明治・大正時代に移民としてアメリカへ渡り、あるいはその後アメリカで生まれ育ち、日系人としてその生活基盤を確立していたにもかかわらず、日米間に生じた太平洋戦争ゆえにその基盤を奪われたばかりか、強制収容所での生活を強いられるなど、過酷な運命にも耐え、それにもかかわらず日米間の架け橋の先駆者として生き抜いた、日系人一世、二世の人たちの実像を、ボルティモア市で知り合った日系アメリカ人に力点を置いて検証してゆきたい。

よく言われるように歴史は解釈である。過去の事実がそのまま歴史の事実となるわけではない。歴史家の解釈を通してはじめて歴史の事実となるのである。つまり歴史は、主観的な契機によってまとめられた客観的歴史の一断片であると言ってもよいかもしれない。歴史の事実は純粋な形式で存在するものではなく、現在の視点に立ってする歴史への反省以外に歴史はない。そして歴史が現在の視点から過去を見直す営為であるかぎり、新しい現在が生まれるたびに、過去が持つ意味もまたおのずから変わってくるにちがいないのである*6。

歴史はまた「記憶」であるとも言われる。それは必然的に「無視」や「忘却」をともなう、過去の「構築」や「再構築」の営為にほかならない。過去の歴史的事実、たとえば各種の残酷な異端者迫害、過激なナショナリズム、過熱した政治的権力闘争、戦争という残忍な例外状況などが端的に物語っているように、歴史は意識的、主観的、観念的に、あるいはとりわけ政治権力者によって邪悪に恣意的に、教義を教え込む手段として利用されてきたのも否定することはできない*7。「信念とは、認識のある一点で絶対的真理を所有しているという信仰である」*8とニーチェは述べる。その意味で、しばしば歴史を無法なものにしてきたのは、意見の闘いではなく、意見の信仰の、つまり信念の闘いであると言ってよいであろう。それだけに、歴史問題をめぐって正しく理解してゆくには、過去が近ければ近いほど困難がともなうことを覚悟しなければならないのである。

一、日系人強制収容の背景

一九四一（昭和一六）年一二月七日、日本軍が真珠湾を奇襲攻撃したのを発端に、日本とアメリカ合衆国は戦争状態に突入した。真珠湾攻撃に続く数ヵ月間、日本軍はフィリピン、シンガポール、そして東南アジアで勝ち続けていったが、開戦後半年も経過していない一九四二年六月にはミッドウェー海戦に敗れ、続いて一九四三年にガダルカナル島で敗れても、多くの日本人は太平洋戦争における日本軍の勝利を疑っていなかったようである。しかし日本軍による真珠湾奇襲攻撃は、アメリカ人の心のなかに日本に対する憤怒の感情を呼び起こし、「ジャップスを殺せ、ジャップスを殺せ、もっと多くのジャップスを殺せ」といったスローガン、さらには「真珠湾を忘れるな——奴らの息の根を止めろ（リメンバー・パールハーバー）」といったスローガンとなって表現され、こうしたスローガンが絶滅のレトリックとして日本人に対する人種偏見を煽りたてていったのである。そしてなによりもこの日本人絶滅のレトリックには、アメリカ人の人種主義的な本質が赤裸に反映されていると言ってもけっして過言ではないのである*9。

アメリカ西海岸は日本と同じに太平洋に面し、すでに一九世紀後半に日本からの移民が始まっている。すでにそれ以前にアメリカへ渡っていたヨーロッパ移民の大群のなかで、少数民族として「ガマン」と「ガンバル」という言葉で象徴されるように、不平も言わず、忍耐強く、よく働く日本人は*10、それだけに鉄道の車室の比喩で言われている新来者として、やはり同じく侵入者でありながら、土着の住民の気でいる車室の先客によって、憎悪と攻撃の標的とされるようになった*11。初め中国人、ついで日本人を憎悪の対象とした「黄禍論」という言葉は、反東洋人運動を露骨に表現するスローガンあるいはプロパガンダとして「生き生きとした嘘」になり、強力な兵器に変異していったのである*12。

アメリカ西海岸に位置するカリフォルニア州は、アメリカ合衆国内においてカリフォルニア共和国と言ってもよい特異な州として、真珠湾攻撃以前に、すでに日本との間で人種戦争という戦争状態にあった。日本とカリフォルニア州の戦争は一九〇〇年頃に始まったが、宗主国イギリスの圧政から逃れてきたアイルランド移民が火付け役となったのである。最初はアメリカ東海岸に上陸したアイルランドからの移民は、カトリック教徒でもあり、またその過激な政治的活動からも、建国時からワスプ（WASP：White Anglo-

Saxon Protestant）が主流を占めていたアメリカ社会で嫌われ、そして西海岸へ移っていったが、そこで白色人種ではなく黄色人種の移民であるために合衆国の市民権が与えられず、政治的にも弱い存在であったアジア系移民に出合い、自分たちが受けた迫害の恨みを、自分たちよりさらに弱い立場にあるアジア人に向けた攻撃へと転化させていったのである。これは被差別者や被害者が、状況次第で容易に差別者や加害者に変わることを示す、ひとつの例と言ってもよいであろう。なかんずく日本人は、アイルランド系移民にとって恨んでも恨みきれない宗主国イギリスと日英同盟（一九〇二年）を締結したばかりか、日露戦争（一九〇四〜〇五年）にも勝利を収め、はじめて戦争で白色人種を破った黄色人種として、単に憎悪の対象であるばかりか、脅威の対象ともなっていったのである＊13。

言語や文化や風習は別にして、人間の脳の作りに人種間の差異はないとされている。しかも地球上の人種はいずれも他の人種と混血していて、それぞれの間にはっきりした境界線があるわけではないとも言われている＊14。国に違いはあっても、そこに住む人びとの考えや行動に共通するものが見られるのは、この意味でなんら不思議ではないのである。おしなべて人間はそれぞれ自らの裡に光と闇を抱えている。そして社会的環境のなかで、普段は人間の裡に隠されている闇の部分が、なにかをきっかけとして解放されることがある。憎悪、敵意、嫉妬、猜疑、劣等感など、心の闇に隠れている人間心理の残忍な本能は、社会のなかで醸成される悪意ある意図的な偏見が契機となって、しばしば対象者の殺戮にまで及ぶほど、激しい攻撃性として顕在化し社会不安を煽ることがある。

すでに一九世紀後半からカリフォルニアに渦巻いていた、中国人移民を対象とする反東洋人感情は、一九〇〇年以降に劇的に増加した日本人移民を標的として、反日本人移民運動を生んでいった。カリフォルニアにおける日本人排斥運動は当初より経済問題などではなく、あきらかに人種問題であった。カリフォルニアを有色人種によって汚染させてはいけないというほか、なんら具体的理由もない反東洋人感情にすぎない「黄禍論」が、露骨な反日感情を帯びた言葉の兵器となって、カリフォルニア州を中心にアメリカ西海岸を席捲していったのである。そのさい主導的役割を果たしていったのが、アイルランド系移民、労働組合、政治家、在郷軍人会、マスコミなどであった*15。

たとえば反日本人キャンペーンをじょうずに利用しながら選挙で当選を繰り返す上下院議員や、自らの汚職の嫌疑をそらすために反日本人運動を利用して世論操作する政治家の思惑*16。黄禍論キャンペーンに意図的に力を入れ、虚偽で悪意に満ちたデマゴギーで社会不安を煽ったハースト系新聞や、煽動的で誇張された記事を連日にわたって掲載し、反日感情を煽っていったサンフランシスコ・クロニクル紙など、マスコミによる辻褄が合わない報道*17。そして在郷軍人会など反日本人活動団体による魔女狩り的な激しい反日本人政治運動など、典型的例と言ってよい*18。

こうした一連の反日運動が、事実に関心なく、半分だけ真実として捏造され、止むことのない噂の連鎖を生み続け、結果として日本人に対する偏見、敵意、差別が悪性のビールス性の癌となってアメリカ社会、とりわけ西海岸諸州の社会的土壌に浸蝕していったのである。そしてまさにこのような社会的文脈において、一九一三年および一九二〇年に外国人土地所有規制法が成立し、さらに過激化して一九二四年には排日移民法が成立したのであり、とりわけ排日移民法の成立によって、カリフォルニアにおける反日運動の最終的な目標が達成されたとまで言われたのである*19。

一九二四年の排日移民法によって、アメリカの領土で生まれた子ども（二世）は、出生地主義に基づいて出生とともにアメリカ市民になることができたが、日本人移民（一世）は合衆国の市民権を申し込むのを禁止された。二〇世紀前半、少数民族として日本人はカリフォルニア州の人口の三パーセントを超えることはなかったとはいえ、日本人移民は西海岸諸州で土地所有が認められず、それでもカリフォルニア州の果物や野菜の半分以上を生産し、そのためひろく農業を営む日本人移民との競争を、そのほとんどが農業に従事していた地域の白人社会は恐れたのである*[20]。

一九四一年一二月七日、ハワイ・オアフ島の真珠湾が日本軍によって奇襲攻撃された。「緊急事態」と「危機」は、しばしば人びとをして野蛮な行動に駆り立てる。戦争はまさに国家緊急事態であり、人間心理に潜在している恐怖とヒステリーが、戦争をきっかけに一挙に現実のものとなり、しばしば暴力化する*[21]。日本軍による西海岸への侵略、日系人によるスパイ活動や破壊行為など、いずれも根拠のないデマであることが判明しても、社会が集団ヒステリー状態に陥ると、流言、蜚語のほうが現実感において事実よりもまさり、そしてそれを巧みに利用してしばしば権力者は、人びとの嫌悪の対象をシンボル化することによって、人びとの抑圧されていた差別意識を鮮明化し、容易に権力者の意図する方向へと誘導してゆくことになる。真実は虚偽にけっして追いつくことはできないと言われている。人種偏見、戦時ヒステリー、政治的リーダーシップの欠如などが露骨に表明されている状況にあって、虚偽や歪曲が偏見を焚きつけ、目に見えない恐怖を煽ってゆくのを誰も阻止することはできないのである。このようにして、一九四一年一二月七日を境に、アメリカ西海岸から日本人を放逐していく一大キャンペーンが始まったのである*[22]。

この一大キャンペーンの主導者となったのは、日系人強制収容政策を強力に主張し推進していった、陸軍中将のジョン・L・ドゥウィット（John L. De Witt）将軍であり、カリフォルニア州司法長官（一九三九〜四三年）、同州知事（一九四三〜五三年）、連邦最高裁判所長官（一九五三〜六九年）などの要職を勤めたアール・ウォーレン（Earl Warren）であり、そして高名なジャーナリストにして書斎戦略家、下級ジーメンとして行動したウォルター・リップマン（Walter Lippmann）であった*[23]。

一九四一年一二月一一日、西部防衛司令部が設置され、アメリカが戦時状態にあることを宣言し、西海岸全域を担当する責任者にドゥウィット中将が任命された*[24]。

一九四二年二月一一日、スティムソン（Henry L. Stimson）陸軍長官は、ローズヴェルト（Franklin Delano Roosevelt）大統領から、日系人の西海岸からの強制集団立退きに関して、電話で同意を得た＊25。

一九四二年二月一三日、西部諸州出身の議員は、「日本人の血を引く人物」はすべて隔離すべきであるという意見書を、大統領に提出した＊26。

翌日の一九四二年二月一四日、ドゥウィット中将は、スティムソン陸軍長官に覚書きを送り、日本人隔離を提案した。そのなかで彼は、「われわれがいま係わっている戦争において、移住が人種的親縁性を断ち切ることはない。日本人という人種は敵性の人種であり、アメリカで生まれてアメリカ市民権を持つ多くの二世代、三世代目の日系人はアメリカナイズ（アメリカ化）されてきたものの、人種上の力は弱まっていない……。ということは、重要な太平洋岸沿いに、敵となる可能性のある日系人が一一万二〇〇〇人以上も、いま野放しになっていることになる。これらの人たちが組織されて、好機とみるや協力行動をとる用意ができていることを示す徴候がある。いままでのところサボタージュが起きていないという事実そのものが、そのような行為が起きるだろうという不穏かつ確実な徴候である。」＊27と述べている。ドゥウィット中将が送ったこの覚書きに基づき、スティムソン陸軍長官は日系人の強制集団立退きを大統領に要請した。

一九四二年二月一九日、陸軍長官からの要請を受けて、ローズヴェルト大統領は大統領令第九〇六六号に署名し、発令した。この大統領令第九〇六六号は、「戦争を成功裡にすすめるためには、国防機材、国防施設、国防上有益なものに向けられたスパイ行為や破壊活動に対し、可能な限り守り抜くということが求められている。（中略）合衆国大統領ならびに陸海軍最高司令官として私に与えられた権限をもって、私はここに、陸軍長官と時に応じて彼が任命する陸軍司令官に対して、彼および任命された司令官が決定する場所、程度において、軍事地域を指定するような行動が必要あるいは望ましいと、彼および関係陸軍司令官が判断するときにはいつでもその権限を与え、それを命令する。そしてその地域からはどんな人をも排除することができるものとする。また、軍事地域への立ち入り、滞在、退出の権利は、陸軍長官および関係陸軍司令官が自分の裁量で課することが可能などんな拘束に対しても従属するものとする。（後略）」*[28]という厳しい内容のものであり、これにより陸軍長官および陸軍司令官は、破壊行為およびスパイ行為を可能なかぎり防ぐために、軍事的重要地区の設定と同地区からすべての外国人を排除する権限が与えられたのである。ローズヴェルト大統領が大統領令第九〇六六号に署名した一九四二年二月一九日こそは、まさに日系アメリカ人の公民権喪失の日であり、それはまた、一九世紀後半に溯ってアメリカ西海岸地域で噴出した反東洋人感情の歴史の、ある意味で到着点を示す日でもあった*[29]。

ところで一九四二年二月一四日、ドウウィット中将がスティムソン陸軍長官に送った覚書きは、カリフォルニア州司法長官アール・ウォーレンが、州の保安官および地方検事との会議で述べた意見をそのまま繰り返したものであり、その趣旨は、アメリカが戦っている敵は国家ではなく人種であり、それもけっしてアメリカに同化できない特定の人種である日本人ということである*[30]。アール・ウォーレンは、伝統的なカリフォルニア政治の体現者として、一九四二年には州の司法長官として日系人の強制集団立退きをもっとも熱心に唱道した一人であり、州知事時代には、立退き者の西海岸帰還にも強く反対した*[31]。また日本人は、アメリカの敵国であっても同じ白人種であるイタリア人やドイツ人とは異なる別の人種であり、そしてアメリカ生まれの日系人二世は、市民権を持っていない日本人よりも潜在的に危険度が高いと非難している*[32]。さらにウォーレンは、破壊活動分子を意味する「第五列」という隠喩を巧みに使って、日系人による破壊活動が予測されると、公言もしているのである*[33]。日本人の危険性を煽ったアール・ウォーレンのこうした言動は、「ジャップはどこまでいってもジャップである。彼らがわが国への忠誠をみせていようがいまいが、危険な人種であることは間違いないことなのだ。」*[34]と、公式の席上で臆面もなく言って憚らないドゥウィット中将とともに、強硬な人種差別主義者としてその名は記憶されざるをえないのである。

一九八七年七月六日と七日の二日にわたって、ボルティモア市の地方紙は「アメリカの悲劇」というタイトルで、日系人強制収容の特集記事を掲載している。「強制収容された日系人、そしていまでも続いている苦悩」、「真珠湾によって一挙に燃えあがった黄禍の恐怖：年代記」（以上、七月六日付）、「四〇年前に必要とされたのに、遅々として進んでいない、強制収容された日系アメリカ人に対する補償」（七月七日付）という見出しが、特集記事のそれぞれに付けられている。そのなかで掲載されている写真にはそれぞれ、「日系アメリカ人の集団がサンタ・アニタの仮収容所に入所するのを見張っている合衆国陸軍の兵士たち」、「強制収容所へ移送される前、カリフォルニア州のターロック収容センターにおける少年と少女」（以上、七月六日付）、「日系アメリカ人家族は、収容所へ移送される前に所持品の検査を受ける」（七月七日付）というキャプションが付けられている*35。

真珠湾攻撃からおよそ三ヵ月半後、一九四二年三月から集団強制立退きが実行されていった。ほとんどの日系人は、まず軍の監視のもと陸軍が管理する仮収容所（収容センター）へ、自分で持てるだけの身の回り品を詰めたスーツケースを携えて、列車やバスやトラックで運ばれていった。そして数週間から数ヵ月が経ってのち、つぎに戦時転住局（ＷＲＡ）が管理する強制収容所へと移動させられた。このようにして日系人は、家、店、仕事、農作物、農機具、生活用品、備品、自動車、銀行預金、株券、債券など、それまで営々と築き上げてきた財産をすべて失ってしまったのである。

仮収容所はカリフォルニア州に一二ヵ所、ワシントン州、オレゴン州、アリゾナ州にそれぞれ一ヵ所、計一五ヵ所に仮設され、いずれも馬や牛など動物用の施設や博覧会場などを急いで改造した、およそ人間が生活するに適した状態にはほど遠いものであった。それでも仮収容所は、日系人の居住地の近く、比較的なじみのある場所にあったが、強制収容所は、「転住収容所」とも「再配置センター」とも呼ばれ、合衆国のなかでもっとも人里離れた荒涼とした場所である砂漠や寒冷地に一〇ヵ所、——マンザナー、トゥールレイク（以上、カリフォルニア州）、ポストン、ヒラリヴァー（以上、アリゾナ州）、ミニドカ（アイダホ州）、ハートマウンテン（ワイオミング州）、グラナダ（コロラド州）、トパーズ（ユタ州）、ローワー、ジェローム（以上、アーカンソー州）——、バラックの収容施設が密集して建てられたのである＊36。

一九四五年五月、連合軍はヨーロッパで勝利を宣言した。抑留されていた日系人のほとんどが強制収容所を出て、そのうちおよそ五万人はかつての居住地から遠く離れた地域にとりあえず落ち着いた。カリフォルニア州などかつての居住地に戻った日系人の多くの家では、そのまま置いてきたり、知人や隣人などに預けてきたりした財産のほとんどがなくなっていた。

一九四五年八月、日本が無条件降伏し、第二次世界大戦は終わった。すでにいずれの強制収容所も、ほとんどの日系人はそれぞれ思い思いの地に移り住み、収容者は数千人から数百人へと規模が減少していたが、なおも存続した。

一九四六年六月、最後まで存続していた四つの強制収容所がすべて閉鎖された。残った抑留者のほとんどは老人や貧困者で、戻る家もなく、世話になる子どももいない一世だったという＊37。

一九四二年三月に始まり、一九四六年六月まで、およそ四年三ヵ月の間、「罪なき囚人たち」＊38として自由を奪われ、強制収容所に抑留された、一〇万人を超える日系人の精神的苦痛、恐怖、混乱、不安など、じっさいにはいかばかりであったか、公刊されている証言や記録を読むかぎりでも、想像を絶するものがある＊39。日系人のほとんどはまず仮収容所（収容センター）に抑留され、しばらくして収容人員が八千人から二万人までの規模で、一〇ヵ所に急造された強制収容所のうちいずれかに移動させられたのである。

一世および二世という世代別、男女別、年代別、出身地別、さらには受けた教育やアメリカでの生活経験なども考慮に入れると、抑留された日系人の体験をおよそ一般化して述べることは困難であろう。日系人と言ってもけっして一枚岩ではない。強制収容された一人ひとりが、個人的な苦楽や痛みの記憶、そして興味や関心によって彩られた自分だけの物語を持っているはずである*40。

けれどもこうした過酷な状況に置かれても、たとえばスティムソン陸軍長官が「われわれが決定した日本人隔離政策がうまくいったのは、ひとえに彼らの協力的な態度があったからだ」*41 と述べているように、日系人のほとんどが威厳を保ち、不屈の精神で整然と隔離政策に順応していったことは、陸軍や戦時転住局の関係者にとってもまさに驚くべきことであった*42。日系人たちは、アメリカ社会の集団ヒステリーや誤解や人種的憎悪のために、ひどい犠牲を払わされているにすぎないのだという確信を抱いて、過酷な運命を克服していったにちがいない*43。じっさい当時の写真をみると、収容所行きのバスを待ち、そしてバスに乗り込む日系人たちは、大人も子どもも皆きちんと正装し、背筋を伸ばし、なによりも毅然たる態度で、日本人としての誇りをその姿で表明しようとしているように思える*44。むしろカレイ・マックウィリアムスも指摘しているように、アメリカ人市民たちが、こうした日系人移民に対するアメリカ政府による仕打ちに疑いを抱くことなく、無関心な態度を示していたことこそ、もっと驚くべきことであったと言ってよいであろう*45。

それにしても多くの日系人にとって、言葉による人間性の剥奪は屈辱的な経験としか言いようがなかったのではなかろうか。反日感情は、非人間的な表現、あるいは人間より下等な動物、爬虫類、虫けら、具体的には猿、ゴリラ、犬、ネズミ、蛇、ゴキブリ、害虫などといった表現を使うことによって、さらに激しく感情的な反日人種主義へと増幅されていったのである。人間社会において不満や偏見は容易に憎悪や暴力へと転化してゆく。じっさい最終的な施設である強制収容所に移住させられるまで、馬や牛や豚の悪臭が漂う馬小屋や牛舎や豚の檻など、動物用の施設に詰め込まれ、馬用のシャワーを浴び、藁を詰めた麻袋をベッド代わりとした多くの日本人がいたのである*46。それどころか真珠湾攻撃のあと、西海岸の多くの食堂で「当店ではネズミとジャップスの両方を毒殺します」という掲示が窓に出されたり、「ジャップスはお断り、お前らネズミだ」といったステッカーがあちこちで貼られたりしたことが知られているが、こうした人種的な俗語や、動物を隠喩した表現は、アメリカ市民の間で日常的に使われていたばかりか、ごく普通に報道機関や公式文書のなかでも使われていたのである*47。

とにかく多くの日系人にとって仮収容所は、そこでの生活の一端を描いているイラストを見ても、およそ人間としての尊厳を踏みにじる施設でしかなかったようである。たとえば、ベッドで寝ている女性の足許に二匹のネズミが坐っているイラストのキャプションには、「わたくしたちは、人間として計算に入れられていなかったので、キャンプでは野生の生き物、とくにクモ、ハツカネズミ、ドブネズミと仲良くしなければならなかった」*48と書かれている。

さらにイラストを見てゆくと、トイレやシャワーの設備にいたっては、およそプライバシーに対する配慮が欠如しているように思える。トイレは、一フィート（約三〇・五センチ）ぐらいの間隔で穴をあけた長い板だけが据えられたもので、約五分間隔ですべての便器に水が流れ、男子用には仕切りも壁もなく、女子用にはほんの申し訳程度に仕切りがつけられているだけであった。多くの女性が小さな板を立てかけたり、布を仕切り板にピンでとめて、わずかにその都度プライバシーを自分で守ってトイレを使用している絵が描かれている。またシャワーも同じで、男子用には仕切りがなく、女子用には仕切り板があっても外部からはまる見えで、年輩の女性がシャワーではなく、バケツや桶を使って体を洗っている様子があけすけに描かれている。若い女性にとっては、羞恥心が強いだけに、つらい毎日であったように思えるが、それでもイラストを見るかぎり、牢獄に似た仮収容所であっても、日系人の多くが互いに遠慮や気兼ねをすることなく、うちとけた表情をしているのには驚きのほかはない*49。とはいえ、そうであるからと言って、仮収容所生活で誰もが互いに気兼ねのない生活をしていたとは思えない。周囲とのささいなトラブルもしばしばあったであろうし、また人間であるかぎり、過酷な生活を強いられた状態にあって、自らの本能をむき出しに表わさないと、精神的に落ち着くことができないひとだってきっといたはずである。証言にもあるように、仕切りも十分でなく、家族間の会話も筒抜けの密集した空間に詰め込まれ、夫婦喧嘩の絶えない情景など容易に想像がつくのである*50。

すでに述べたように、罪なき日系人に、人間としての尊厳を踏みにじってまで、強制収容所における過酷な生活を強いていった張本人は、ドゥウィット中将、アール・ウォーレン、そしてウォルター・リップマンであった。

ドゥウィット中将については、同僚の将校たちの間で、指導力不足、優柔不断な性格、戦闘経験の欠如、気ままで感情的な思考などが指摘されていた。アメリカの安全保障という点で、当時ハワイの重要度は本土の西海岸よりもはるかに高かったにもかかわらず、同じ真珠湾攻撃をきっかけとして、ドゥウィット中将を長とする西部防衛司令部がパニックに陥り、西海岸一帯を混乱状態に陥れたのとは異なり、ハワイでは日系人の集団強制立退きが実施されなかったのは、日系人がハワイの労働力の三分の一を占めていたことを考慮に入れたとしても、ハワイの軍事司令官となったデロス・エモンズ (Delos Carleton Emmons) 将軍が、日系人の忠誠心に関して冷静で思慮深い判断力を示し、根拠のない噂からアメリカ人住民の間に反日本人のヒステリー状況が発生するのを徹底的に抑え込んだからであったとされている*51。

一九四二年六月、ミッドウェー海戦でアメリカ軍は勝利を収め、西海岸へ日本軍が侵略するという脅威はなくなっていた。そして日系移民による破壊行為や暴動、それにスパイ行為を示す証拠もなかった。一九四三年春には、アメリカ陸軍内部でも、日系人の抑留には正当性がないと考えられていた*52。けれどもドゥウィット中将は、破壊行為や暴動が見られないのはむしろ怪しい兆候であり、ドイツ系やイタリア系の移民とは異なり、かえって日系移民がこうした行為を近いうちに必ずや実行するにちがいないことをなによりも示しているのであるという、なんとも奇妙な論理を展開して、日系人強制収容政策を推進していったのである*[53]。

アール・ウォーレンについては、カリフォルニア州知事時代に、大規模農園経営者連合（Associated Farmers）という強力なロビイスト団体に代表される政治勢力を背景に、徹底的な反日本人政策を推進していったことで知られている*[54]。ウォーレンはカリフォルニア州の司法長官や知事、そして連邦最高裁判所長官といった要職を歴任した人物であったが、公人としての姿勢に一貫性はない。おそらくロビイストによる政治的圧力、一九六〇年代から七〇年代初めにかけて盛んであった社会的権利闘争、戦争が終わって日系人の強制収容補償運動などによって大きく影響されていったのではないかと思われる。

日系人の強制立退きをもっとも熱心に主張し、そして日系人の第五列（破壊活動分子）による破壊活動が予測されると公言して、反日本人感情を煽っていった、カリフォルニア州司法長官時代のウォーレン。ところが州知事時代になって、最初ウォーレンは立退き者の西海岸帰還に強く反対していたにもかかわらず、ミツエ・エンドウ訴訟事件で、連邦最高裁判所が日系人は西海岸へ戻ることができるという判決を下し、連邦政府もこれを公式の政策として認めると、一転して日系人の受け入れを勧め、むしろ住民の反日本人的行為から日系人を保護する立場をとり、さらに連邦最高裁判所長官になる直前には、日系人二世をロサンゼルス市の裁判所判事に指名したのである。もっとも、カリフォルニア州の司法機関に日系二世を判事として受け入れたことは、なによりも強制立退きの誤りを自ら認めたことを意味し、このことはまた、人権擁護において自由主義的なウォーレンの裁判官としての姿勢と関係があるとも指摘されている*[55]。

このように公人として揺れ動いたウォーレンであったが、存命中ウォーレンは、一九四二年に誤りを犯したと自ら認めるようなことはしなかった。死後に出版された回顧録のなかで、ウォーレンは第五列の破壊活動についての予測をはじめ、自らの反日本人的発言や行動を悔み、謝罪しているのである*56。回顧録のなかのつぎの一節は、なによりもウォーレンの揺れ動いた心情を示して余りあると言ってよいであろう。

それ以来、私は立ち退き命令と、それを支持した自分の証言を深く後悔している。そもそも立ち退き命令は、アメリカ人の自由という概念とも、市民の諸権利ともあいいれないのである。家庭とか学友とか、気にいった環境から遮二無二ひき離された罪のないいたいけな子どもたちに思いをはせると、いつも良心のうずくのを覚える。たとえ国家の治安上、立ち退きの動機は正当だと思われたにしろ、日系人が不忠誠だというはっきりとした証拠もないのに、ああも一時の感情にかられて即応したのは、まちがいだった。恐怖、軍部の決然たる心理状態、宣伝、人種的な敵意が一般の治安に対する責任感とあいまって、私たちがあのような恐ろしい行動に走るときこそ、戦争の残酷さがあらわに示されるわけだ*57。

けれども、死後になって公表されたウォーレンの心情が、いかに弱者に対して良心の呵責を感じていたか切々に訴えるものであっても、ウォーレンの犯した過誤が簡単に許されるというわけにはゆかないであろう。じっさいマイク・正岡も述べているように、ウォーレンが日系人強制収容の際に演じた役割について生前いかに深い自責の念を表明していようとも、彼の前半生に犯した重大な過誤はけっして消し去ることはできないのである*58。

さらにウォルター・リップマンについては、かれが一流のジャーナリストとして全米を代表するオピニオン・リーダー的人物であっただけに、その与えた大きな影響力を考えると、かれの責任は重大であると糾弾されても仕方ないのである。リップマンは政界や実業界の指導者とも深いつながりを持ち、強制収容が決定された時期には、じっさいに日系アメリカ人に対する反感の実状を西部で取材している。そしてまたアール・ウォーレンにも会っているが、ジャーナリストとして事実をていねいに取材し、事実関係を正しく理解してゆくという義務を怠ったばかりか、日系アメリカ人の忠誠心の欠如に関するウォーレンの危惧をそのまま信じ、日系アメリカ人の強制収容の正当性を認める主旨のコラムを掲載したのである。しかもかれはジャーナリストとしての過失を認めようとはしないばかりか、日系アメリカ人が暴徒に襲われる危険を回避するためにも隔離が必要であるという、なんとも不合理な論理を展開していったのでもある*59。このことがなによりも意味しているのは、皮肉な見方をすれば、エリートや学識経験者の意見を疑うことなくそのまま受け入れてはならないという、もっともな警告であると言ってもよいかもしれないのである*60。

ドゥウィット中将にしてもウォーレンにしても、そしてまたリップマンにしても、公人としての立場は認めるとして、「罪なき囚人」として強制収容所に抑留され、過酷な生活を強いられた日系人の生活の実態をじっさいに見たのであろうか。それはまた同時に日本の指導者たちに、真珠湾攻撃がアメリカに移住し生活している日系人にいかに過酷な運命をもたらすことになるのか、真剣に考えたことがあったのであろうか、と問うことでもあったのである。自らは安全圏に身を置きながら、名もなき一般人民を無視あるいは敵視し、戦争を遂行してゆく支配階級の等質性をここでも指摘せざるをえないのである*61。そしてたとえ戦争という例外状況であったとはいえ、およそ一二万人もの罪のない人間を一斉に隔離し、強制収容することが現実に行なわれたということを、歴史の教訓としてけっして忘れてはならないのである。

二、強制収容所生活とその補償

強制収容所生活

真珠湾攻撃を契機に、合衆国政府部内に反日ヒステリーが拡がり、ある下院議員は、「私は現在アメリカ、アラスカ、ハワイにいるあらゆる日本人を捕らえ、奴らを収容所に入れることに賛成する……畜生め！奴らを追っ払おう！」と語ったという*62。

当時アメリカ西海岸に住んでいた日系アメリカ人に集団強制立退きを命じた合衆国の政策は、ファシズムの引き写しと大差ないものであったと言ってよいであろう。ローズヴェルト大統領が署名した大統領令第九〇六六号は、アメリカ陸軍に対して、西海岸に住む一一万人とも一二万人ともいわれるすべての日系アメリカ人を、うち四分の三はアメリカ市民権を持つ二世であり、残り四分の一はアメリカの法律によって市民権を持つのを認められていない一世であるが、令状や起訴手続きや審理なしに逮捕し、自宅から連行し、強制収容所に移送し、囚人と同等の条件で拘留する権限を与えたのである。そして一九四四年、合衆国最高裁判所も軍事上の必要性を根拠に、こうした強制隔離を認めたのである*63。

社会のなかの不寛容や憎悪が、人間の心理に潜在する残忍な本能を覚醒させ、人間が人間に対して想像を絶するような残虐で理不尽な行為をとらせてきた実例を、歴史に求めることは容易である。しかも特定の条件下であれば、それは国を選ばず、どこの国においても起こりうるのである。とりわけ戦争は、社会に不寛容や憎悪が認められるかぎり、人間心理に深く潜む恐怖とヒステリーを、ときに政治的権威の煽動のもとに顕在化させ、計り知れない殺戮を生んでゆくのである*64。

ところで田名大正著、田名ともゑ編『サンタフェー・ローズバーグ戦時敵国人抑留所日記』全四巻は、各巻それぞれ四六五頁、五四一頁、七一八頁、九一二頁に及ぶ大著であり、真宗信徒の開教使である著者が「まえがき」で述べているように、「開戦のその日より収容された在米日本人の」戦時敵国人抑留所において「単に命を保ちつづけたと云う記録」ではなく、「目を耳を口を手を動かして自己を社会を国家をそして世界を凝視して書きつづけられた」日記である*65。それだけに、著者の冷徹な観察眼によって、強制収容所生活のリアルな現実が、類書に抜きんでて克明に綴られているばかりでなく、戦争や国家や政治の現実に対して、著者の心情が赤裸に告白されてもいる。

全四巻を通して著者の基本的主張は、以下に掲げる記述に集約的に表明されていると言ってよいであろう。

> 米国としては、その国内に於て市民権を与えなかった事によって、従来何の反米行為のない日本人を抑留したばかりか、その為に、市民である二世・三世の子供達をまで敵国人と等しく収容所生活をさせねばならなくなった事は、自由の国米国の旗印に、消す事の出来ない汚点を残してしまったのである*66。

とりわけ著者は、二世の徴兵を米国政府が発表すると、ヒラのセンターの市民大会で母親たちが子どもを兵に出すことに反対する演説を引例し、米国憲法が標榜する自由平等の欺瞞性を舌鋒鋭く批判する*67。参考までに、その演説を以下に掲げる。

> 我我はその子供を米国のよき市民たらしめようと育てて来た。しかるに、米国政府は我我のみならず市民である子供達までをこんな所へ追い込んだ。そうしておいて兵に出よ《(ママ)》とは何事か。我我は、その子を敵国人扱いをした米国のために戦線に送って殺させるよりも、此処にして我らと生死を共にする事を希望する*68。

すくなくとも日米開戦までは、アメリカを信じていた著者にとって、「米国憲法の上から云って、市民である二世三世を敵国人同様に生活の自由を取り上げた事は、米国の歴史上に汚点を残したものである。」＊69としか思えなかったのである。それどころか著者は、「米国政府が、戦後に如何なる待遇をするとしても、在米日本人が米国に対する、自由の国としての信頼は、決して昔日の如く回復することはないと断言する。そればかりでなく、今日迄は米国市民たる事を誇りとしていた日系市民達が、今後果たして従来と変らぬ信念を、米国に対して持ちつづける事が出来るか否か。」＊70と述べ、さらに「開戦前の米国の姿に、歴史に残るローマの崩壊前の姿を想像させ」＊71とまで極言している。

強制収容所の実際の状況がどのようであったかについては、すでにこれまでに多くの文献が公刊されているので、詳しくは触れない。私は本章で、日米関係の架け橋の先駆者のひとりである日系アメリカ人としてすでに紹介した国府田邦子さんが歩んだ足跡の一端を、過酷な強制収容所生活の体験も含め、私が発表することを前提に話していただいた聞き書きから、すでに国府田邦子さんに関して公刊されている文献も参考に、むろんプライバシーに配慮しながらまとめたものを、少し長くなるが紹介し、検証してみたい＊72。

福島県出身。女学校卒業後、小学校教師。洋画が大好きで、映画雑誌を取り寄せ愛読していた。ニュース映画でナイアガラの滝をみて、外国生活に憧れるようになった。

当時アメリカで話題になっていた写真結婚ではなく、夫とは日本で見合いし結婚した。

一九二〇（大正九）年、夫は結婚後すでにアメリカに帰っていたので、横浜港から山下汽船の「春陽丸」で単身サンフランシスコへ。この間およそ二週間。

サンフランシスコに着くと、エンジェル島（Angel Island）にあった移民局の管理施設に男女別に一泊。夫は仕事で都合がつかず、かわりに夫の兄の国府田敬三郎が迎えに来ていて、車でメンズビルを経てサクラメントへ。義兄の敬三郎はアメリカで米の栽培に成功し、「ライス・キング」（Rice King）と呼ばれ、のちに日米交流の架け橋となった功績で、一九六四（昭和三九）年に日本政府から叙勲（勲三等瑞宝章）されている。

一九二四年、移民割当法（「排日移民法」）が成立し、日本女性が永住目的でアメリカに入国することが禁止された。渡米した一九二〇年、船には写真結婚した最後の女性たちが大勢乗っていた。

乗船している女性たちは船内の食堂に集合し、日本人の牧師から毎日三〇分から一時間ほど、アメリカ生活についてオリエンテーションとなる指導を受けた。女性の多くは着物にえび茶の袴、それに編み上げ靴という姿であったが、なかには日本へ里帰りしてアメリカへ戻る洋装姿の女性もいた。

船内では男女別に四人ずつのベッド生活。食事はほとんど日本食。

アメリカでは、しばらく義兄の敬三郎の農場で夫とともに働いた。毎朝四時に起床。一日中、休む間もないほどの重労働。シェラネヴァダ山脈を眺めては、故郷のことを思い出し、心細くなることもあった。カリフォルニアの農場は広大で、日本と違い、米の種を飛行機で蒔いていたのが印象に残っている。

その後、米作に見切りをつけた夫とともにサンフランシスコに移住。夫は二年間クリーニングの仕事を修業し、自分の店を持った。一九二五年、カリフォルニア州のコーリンガに移り、クリーニング店を経営。この間、裁縫で夫の仕事を助けながら、一男二女に恵まれた。

コーリンガには同じ地区に日系人が四家族のほか、同じアジア系では土産物店（gift shop）を経営する韓国人、および食料品店（grocery store）を経営する中国人が、それぞれ一家族住んでいた。

一九四〇（昭和一五）年、三人の子どもをつれて、渡米以来はじめて里帰り。

翌一九四一（昭和一六）年、日本軍による真珠湾攻撃で日米開戦。

一九四二（昭和一七）年、ローズヴェルト大統領が行政命令第九〇六六号に署名、戦時転住局が設立され、太平洋沿岸に住む約一二万人の日系人は、敵性外国人としてまず仮収容所に、そののち順次、内陸部の一〇ヵ所の転住所へ移動させられ、強制収容されることになった。

私たちはジェローム（アーカンソー州）のキャンプに収容された。収容所は鉄条網に囲まれ、監視塔では銃を構えた兵士が常時見張っていた。すでに築いた財産を残して、わずかな寝具とスーツケース一個しか持ち込めなかった。家は処分するか、知り合いのアメリカ人に託すしかなく、それも留守中ほとんど勝手に処分されるか、もしくは焼かれてしまった。

ジェロームの収容所では衣食住は保証され、毎月一九ドル支給された。収容所はひとつの共同体で、比較的よく組織され、日系人にある程度の自主管理が認められていた。

収容所には病院も学校もあり、一万人もの日系人が共同生活を強いられたが、女性たちはそれまでの家事労働から解放され、花を植えたり、造花を作ったり、生け花など学ぶことも多かった。ふだん私は食堂で食事を作ったり、ウエイトレスの仕事などをして、気を紛らわしていた。

食事はパン、卵、ベーコンなどが中心のアメリカ食であったが、たまに日本の味噌などの差し入れがあると、大喜びしたことを憶えている。

収容所では映画も上映され、日系人のフラストレーションを解消させようと、いろいろな試みが行なわれていた。それでも一世、およびアメリカで生まれたが、日本に帰って教育を受け、再びアメリカへ戻ってきた帰米二世と、そのままアメリカに残った二世との折り合いが悪く、ときに争いが激しくなって、収容所内の雰囲気が険悪になることもあった。

さらに強制収容所で、天皇陛下への忠誠および服従を拒否し、アメリカ合衆国に対し無条件の忠誠を誓わされたとき、日系人の間に不安と動揺が拡がり、つらくて苦い経験をしたことを、いまでも鮮明に憶えている。

収容所では、アメリカ東部などに住む日系人などとの、外部からの面会は認められていた。といっても基本的に情報は少なく、とくに日本に関する情報は制限されていたので、なかにはラジオを床下に隠し、短波放送を聴いて、「日本が勝っている」と騒いでいる日系人、とくに帰米二世がいたりしたが、とにかく誰も、日本が負けているとは信じてはいなかった。

収容所でみた映画で、ボルティモア市にあるジョンズ・ホプキンズ大学のことを知り、息子を入学させようと思い、戦争が終わり収容所を出てから、以前に住んでいたカリフォルニアの家には戻らず、東部のボルティモア市に移住した。当時アメリカは、バス、電車、レストラン、デパートなど公共施設で、人種差別が露骨に行なわれていた時代であった。

一九五二年、マッカラン・ウォルター法が制定され、一世もアメリカ市民権を獲得できるようになり、一九五九年に市民権を取得。

カリフォルニア州と違い、強制収容などなかったアメリカ東部での新しい生活にもしだいに慣れていったが、その頃ちょうど日本から渡米してきた、すっかりアメリカナイズされた戦争花嫁を見かけるようになり、日本女性のあまりの変わりように大変びっくりしたことを憶えている。けれども、自分も食べるのがやっとのつらいアメリカ生活を経験してきたので、助けを求めてきた戦争花嫁にはできるだけ援助の手を差し延べてきた。

かつて日本が貧しかった頃、東北の農村の娘たちは身を売られ、苦界に生きなければならなかった。戦後、日本が焼け出され、衣食住に不自由していた時代、なかにはパンパン・ガールになって性を売らざるをえなかった女性もいたであろうが、誰も好き好んでなったわけでもあるまい。アメリカに来て、親、兄弟、親戚に頼ることもできず、ひとり異郷で苦労している日本女性に助けを求められれば、わがことのように手を差し延べてやるのは人の道であろう。戦争花嫁の一人ひとりが必死に生きているのである。

一九五二(昭和二七)年、日本へ里帰りしたとき、自分たちがずっと心のなかに抱いていた戦争前の日本の姿と、戦後の日本がすっかり変わってしまった現実を知り、心底から驚いてしまった。日本の若い娘たちもすっかり変わってしまい、アメリカへ渡ってくる戦争花嫁の姿に納得がゆくようになった。

日系一世は、アメリカで生活していても、明治時代以来の日本の伝統的生活様式や精神を重んじて生活し、そしてその伝統や精神に基づいて、自分たちの子どもを教育していった。それはなによりも子どもたちに、いつも周囲に気(心の key)を遣うことに心がけるよう教えることにほかならなかった。アメリカ人も外見と違い、親しくつき合ってゆくと、キリスト教の教えを守り、やはりマナーに心がけていることがわかる。それだけに、アメリカへ渡ってくる日本人女性のなかに、日本が伝統的に尊んできたマナーをすっかり忘れている姿を見かけると、恥ずかしい思いをすることがあった。

聞き書きは日を変えて三回に及び、かなり長時間になった。アメリカで生け花草月流の責任者として活躍している長女メアリーさんも途中から加わり、聞き書きを補足するような話をしていただいた。後述するが、メアリーさんは日系人強制収容の特集記事を掲載している地元紙(*The Evening Sun, July 6, 1987*)の第一面に大きく写真入りで取り上げられ、当時の日米関係について意見を述べている。

参考までに、補足内容の概略を記しておこう。

小さい頃から、周囲に気を遣うこと、日本人としての誇りを持つこと、「サムライ」の精神を忘れないことなど、教え込まれて育った。母は、アメリカ人の子どもに負けないように三人の子どもを育てたと思う。そうした母を尊敬しているし、今でも感謝している。とにかくアメリカ社会のなかで、どうしたら日本人として個性を発揮できるか、いつも考えながら行動してきた。

収容所生活では、生け花、茶道、舞踊、アートフラワーなど、いろいろな特技を学ぶことができて、その後の人生に役立っている。

日本が戦争に負け、進駐軍兵士などと結婚し、アメリカで生活するようになった日本女性が多くなったが、その人生は様々であったように思う。精神が狂ってしまった女性、なかには精神に異常をきたし、着物を頭から被って通りをうろつき、ＹＷＣＡに保護された女性もいた。さらに、アルコール中毒になった女性、重い病気になった女性、自殺した女性など、悲惨な例を数多く知っている。

日本とアメリカの文化や生活様式の違いを知らずにアメリカにやってきたので、無理もないかもしれない。たとえばアメリカの家庭では、週ごとに夫が妻に生活費を渡すのが一般的であり、日本の家庭のように、奥さんが財布を握っていることなど考えられない。

夫の妻への暴力も日常的に見られるし、それに大家族や嫁姑の問題もある。それに、意外にもマザコンの男性も多い。とにかくアメリカ人と結婚した戦争花嫁の幸不幸は、ほとんど家庭生活、とりわけ夫の人間性にかかっているように思える。

一九五二年、日本へ一時帰国したとき、米軍基地の前でたむろしている女性たちに、スピードを出して車を運転していて水をかけてしまったら、父親に「どうしてそんなことをするのか。彼女たちも一生懸命に生きているんだよ。」と、叱られたことがある。それでも、帰国するとき船内で、足を投げ出し、煙草をふかして花札に興じていた一部の日本女性の姿をみて、本当に驚いたことを鮮明に記憶している。

当時はまだ人種差別がひどい時代でもあり、アメリカ人の夫が白人か黒人かで、日本人女性の間でも差別と偏見があったように思う。

とにかく、アメリカ人でもなく、日本人でもなく、日本の良いところを守りながら良きアメリカ人になるように教育されてきただけに、敗戦後、一部の日本人女性の姿を見て驚いたことが、いつまでも忘れられない。

ところで、先に言及したが、国府田邦子さんの令弟である福島県選出の元社会党衆議院議員の上坂昇氏が、自伝『順と逆』のなかで、一九四〇（昭和一五）年八月、アメリカに住む長姉邦子さんが三人の子どもたちをつれて、渡米以来はじめて里帰りしたときの様子を述べている。ちなみに、三人の子どもたちの一番上が、当時一八歳で大学生の長女メアリーさんである。昇氏は当時、早稲田大学の学生であったが、日本流の英語が姉の子どもたちにさっぱり通じなかったこと、そしてアメリカと違い、日本の田舎の舗装されていない道路の砂ぼこり、クーラーのない夏の暑さ、蚊や虻や蚤の出没、汽車の窓から入ってくる油煙、汲み取り式トイレなど、当時の日本の生活事情に悩まされた妙齢の女性たちに文句を言われながら、およそ一ヵ月、日本各地を案内したこと、大学卒業後アメリカ留学を約束したものの、翌年の日米開戦で実現しなかったことなど、戦前日本の地方における異文化体験がユーモアを交え紹介されていて興味深い＊73。

邦子さんがカリフォルニア州のコーリンガという町で、夫の栄氏が営むクリーニング店を手伝っていた頃、夫の友人でユタ州のソルト＝レーク＝シティに住む佐々木さゝぶねが、国府田敬三郎につれられ一家を訪ね、その頃の様子を記録に残している。

コーリンガの町は、石油と投機を目当てに、利にさとい人びとが金儲けのためにやってきて、「野っ原の中に急に湧き上った様に出来た町」であり、「大樹の木蔭もなく、思ひ切って炎天にさらけ出してゐる小さな木造の家屋の幾つもある所」であった。そうした「他所から隔離された様な、然も日本人としては他に一組しか居らぬと云ふ此の孤独な町に住む婦人」として、邦子さんは「一一歳を頭に三人の子」を育てながら、明るく輝いて生活していた。二人は同じ福島県平町の出身とわかり、ひととき家族や親類縁者や知り合いの消息を尋ね合い、アメリカという異郷の地で同郷の人に邂逅した者だけにしかわからない喜びが行間に伝わってくるようである*74。

邦子さんが家族とともにアーカンソー州ジェローム収容所（Jerome Camp）に強制収容されたことは、一九四四年四月に、収容所の閉鎖、そして組合の解散を記念して発行された、『ゼローム協同企業組合記念号』に掲載されている「ゼローム転住所人名録」に、記録として残されている*75。

戦時転住局は当初、強制収容所を人間的かつ経済的に運営し、できるかぎり住み心地よくするように計画していたが、じっさい全米一〇ヵ所に建設され、戦時転住局が管理した強制収容所は、急造で設備不十分な仮収容所よりはましとはいえ、平屋兵舎と同じに、外装が木造タールペーパーのバラック建ての収容棟であり、おまけに仮収容所とは違い、人間が住んだ形跡もないような、人里離れた荒涼とした土地に建てられ、場所によっては、冬の気温が華氏マイナス三〇度以下になる寒冷地もあった*76。

じっさい収容所の景観は、写真やＤＶＤを見るかぎり*77、背後に岩山が聳える荒涼とした土地、舗装されていない泥濘の構内、等間隔に並んだバラックの建物および電柱、周囲およそ五キロメートル四方に及ぶという塀に巡らされた鉄条網、機関銃が据え付けられ、武装した兵士が二四時間ずっと監視の眼を光らせている、約一〇〇メートルごとに設置された監視塔、夜には煌々と照らされるサーチライト、などといった表現で言い尽くされているように、いずれも陰鬱な雰囲気を漂わせている。

収容所の内部については、たとえば一万人収容する平均的な収容所は、三六のブロックに分けられ、各ブロックは一二棟のバラック建て収容棟で構成されていた。各ブロックにはそれぞれ、共同で使用する食堂、洗面所、浴室、洗濯場を備えた建物があった。アパートと呼ばれた一区切りの部屋に一家族が割り当てられたが、アパート間の隔壁は天井にまではなく、家族内にも、また隣接する家族間にもプライバシーはなかった。各部屋には軍用ベッドと毛布だけが用意され、しっかりとした仕切りがないだけに、冬は寒く、夏は息の詰まるようなうっとうしさのうえ、蚊やぶよに悩まされ、床板の隙間からは風や砂ぼこりが舞い込み、部屋中が砂だらけになるような状態であった*78。

直接には戦争に起因する、アメリカ市民の戦時集団ヒステリー、日系人に対する誤解や人種的憎悪、そして政治家の指導力の欠如などによって、住む家や土地を追われ、こうした強制収容所での生活を強いられた日系人は、それにもかかわらず「仕方がない」、「恥をさらすな」といった、日本の伝統的文化の良き資質を表す人生観を守り、冷静さ、ストイックな精神、自制、忍耐、勤勉、そして比類のない不屈の魂でもって、苦難を克服していったのである*79。

およそ人間の尊厳を踏みにじる不条理な死のほかに待つものがない、人間の極限悪が遂行されていった歴史的実例とされる、ドイツ強制収容所における状況の実際を今に残す、残虐でおぞましい数々の写真と比べ*80、たとえばＤＶＤ『東洋宮武が覗いた時代』を見ると、むろんそのように意図的に撮影し、編集した映像であることを考慮に入れたとしても、少なくとも表面的には、およそ絶望からは程遠い、明るく積極的な日系人の動きが感じられる。アメリカ社会の懐の深さとでも言ってよいのであろうか、強制収容所には基本的に、強制収容所の外に拡がる、一般アメリカ社会に存在するものと同じに多くのものが建設され、組織されていったのである。具体的には、学校、図書館、病院、新聞社、教会などの諸施設、そして「共同管理組合」と称した組織であった。「共同管理組合」はむろん組織の決定機関ではなく、いわば収容者による自主管理組織であり、収容所内の業務に従事すると、業務によって異なるが、一ヵ月一九ドルを上限として給与が支給されたのである*81。

たとえば国府田邦子さんが収容されたキャンプの記録として、『ゼローム共同企業組合記念号』を見てゆくと、取締役、組合長、副組合長、書記長、会計、四六区に及ぶブロック（発行時、三四区）の代表者のほか、人事部、教育部、監査部、経営部、企業部、法律部など各委員会、さらに購買部、靴修繕所、映画部、美容院、理髪部、郵便および新聞部、ラジオ修繕所、大工部、洗濯部など各業務部に組織化され、ひとつの大きな共同体が形成されていたことがわかる＊82。

じっさい収容所生活には、むろん悪い面ばかりでなく、良い面もあったことが記録されている。日系人たちは、かつて居住していた地域社会では閉ざされていた社会的役割を、収容所の自主管理組織のなかで積極的に担ってゆかざるをえなかったが、結果としてこの経験は、その後アメリカの地域社会における生活で指導的役割を果たしてゆく素地となった＊83。そして多くの日系人たちはそれぞれ収容所内で実技を身につけ、戦後その技術をいかし、たとえば看護、大工、造園、工芸、配管工事、農業、調理、裁縫、手芸、編み物、生け花などにかかわる仕事に従事して身を立てていったのである＊84。

渡米以来ずっと我慢し、堪えて、働きづめで生きてきた日系一世にとって、収容所生活は、初めて体験するいわば「強制休養」と言ってもよいものであった。男性は趣味や好きな仕事に没頭し、そしてとりわけ女性は、食事や衣料が支給され、家事から解放されたため、趣味や習い事に没頭し、さらに英語をはじめ様々な教養講座も無料で受けることができたので、教養や資格を身につける絶好の機会ともなったのである＊85。

『ゼローム共同企業組合記念号』所収の編年体の行事および活動記録一覧表には、スポーツ、展覧会、盆踊り、カーニバルなど各種行事が行なわれたことが記載されている。また西海岸に住んでいた写真家の宮武東洋が、手製のカメラで撮影していった強制収容所内の実態を今に伝える映像『東洋宮武が覗いた時代』には、野球、フットボール、バスケットボールなどのスポーツ、そして演劇、映画会、餅つき、結婚披露宴、ハロウィーンなどの行事を楽しむ日系人の姿、さらには所内で働くアメリカ人が日系人に対して示す友好的な姿などが、記録として残されている*86。

そしてなによりも特筆しなければならないのは、レンズとフィルムホルダーだけを秘かに収容所内に持ち込んだ宮武東洋が、所内で同胞の大工や機械工にこっそり作ってもらったカメラで収容所生活を撮影できたということである。これには、フィルムの調達をはじめ、収容所内で働く多くのアメリカ人の協力もさることながら、ひとかどの写真家として宮武東洋の存在を認めていた、収容所の所長の協力も与って力があったのではないだろうか*87。

このようにアメリカの強制収容所は、ナチス・ドイツの死の収容所とは異なり、「転住収容所」とも言われたように、単に悪い面ばかりを指摘すれば正鵠を誤ることになるであろうが、それでも有刺鉄線が張り巡らされ、監視兵が収容者に銃口を向け、つねに監視していたことに変わりはない。じっさい監視兵に誤って射殺された日系人もいたし、精神に異常をきたした日系人もいたのである*88。

こうした特異な事例は措いても、ごく一般的な日系人の家庭で、家族の尊厳が破壊されてゆく状況が深刻な問題となっていったのは否めない。健全な社会を構成する基礎単位として家庭は欠くことのできない要素であるが、その家庭から家族団欒の機会が奪われれば、家庭は容易に崩壊してゆかざるをえないであろう。衣食住が政府によって保証されたため、働いて家族を養う父親の姿が見られなくなり、そして三度の食事を準備し、家族を支える母親の姿も消えてなくなり、プライバシーもない、すし詰めの住まいのなか、収容所の食堂で、ブロックごとに住民が一斉に食事をとらなければならない生活が続いてゆけば、子どもの親に対する尊敬の念は失われ、家族の崩壊を招くのも避けられなかったのではなかろうか*89。

補償運動

一九六〇年代、社会的権利闘争が盛んな時代に成人になった日系三世につき動かされて、二世を中心として日系アメリカ人たちは、強制立退き、強制収容といった自分たちの基本的人権の具体的損失に対する補償を、強制立退きからほぼ三〇年が経過した一九七〇年代初頭になってようやくアメリカ政府に要求する運動を始めた。十代の青少年期に強制収容所生活を強いられ、そしておよそ三〇年が過ぎて、補償運動の中心的存在となった二世の多くが、強制収容についてその過去の体験を、自分たちの子ども（三世）に対してすら語るのをずっと避けてきたのである。それまでアメリカでがんばって生きてきた日系人の多くは、かりに収容所生活のことが話題となっても、友人との楽しかった記憶など良い面だけを取り上げ、アメリカ政府の囚人としての過去の忌まわしい記憶は、「思い出したくない」と言って封印してきたのである*90。

被抑留者たちのなかには、自分たちの市民権を侵害する、アメリカ政府の日系人排除命令に抵抗することなく簡単に屈してしまったことに対して、「政府と戦うことなどできなかった。待つだけ待って、成り行きに任せるしかなかった。仕方がなかった。」と答える人もいれば、簡単に屈服したことは自分たちの罪であり、恥でもあると指摘する人もいる。とはいえ、いかに戦争が直接の原因としても、なぜ日系人たちは、自分たちが受けた不条理な扱いに対して、自分たちの罪であり、恥であると感じたのであろうか。あるアメリカの臨床心理医は、「つねに人びとにかれらの価値について否定的シグナルを与えれば、かれらは自分たちについて強く否定的感情を持つようになる。……かれらはこうした恐ろしいことが起こるのをみて、おそらく政府が自分たちにこんなことをしたのにはちゃんとした理由があるのだろう、おそらく自分たちにもなにかしら責任があるのではないだろうか、と思わずにはいられなかったのである。」と説明している*91。

一九八〇年、日系アメリカ人の強制収容に対する補償に関して、戦時民間人転住抑留調査委員会が創設され、翌一九八一年、委員会による公聴会が首都ワシントンを皮切りに、およそ一年半かけて全米各地で開催されていった。この公聴会を契機に被抑留者たちは、個人は集団に恥あるいは不名誉をさらしてはならないと教えられてきた日系アメリカ人の文化を守って、長年にわたって封印してきた過去の忌まわしい記憶を、まるで堰が決壊したように、ひとによっては泣き崩れ、感情激しく証言し始めたのである*92。それは、ある証言者が「四五分間の証言中、震えと喉の渇きに苦しみ耐えられないほどであった」と述べているように*93、抑圧してきた積年の感情が激しく噴出した公聴会であった。それはまた、日本人の血が流れてはいるが、アメリカ人の子どもと同じにアメリカの公立学校で学び、アイスクリームを食べ、野球をして遊び、そしてなによりもアメリカを愛するアメリカ人であると信じてきたにもかかわらず、アメリカ政府によって体面を傷つけられ、恥をかかされたことに対する、なによりも激しい怒りの感情の噴出にほかならなかったのでもある*94。

日系人強制収容は、すでに述べたように、ジョン・L・ドゥウィット将軍、アール・ウォーレン、ウォルター・リップマンなど、国家権力の一翼を担う、軍および政府の高官や著名なオピニオン・リーダーたちの嘘と詭弁によって積極的に遂行されていったと言ってもけっして過言ではないであろう。国家という絶大な権力機構は、ときに個人を有無を言わせず圧倒してゆくことがあるが、命令（政策決定）と実行（政策遂行）とが分業されることによって、その責任の所在はしばしば曖昧にされることが多い。公聴会は、権力者たちのいわば嘘と詭弁によって、長年アメリカで実直に生きてきた多くの日系人の人生が狂わされた歴史の事実を、日系人自ら逃げることなく直視する機会となったのである*95。

ボルティモア市に滞在中、しばしば話す機会があった日系アメリカ人二世のベス・ヤノさんは、二〇歳代前半におよそ二年四ヵ月間、アリゾナ州の砂漠に建てられた、二万人を収容する最大規模のポストン強制収容所に拘留された経験を持つ。彼女は拘留生活について過去を振り返って、「とにかく何が起こるのかまったくわからずこわかった。射殺されるかもしれないし、どこか知らない島へ連れてゆかれ捨てられるかもしれないと思うと、恐怖であった。大勢の日本人が、同じ時間に同じボートに恐怖心を抱きながら乗っていたということだけで、なんとか拘留生活を切りぬけていった。」と述べているが、それはやはり「思い出したくない」記憶であったにちがいない*96。

それはそうであろう。「ひび割れた器」*97である人間が最大で二万人も、監視下の閉ざされた空間に詰め込まれたら、個人的ないざこざが絶えないのも想像に難くない。人間の心底に内在する、矜持と挫折感、愛と憎、善と悪、感謝と復讐、肯定と否定などの心理は互いに相関的に働き、人間の弱さ、醜さ、怖さは、置かれた状況によっても増幅され、ときに密告、中傷、暴力、虚言、誹謗、不公正などの諸行為を生んでいったことは否定できないのである*98。

強制収容所生活を経験した日系人の多くが長年にわたって封印してきた「思い出したくない」記憶には、むろんいつまでも心にトラウマとして消し難く残っている個人的ないざこざも含まれているのは否定できないとして、すでにこれまでに多くの文献で言及されてきているが*99、私が滞米中に知り合った収容所生活経験者であるどの日系人も、親日派である日系一世および帰米二世と、親米派である純二世との間の摩擦、そしてときに暴力沙汰、さらに収容所によっては暴動にまで発展していった対立に起因する心の痛みを述べている。日米間で戦争が始まり、強制収容所という隔離され閉ざされた空間で共同生活を強いられると、日本の伝統や文化に精神的拠り所を求める一世および帰米二世と、アメリカ文化に傾倒している純二世との間で、もうひとつの日米戦争が起こらざるをえなかったのである*100。

ある日系一世が当時を回顧して、つぎのように述べている。

当時、政府に協力して収容に応じるよう日系人全体をうながしたＪＡＣＬの態度は間違いです。基本的人権を踏みにじる措置に積極的に応じることを説いて回り、しかも一世らの言動をいちいち当局に密告した当時のＪＡＣＬの二世たちは、日系人多数派の福祉を傷つけました。日本のよき伝統にもアメリカのよき伝統にも反するやり方です＊101。

ここで言うＪＡＣＬとは、日系アメリカ人市民協会の略称で、そもそも小さなコミュニティ組織としてシアトルで発足し、一九三〇年に全米組織（といっても、カリフォルニア、オレゴン、ワシントン各州に支部があるだけであるが）としてシアトルで創立された日系二世組織のことである。一九四一年に初代事務局長に就任したマイク正岡は、「より偉大なアメリカの中の、より良きアメリカ人たることを願って」、アメリカという国に敬意を表し、アメリカの法に従い、憲法および国旗を尊重し、国内外の敵からアメリカを守り、市民としての義務と責務を積極的に果たしてゆくという、日系アメリカ人の信条を遂行してゆくために指導的役割を担っていったのである＊102。

マイク正岡は、在任中に日米戦争が始まり、日系アメリカ人の強制立退きそして拘留をはじめ、激しい混乱と紛糾の渦中に巻き込まれていったが、多くの日系人の窮状を救うため、合衆国への忠誠を言葉ではなく行動で実証しなければならないという信念から、たとえ政府の決定が正義に反するものであっても、戦争が終われば合衆国も、祖国アメリカを守るために血を流してまで身を捧げた日系アメリカ人に対して、公正な処遇を拒否することはできないであろうし、それはまた日系アメリカ人が自らの尊厳と自尊心、そして市民権を回復する最善の機会でもあると確信し、積極的にアメリカ政府に協力していったのである＊103。

具体的には、第一にＪＡＣＬが、アメリカ市民としての愛国的義務の念から、そして日系社会の多くの人びとの窮状を軽減するのに役立つと確信して、国内治安の責任を担う連邦機関のＦＢＩに情報を提供することで、アメリカ政府に積極的に協力していったことが挙げられる。むろんこうした行為は、ＪＡＣＬに批判的なグループからは、ＦＢＩのイヌになりさがって同胞を裏切ったと非難されることになり、多くの日系人たちの反感を買い、対立や抗争を激化させていったのである*104。

第二にＪＡＣＬが、大統領による行政命令第九〇六六号に基づく西海岸からの日系人の強制立退きに対して、マイク正岡の伝記によると、当時マスコミはこの行政命令の憂慮すべき重大性を把握して、正確に情報を伝えることをしていなかったし、またそうした状況のなかで、軍当局による拡大解釈などが疑問視されたとはいえ、あえて反対をしなかったことが挙げられる。

じっさいアメリカ憲法修正第五条（「何人も正当な法の手続きなくして生命、自由、財産を剥奪されない」）にも反し、日系二世のアメリカ市民としての基本的人権を蹂躙する暴虐行為であるにもかかわらず、大量強制退去に関する審問で最初の日系人証人としてマイク正岡は、日系人の将来を保証するためにも、そして日系アメリカ人と、敵である日本人とを混同させるようなことになってはならないとも決意し、軍および政府責任者が、それが国家としてアメリカの安全確保のために主要な措置であると判断するならば、躊躇することなく従うと述べている*105。

こうしてＪＡＣＬが強制立退きに関して連邦政府に協力するという決定を下したことは、むろん急進的批判グループからは、組織としてＪＡＣＬが、そしてとくに個人としてマイク正岡が、かれ自身に収容所生活の経験がないこともあって、日系アメリカ人を裏切って見捨てたのだと、激しく非難されるところとなった。

のちにマイク正岡は伝記のなかで、ＪＡＣＬの指導部もかれ自身も、たしかに憲法の無欠性を信じ過ぎたことが最大の失策であり、当時いかに戦時ヒステリー状態にあったとはいえ、自分たちの市民権があれほど簡単に反故にされるとは思ってもみなかったと反省している。それだけにマイク正岡は、伝記の表題が『モーゼと呼ばれた男　マイク正岡』とされているように、かれがモーゼとして日系人を集中キャンプに導いた責任を問われるのは仕方ないとしても、一九四二年当時、日系アメリカ人のほとんどがＪＡＣＬ

の決定に同意していたにもかかわらず、戦後数十年たっても、ＪＡＣＬやその頃の指導層を激しく批判し続ける一部の不満分子が、かれに対してキリストを裏切ったユダ呼ばわりするのには我慢がならないと、怒りをあらわにしているのである*106。アメリカへの忠誠を示すことで収容の不当性を訴えるほかなかったＪＡＣＬであったが、それを非とする批判グループとの対立抗争は、戦後数十年が経過してもなお怨念として消えることがなかったと言ってもよいであろう。

第三にＪＡＣＬが、日系人にとって踏み絵となった忠誠登録質問に協力したことが挙げられる。

なによりもＪＡＣＬは、「一〇〇パーセント愛国的なアメリカ人として行動することを提唱し」*107、かつ「軍務に就くことが正義を求めて進む我々の戦いの基礎となる」*108と信じるマイク正岡の意見に賛意を示し、戦時転住局（ＷＲＡ）とともに、「二世に兵役に就く資格を与え、もっとも有効な方法でかれらの忠誠心を示す機会を与える」よう、陸軍省に請願したのである。それを受け陸軍省は、二世のみからなる戦闘部隊を形成するため、兵役年齢に該当する二世の男子全員を対象として、「日本人の祖先を持つアメリカ市民の声」と題する、兵役志願のための質問表を作成した。ところが、マイク正岡もその不注意による誤りを指摘しているように*109、戦時転住局が日系人の仮出所を認める業務を迅速化するために、陸軍の動きに便乗し、陸軍が作成した質問表の様式をまねて、二世の女子全員および一世の男女全員を対象として、「戦時転住局仮出所許可申請書」と題する質問表を配布したことから、収容所内に疑惑と混乱、さらには激しい怒りと暴力を招くなど、深刻な事態を引き起こすことになってしまったのである*110。

問題となったのは陸軍および戦時転住局の質問表の第二七番と第二八番であり、いずれも日系人について無知あるいは理解不足を示していて、日系人にとって答えるのに窮す難問であった。

陸軍の質問は以下の通り。

第二七問　あなたはアメリカの軍隊で、どこでも命じられたところで実戦任務によろこんでつきますか。

第二八問　あなたはアメリカに無条件で忠誠を誓い、外国あるいは国内の力によるいかなる攻撃からもアメリカを忠実に守りますか。またいかなる形でも、日本の天皇、あるいは他の外国の政府、権力、組織に対する忠誠あるいは服従を、誓って否認しますか。

そして戦時転住局の質問は以下の通り。

第二七問　もし機会が訪れ、あなたに資格があるとなったら、あなたは陸軍看護婦団あるいは陸軍補助部隊に進んで志願しますか。

第二八問　あなたはアメリカに無条件で忠誠を誓い、いかなる形でも日本の天皇、あるいは他の外国の政府、権力、組織に対する忠誠あるいは服従を、誓って否認しますか。

収容所内の煽動的分子の動きもあり、日系人の間に恐れと疑いがはびこり、どの収容所も収拾がつかないほど騒然となったのである。かりに質問に対して「イエス」と答えるとすれば、アメリカ兵として日本兵に銃を向けることになりはしないか、日系二世に特化して部隊が編制されれば激戦地に派遣されはしないか、女性も年長者も徴兵されはしないか、そしてかりにアメリカ市民権を認められていない日系一世が、天皇への忠誠を否認するよう求められ「イエス」と答えるとすれば、かれらを日本人として認めている日本政府を否認することになり、無国籍になりはしないか、またなぜあえて天皇への忠誠を否認するよう求められるのか、天皇に忠誠を尽くす義務があると認めさせるための罠ではないのかなど、疑惑は果てしなく拡がるばかりであった[111]。

ＪＡＣＬおよび戦時転住局は、日系人に対して「イエス」と答えるように説得したが、最終的に登録資格者の一一パーセントに相当するおよそ七六〇〇人が、二つの質問にいずれも「ノー」と答え、いわゆる「ノーノー組」として不忠誠者の烙印を押され、カリフォルニア州のトゥールレイク・キャンプに集められることになったのである。ある日系一世の女性の証言によれば、キャンプ内では忠誠派と不忠誠派との間で対立抗争が激化し、とくに不忠誠組による忠誠組に対する暴力やいやがらせは、同じ日本人同士でありながら、浅ましいとしか言いようがないほどひどいものであったという[112]。

マイク正岡は、忠誠登録質問が実施されたおよそ一年前、軍関係者との会議の席で、「我々二世が志願兵による戦闘部隊を結成して日本軍と戦う……。必要ならば我々が進んで戦いに出向き、祖国のために死ぬ。それを我々の両親たちの忠誠心の証にするのだ。そして両親たちは反対に、我々の忠誠心を保証する人質の役割を果たす……」[113]という考えを述べているが、じっさいにアメリカ政府はこうした考えを参考にして軍事政策を進めていったのである。

とはいえ、マイク正岡が考えていた通りに、たしかに忠誠の証こそ大半の二世の軍隊志願の動機となったかもしれないが、ある日系人の証言として報告されてもいるように、二世青年が軍への入隊を求められたときほど家族にとってつらかったことはなく、それは「思い出したくない」記憶として、心のなかに封じ込めておかなければならないものとなったのである[114]。

アメリカ陸軍戦史において、二世部隊として編制された第四四二戦闘部隊は、ヨーロッパ戦線でテキサス大隊の二一一名を救出するために、死者一四〇名を含む八一四名の死傷者を出したことによって、まさに血をもってアメリカへ忠誠を尽くしたことでその名が知られている[115]。じっさいビデオ『東洋宮武が覗いた時代』のなかで、二世部隊の一隊員として戦闘に加わったダニエル・イノウエが証言しているように、戦争は人格を変えてしまい、ドイツ兵を殺したことがいつまでも心から離れないが、それでも二世部隊は「恥をさらすな！」、「プライドだ！」の大和魂でもって、「当たってくだけろ！」(Go For Broke!) と戦場で勇敢に闘い、「やれるだけのことはやった」と自信をもって振り返ることができる活躍を示したのである＊116。じっさい人種偏見で苦しんできた少数派としての日系人の地位を、アメリカ人として受け入れられるようにさせた最大の要因は、軍服を着た日系人二世の戦場における犠牲であったと言ってもけっして過言ではないであろう＊117。

一九四四年一二月一七日、陸軍省は、一九四五年一月二日をもって強制立退き命令を撤回すると発表。

一九四五年八月一五日、日本の無条件降伏をもって太平洋戦争が終結。

一九四六年五月一五日、戦時転住局の最後の事務所が閉鎖され、日系人にかかわる戦時転住局のすべての任務が終了。

日系人の多くが、強制立退きおよび収容、そして忠誠審査という「思い出したくない」悲惨な経験の後遺症に苦しみ、とりわけキャンプを出て新天地に落ち着くまでの再定住の時期、収容所における生活以上に、経済的に精神的に計り知れない苦痛に耐えなければならなかったと、ある日系一世は回想している＊118。

ところで、白人社会に迎合し、外見が黄色で中身が白の「バナナ」、そして「イヌ」、「お先棒かつぎ」などと愚弄されたＪＡＣＬの人たちの指導者として＊119、マイク正岡は自ら率先して志願し軍務につき、そして弟の負傷、さらに兄の戦死という不幸にも見舞われている＊120。のちにかれ自身、「戦争は地獄であり、そこには勝者など一人もなく、ただ敗者だけがいる」＊121と述懐しているが、アメリカ政府による日系人強制収容活動に積極的に協力し、アメリカへの忠誠を示すことで強制収容の不当性を訴えるほかなかったことを考慮に入れると、マイク正岡を厳しく批判する論者も認めているように、ある意味でマイク正岡は、「日系社会を操らせるリーダーとして」＊122アメリカ政府に利用されたのであり、かれもまた冷徹な国家の論理に翻弄された「戦争の犠牲者だった」*123かもしれないのである。

一九八八年八月一〇日、レーガン大統領は第二次大戦中に強制キャンプに収容された日系人に対して、「法案が目指しているのは、財産よりも、名誉の回復である」と声明を読み上げ、アメリカが犯した過去の過ちを認め、謝罪するとともに、一〇年以内に、生存している被収容経験者およそ六万人に対して、一人当たり二万ドルの補償を行なう「市民的自由法（強制収容補償法）」案に署名、同法案はただちに発効した。一九四二年に収容が開始されて以来、じつに四六年が経過したことになる。ある二世は「ハッピーだ。でも、ちょっと遅過ぎた。私の両親など多くの一世や二世の方たちがほとんど亡くなり、政府がその過ちを認めたこの日を共に喜べないのが残念だ。」と述べている*124。そして一九九〇年一〇月から、じっさいに補償の支払いが高齢者から順に始まり、その様子は関連文献などに掲載されている写真からも伺うことができる*125。

ところで、一九八八年に「市民的自由法」案がレーガン大統領によって署名され、戦後補償が解決されるに至るまでの戦後四三年間は、けっして平坦な道ではなかった。

一九四六年、ＪＡＣＬは全国大会で、強制立退き賠償請求問題を、解決すべき緊急課題として採択し、運動を開始*126。

一九四八年、「日系アメリカ人強制退去損害請求法」にトルーマン大統領は署名。政府は要求があったおよそ二万六千人の被抑留者に、総計わずか三七〇〇万ドルの賠償のみをした*127。

戦後補償問題は、以後およそ三〇年間、真剣に取り上げられることはなかった。強制収容生活を経験した日系人の多くが、心に強制収容の精神的外傷（トラウマ）を抱え、「思い出したくない」記憶として封印してきたからであるとされている。

一九六〇年代、黒人公民権運動がアメリカ社会に変革を求めて活発化。その影響を受け、日系およびアジア系アメリカ人もマイノリティ運動に覚醒。収容所生活を経験していない、社会意識に目覚めた若い三世たちが、アメリカ社会に対して激しい告発と抵抗を表明し、一世や二世たちを補償運動へとつき動かしていったことにもより、一九七〇代になって補償運動が本格化していった＊128。

一九七六年、フォード大統領は、強制収容は「国家の過ち」であり、「アメリカの基本的原理に対する敗北」であると認め、行政命令第九〇六六号の廃棄を布告＊129。

一九七八年、ＪＡＣＬは若い三世活動家の参加を得て、政府への補償要求運動を本格化させ、全国大会で補償法案の成立を求め決議案を採決。

一九八〇年、ＮＣＲＲ（日系人補償賠償実現全米連合）が、補償運動を草の根レベルで進める運動体として結成された＊130。

同一九八〇年、議会とカーター大統領は、戦時民間人転住抑留調査委員会を創設。

一九八一年、同調査委員会はワシントンを皮切りに、全米一〇都市で公聴会を開催。日系人五五〇人が長年の心の封印を解き、なかには緊張感から解放され、涙を流しながらの証言もあった。そしてこの公聴会が補償運動のターニング・ポイント（転換点）となった。

一九八三年、同調査委員会は、公聴会ののち報告書『否定された個人の正義』を議会および大統領に提出、そして補償要求の主張がほぼ認められた。当時、日系人を強制収容する軍事的必要はなく、それは長期にわたる人種差別、戦時下の異常心理としか言いようがない戦時集団ヒステリー、政治的指導者性の欠如などによって引き起こされたのであり、軍事的必要から正当化される措置ではなかったと断じ、生存者一人あたり二万ドルの補償などを勧告した＊131。

この間、補償を求めて日系二世による訴訟、そしてロビー活動などが精力的に行なわれていったが、こうした動きに対して、たとえば退役軍人の組織など、反対勢力の力も侮れなかった＊132。

さらに、補償運動にとって厚い壁となった問題として、いくつかの点が挙げられる。一九八〇年代、アメリカ経済が不振に陥り、連邦政府は大幅な財政赤字を抱え、財源に余裕がなくなり、むしろ経済が好調な日本に対して反日感情が高まったこと。

強制収容は、戦時中アメリカ市民の敵意から日系人を守るためにアメリカ政府が取らざるをえなかった、遺憾だがやむをえない措置であったという主張。

日系人に対する補償が、黒人やアメリカ・インディアンなど、そのほかの少数民族による賠償要求を引き起こしはしないかという恐れ。

レーガン政権下で保守化が進み、かりに法案が議会で可決されても、大統領が拒否権を行使しはしないかという懸念*133。

こうした否定的材料がいくつかあったにもかかわらず、日系二世で編制された第四四二部隊の名にちなんでつけられた四四二号法案（市民的自由法案）は、一九八七年九月一七日に下院で可決、上院の法案（一〇〇九号）も一九八八年四月二〇日に可決、そして両院協議によって法案が一本化され、八月一〇日、レーガン大統領が署名、ただちに同法案は発効された。一九八九年一一月二一日、ブッシュ大統領は支出法案に署名、一九九〇年一〇月から補償金の支払いが開始された*134。

主として国民の単位にまとめられた民族を基礎として、国民的一体性の自覚の上に成立した近代国民国家いずれにも、これまでの歴史で程度の差はあれ犯した罪があるのは認めるにしても、罪の重荷から逃れるために、国民国家の歴史的事実を隠蔽するのではなく、むしろそうした罪を生んだ国民国家の価値やエネルギーを直視して、罪から賢く学びながら未来に向け、普遍的価値の実現を目標として行動することこそが求められるのではなかろうか。そしてまさにこうした国民的自覚および営為こそが、過去の道義に反する歴史的事実に対して、謝罪となり、補償となるのではあるまいか*135。

一九八五年、ドイツ連邦共和国の前大統領ヴァイツゼッカーが、ドイツ敗戦四〇周年にあたって連邦議会で行なった演説は、このことが持つ意味を証明するひとつの例であり、そして日系アメリカ人の市民としての権利を踏みにじった、日系人強制収容に対するアメリカ社会の謝罪および補償も、アメリカ民主主義社会が示した正義の実現のひとつの例と言ってよいのではなかろうか*136。

すでに第一章でも触れたが、歴史は現在の眼を通して過去を直視し、過去から学んでより良き未来を築いてゆくことに成り立つとされ、その意味で歴史とは過去と現在との間の対話であるが、歴史は未来を志向し、過去と未来との間に一貫した関係を打ち立てるときにのみ、その本来の意味と客観性が与えられると言ってもよいであろう*137。

三、「ライス・キング」国府田敬三郎の生涯

そもそも本書における問題意識は、今から三〇年も前に溯るが、アメリカのボルティモア市での生活体験から芽生えたものである。単身赴任ということもあり、食生活はパンかバナナにインスタント・コーヒーという質素な朝食を別にすれば、昼は勤務校のキャフテリアで、夜は通っていた市内にある大学のキャフテリアか、さもなければ車で長時間をかけずに行ける範囲のファースト・フード店で食事をすませることが多かった。それでも土曜日や日曜日の休日、そして長い休暇のとき、とくに日本食にこだわっていたわけではなかったが、たまには現地の東洋食料品店で購入した米を炊き、味噌汁と漬物で食事をとることもあった。米はたいてい「国寶」(Kokuho Rice) という銘柄で、カリフォルニア州の国府田農園で生産され、食べ物の味には無関心な私でも、日本で食べていた米よりおいしいのではないかと思った。

すでに述べたが、アメリカ滞在中に知り合い、帰国後も交流が続いた国府田邦子さんは、広くアメリカ

でその名が知られている「国寶」の生みの親で、「ライス・キング」と称された国府田敬三郎の義理の妹、つまり敬三郎の実弟の夫人にあたる。もとより国府田邦子さん自身は、個人的なことを好んで話すような女性ではなかったので、寄贈していただいた資料を日本に持ち帰り、ひと通り眼を通してはじめて、私は国府田敬三郎の偉大な業績を知ることとなったのである。

そのなかの一冊、一九六〇（昭和三五）年、日米修好百年祭を記念して発行された、『日米修好百年記念祝賀記念号』（桑港、日米時事社）に、国際農友後援会長の肩書で、国府田敬三郎は、「闘いのあとを顧みて」と題する自らの苦闘史を寄稿している。そこにはコロンブスの卵とたとえてもよいが、広大な国府田農園で双発の飛行機が米の種子を播いている写真が掲載されている。技術的に経営的に稲作に独創的工夫と努力を重ねた、「ライス・キング」国府田敬三郎のまさに面目躍如たるものが伺える写真であると言ってもよいであろう*138。

じっさい国府田敬三郎はアメリカへ渡り米作で成功を収め、「ライス・キング」と称されたばかりか、外国人（排日）土地法の撤廃、日系人帰化権獲得、戦時損害賠償などの運動で私財を投じ東奔西走して、在米日系人の権利回復のために尽力し、さらには日本の農業青年を、機械化農業を学ぶために実習生としてアメリカに招くことにも力を注いだ功績で、勲三等瑞宝章を贈られ、まさに在米日系人の先覚者として、アメリカの地の塩となったのである。

ところで国府田敬三郎は、「闘いのあとを顧みて」で自らの苦闘のあとをつぎのように振り返っている。重要と思われる部分を、当用漢字体および現代仮名遣いに改め、句読点などは原文のまま、少し長いが引例しておこう。

殆んど五十年間即ち日露戦後より日米戦の終るまでの時代である。（略）米国民は日本人は侵略的軍国主義の国民である油断のならぬ民族であるというので警戒する様になった。日米戦は殆ど此頃から芽生えし《(ママ)》て来たのである日本人を渡米させる事は危険であるというて移民禁止法を厳重に取り締る様になった。日本人の最も多く居る加州に於ては日本政府の侵略主義に依り加州の肥沃の土地を買収するのであるというて排日土地法を作り続いて借地権も取り上げたのである。又漁業禁止法案を作り市民権なき日本人を排斥したのである。在米同胞は日本の軍国主義という疑いの為め五十年に至る排斥に依り悪戦苦闘をしたのである。石をなげられた、つばをはかれたという様な、侮辱排斥は辛抱が出来るが法律を作っていじめられる事はたえられなかった。

（略）加州排日土地法が厳存しているので日系人の所有土地は加州法に違反しているというので沢山の日系人は検挙された。この不法検挙に対し我々は争う為めに民権擁護協会を組織し、十万弗の資金を集め、手腕ある法曹家と契約し、米国大審院まで上訴して遂に、加州土地法は憲法違反であるという判決を得て加州土地法を消滅したのであるが、こうした立法が行われたという事は根本は日本人に帰化権がない為めであるので帰化権獲得既成同盟を作り七ヶ年の運動の結果一九五二年に帰化移民法の改正案を通過させたのである。（略）

　此の運動は一九四五年に開始し一九五二年、七ヶ年間に及び殆んど百万弗の金を使ったのである。ワシントンに事務所を設けマイキ正岡氏を主任とし二世を陣頭に立たせ第一世は資金を作る事に責任を持った。七年間も毎年十二、三万弗を集めるのであるから容易ではなかった。

（略）日本政府でも出来なかったこの大事件は在米同胞によって成就したという事は我々の熱意によるもので故国に対しても偉大なる功績である＊139。

ここで注目しなくてはならないのは、民権擁護の闘士として国府田敬三郎が、人種偏見や差別から、石を投げられたり、つばを吐かれたりしても耐えることはできても、法律を作っていじめられることには我慢ができなかったことであり、そしてこうした理不尽な仕打ちに対して悪戦苦闘しながらも、民権擁護運動と帰化移民法の改正運動に成功したことであり、このことは日本政府でもできなかったことだけに、在米同胞の熱意によって成し遂げたことは、故国である日本に対しても偉大なる功績である、と述べていることである。

合衆国憲法修正第一四条、第一節「合衆国において出生し、または帰化し、その管轄権に服するすべての人は、合衆国およびその居住する州の市民である。何州も合衆国市民の特権または免除を侵す法律を制定し、または施行してはならない。また、何州といえども、正当な法の手続によらないで、何人からも生命、自由または財産を奪ってはならない。また、その管轄内にある何人に対しても、法律の平等なる保護を拒んではならない。」の文言は、近代国家の根幹をなす権利宣言を代表するひとつの範例である。けれども、少なくとも科学的に説明できる客観的根拠もなく、単に主観的判断や風潮によって、日系人がアメリカ国家に同化できない人種であるときめつけ、排日移民法によって日系人一世の帰化を認めなかったり、また長年アメリカの農業発展に貢献してきたにもかかわらず、日系人一世の土地所有を認めなかったり、そしてそれどころか、出生地主義に基づいてアメリカ市民として生まれ育った日系人二世および三世を、強制収容所に隔離し自由を剥奪したりした歴史事実は、近代国家による権利宣言の中核をなす「古典的」な自由権が、実質的な裏付けを欠いたカタログにすぎず、単に観念的な「宣言」として、国家権力によって等閑視された典型的な例であると言ってもよいであろう*140。

じっさい国府田敬三郎が自らの人生を振り返って述べているように、まったくの政治的理由で、国家権力によっていわば合法的に実行されてきた日系人に対する権利侵害であるだけに、それを打破するには日系人自身による時間をかけた粘り強い苦闘が必要とされたのである。

同じ頃アメリカに住んでいた佐々木さゝぶねは、三六年ぶりに再会した「竹馬の友」国府田敬三郎の高等小学校時代の印象を率直に述べている。それによると、敬三郎少年は町の子どもから見ると山出しの方だったが、意志の強い男で、腕っぷしが強く、喧嘩好きで、やんちゃ者で鳴らしていた。友だちをいじめては困らせていた町の暴れっ子をとっちめたり、口幅のきゝ過ぎる子を殴ったりしていた。思い立ったことはやり遂げなければ承知できない気性で、高等小学校を卒業し、家の手伝いをして百姓をやっていても、なんとかして身を立てる方法を講じなくてはならないと、そのことばかり考えていた＊141。

その後、「昔のやんちゃ小僧の敬ちゃん」＊142は、青雲の志を貫いて、「国府田氏は〝ライス・キング＝米の王様〟と呼ばれるにふさわしい風格の持ち主でもある。その堂々たる体軀、光る銀髪、血色のよい典雅な顔、多年の浮沈によって自然に磨かれた毅然たる態度と温和な風格は、接する者に尊敬と親しみを覚えさせないでおかない。」＊143と言われる程まで立派な人格者に成長したのである。

最後になるが、ここで国府田敬三郎の生涯を振り返っておこう。

一八八二（明治一五）年、福島県石城郡小川町（現いわき市）生まれ。父親は磐城平藩士族。戊申の役で破れ、武士の生活から一転して精米業へ。そしてさらに味噌製造や製粉業にも手を拡げる。

敬三郎が磐城高等小学校に通う一二、三歳頃のとき、アメリカ帰りの実業家で、東京で銃砲店を経営する、宮城県出身の十文字信介がたびたび狩猟で訪れ、その度にお伴をして可愛がられ、よくアメリカの話を聞かされ、そして十文字から贈られた『米国富豪伝』を読み、アメリカへの関心が強まっていった。

ある日、十文字に会うために家出し東京へ。しかし会うことができず、その頃、明治法律学校で学んでいた兄に説得され、家に戻る。

一八九六（明治二九）年、福島師範学校に入学。

一九〇二（明治三五）年、同校卒業。石城郡差塩尋常小学校に訓導兼校長として赴任。

一九〇五（明治三八）年、米国で日本人排斥運動が起こる。

一九〇八（明治四一）年二月、日本政府は渡米移民の紳士協約をする。これにより日本からの移民は禁止。

一九〇八（明治四一）年四月、米国の教育視察という名目で、非移民として渡米。

渡米の志を果たした敬三郎は、教育者から一介の労働者となり、農業、そして農閑期には漁業に従事しながら、広大なカリフォルニアの地を北から南へと転々とし、多くの苦難を重ね、この間に米語を学び、独立して事業をおこす資金の蓄積に努めた。まず洗濯業を手始めに、そして缶詰事業に係わり、さらに米作事業へと転じ、失敗を重ねながらも不撓不屈の精神で奮闘、ついに大水田を経営するまでになり、米作事業で功なり名を遂げたのである。

この間、一九一七（大正六）年、三重県出身の川島愛恵と結婚、二男一女に恵まれる。後年、国府田農園の経営は成長した二人の息子にまかせ、民権擁護の闘士として在米同胞の先頭に立ち、排日土地法の撤廃、日系人帰化権獲得、戦時損害賠償などの運動に全精力を傾注することになった。

外務省の記録によれば、カリフォルニアにおける米作の起原は、確たる証拠は求められないが一八六〇（万延一）年とされ、秩序的耕作の開始は一九〇六（明治三九）年、陸稲の栽培であったが、不成功に終わっている。一九〇九（明治四二）年には数人の日本人を雇用し、灌漑を設備し水田を設け、米作の曙光が認められるようになった。そしてようやく一九一二年頃より、米作はカリフォルニアの主要産業のひとつとされるようになったのである*144。

一九一九（大正八）年、国府田敬三郎は缶詰事業から手を引き、米作事業に着手。鳥の襲来や大雨による天災などのため、米作で失敗を続け、さらに排日土地法によって土地を買うことも借りることもできなかったが、市民権をもつ二世の息子の名義でなんとか広大な土地を所有。そして乾燥機、倉庫、精米工場など設備を整え本格的に米作事業に打ち込み、広大な農地に適する米作の試行錯誤を重ねながら、ようやく水を張った水田に飛行機から種籾を播く稲作方法を思いつき成功し、米作事業で大きな発展を遂げることになる基礎を築いたのが一九二九（昭和四）年、じつに米作事業に着手してから一〇年が経過していた*145。

一九二四（大正一三）年、排日移民法制定。

一九四一（昭和一六）年、太平洋戦争勃発。国府田敬三郎は、顧問弁護士やアメリカ人の友人に広大な農場のほか家や土地などの管理を託して、コロラド州の転住地へ。

一九四五（昭和二〇）年、戦争終結。管理を託していたアメリカ人の友人が共謀して、国府田敬三郎が所有する土地の三分の二、および精米所を無断で売り飛ばしていた。この友人の背信行為に対して、ただちにカリフォルニア州政府に戦時損害賠償を請求して告訴。それと前後して新たに土地を購入し、農園の再建にむけて精力的に活動を開始。かつては遊牧地で淋しい村だったドスパロスが、国府田農園の存在によって米の名産地として脚光を浴びるまでに発展し、国府田敬三郎は「ライス・キング」と称されるほどの大農業家となったのである*146。

ところで、ここで看過してはならないのは、カリフォルニア州には排日土地規制の歴史があるということである。

一九一三（大正二）年、第一次カリフォルニア州外国人土地法制定（土地所有禁止）。

一九二〇（大正九）年、第二次カリフォルニア州外国人土地法制定。

一九二三（大正一二）年、修正カリフォルニア州外国人土地法、州議会で承認される（借地も禁止）。

一九二七（昭和二）年、カリフォルニア州外国人土地法、一部修正。

一九四三（昭和一八）年、州議会はカリフォルニア州外国人土地法をさらに強化。

こうした外国人土地法の制定および修正に基づいて、戦中から戦後にかけて、州は無主財産没収訴訟を頻繁に起こし、日系人の土地を没収。そして市民権をもつ二世も土地を所有できなくなったのである。フレッド・オオヤマは、所有する土地が父親から贈与されたものとして土地法違反で摘発されたため、巡回裁判所に提訴したが敗訴。

一九四五（昭和二〇）年、国府田敬三郎はオオヤマ訴訟事件の敗訴に危機感を抱き、カリフォルニア州外国人土地法の失効を求めて奔走。日系人の権益擁護、市民権獲得を目的として民権擁護協会を設立し、会長に推される。

一九四六（昭和二一）年、オオヤマ訴訟事件、上告したカリフォルニア州最高裁でも敗訴。事態を解決するには、ワシントンの連邦最高裁判所に上告する以外にないと決意。訴訟費用など多額の資金が必要とされ、その調達に専念するため、国府田敬三郎は一世中心の民権擁護協会の会長を退陣し、二世中心の市民権擁護を求める抗争団体の活動を後援。

一九四六（昭和二一）年、二世を中心とした日系アメリカ人市民協会、大会を開催。二大運動方針として、戦時強制立退きによる損害賠償要求、および日系人の帰化促進を決議。ロビイストとしてマイク・正岡が活躍。

一九四七（昭和二二）年、国府田敬三郎が中心となって、一世中心の全米同胞有志大会を開催。市民協会の運動の全面的支援を申し合わせる。

帰化権獲得期成同盟会を設立。会長として国府田敬三郎は、マイク・正岡の活動資金の調達で東奔西走。

一九四八（昭和二三）年、オオヤマ訴訟事件、連邦最高裁判所で勝訴。カリフォルニア州外国人土地法は合衆国憲法に違反、と判決*147。

一九四八（昭和二三）年、ジャッド帰化法案審議、不成立。

一九四九（昭和二四）年、ウォルター帰化法案審議、不成立。

一九五〇（昭和二五）年、ウォルター修正帰化法案審議、不成立。

一九五一（昭和二六）年、マッカラン・ウォルター合同帰化法案審議、不成立。

一九五二（昭和二七）年、マッカラン・ウォルター法、トルーマン大統領の拒否権行使にもかかわらず、上下両院で承認される。


マイク・正岡（二世）の第一線における活躍、そして国府田敬三郎（一世）の後方支援が日系人による運動を中心となって支え、在米同胞の失地回復、戦時損害賠償、帰化権獲得に成功*148。

一九五二（昭和二七）年～六〇（昭和三五）年、日本からの農業実習生の受け入れなど、日本の農業の発展に貢献。

さらに保険会社の創立、東京銀行（旧）のカリフォルニア州進出に尽力するなど、実業家としても活躍。


一九五三（昭和二八）年、東京銀行、重役に就任。

一九五四（昭和二九）年、アメリカ合衆国籍、取得。

一九五五（昭和三〇）年、大日本農会、顧問に就任。

一九五六（昭和三一）年、大日本農会より紅白綬有功章を贈られる。

一九六〇（昭和三五）年、日米修好百年祭を記念して、勲四等瑞宝章を賜る。

一九六四（昭和三九）年、来日中、東京のホテルにて急逝。享年八二歳。叙勲三等瑞宝章。


急逝した国府田敬三郎の伝記が上梓されるにあたって、序言に佐藤栄作元総理大臣はじめ各界の名士が、氏の業績を称え、その急逝を惜しむ言葉を寄せている。

日本にもアメリカにもライスがあり、そのライスが二つの国をつなぐ鉄の輪になっていると言われ*149、その意味でも「ライス・キング」と称される国府田敬三郎の功績には計り知れないものがあり、そればかりか在米日系人の権利回復運動の先頭に立って尽力した功績は、高く評価されているところでもある。伝記に寄せている各界名士の序言、および追悼の辞を通読すると、おのずと国府田敬三郎の高潔な人格者としての人柄、そして氏の功績を称える文言に、いくつかの共通像、たとえば質実剛健にして質素な生活態度、農業の発展および在米同胞の権利擁護に尽くした情熱と百難不屈の実行力、さらに祖国である日本に寄せる愛国心などが浮かび上がってくるのである。

佐藤元総理は、国府田農場の見学のあと、敬三郎が訪問者一行をご馳走するのだと言って、近くの小さな街にある、なんの変哲もない普通のレストランに案内され、コーンスープのほかに二、三品しかない食事をとったときの感想を率直に記し、国府田敬三郎の仕事に対する情熱の烈しさ、そして簡易質素な生活を貫いている姿勢に、深い敬意を表している*150。

じっさい国府田一族の暮らしは質素で、利益は土地に投資するというぐあいであったと言われている*151。伝記に収録されている井上靖との対談で、「資金は固定せずに仕事に使わねば」と述べる国府田敬三郎は、日本からの農業実習生の受け入れ事業について話が及ぶと、「農が国のもと」だということは、「過去も現在もそれから未来も変わらない」と述べる井上靖からも称賛されている*152。それだけに「他人種と競争して行く道は農業より外にない、それも旧式のそれは行き詰まる恐れがあるが、新進の知識と組織とで他よりも一歩先に踏み出す様にしてやって行ったら、決して遅れを取る様な事はない」*153は国府田敬三郎の強い信念となり、竹馬の友が述べているように、意志の強い男の思い立ったことはやり遂げなければ承知できない気性で*154、カリフォルニア州で最後まで米作業に従事した唯一人の日系人として、不撓不屈の精神で青雲の志を貫いていったのである*155。

かつて国府田敬三郎夫妻は友人のひとりに、戦後になって本格的に農業を始めるために、「ドスパロスに移り住んだ当初は全く人里離れたところで、夜になると狼の群が吼えて押しよせ、小さな家の中で恐ろしさにふるえていた」＊156と語っている。そして井上靖との対談で、「一つの民族が他の民族の中へ入って、そこに生活する場所を持ち、根を下ろすまでには、ずいぶん、たいへんな問題があったでしょうね。」と問いかける井上靖に対して、「ええ、それはもう、たいへんなものでした。」＊157と淡々と答える国府田敬三郎であるが、アメリカへ渡った二六歳のときから、対談時には八〇歳になるまでの五四年間の艱難辛苦の生活体験が対談の記録の行間にも読み取れ、氏の生涯はこれまでの長い日米関係史のなかで、まさに「この世の光」として「地の塩」となった、偉大な指導者の生涯であったと言ってもけっして言い過ぎではないであろう。

さらに言えば、けっして一枚岩とは言えなかった日系一世の集団をまとめ、そしてアメリカ社会によりいっそう適応して生活してゆくことができる能力があるとはいえ、やはり一枚岩ではけっしてなかった日系二世の集団を後方で支えながら、日系人としての権利の獲得に生涯をかけた国府田敬三郎は、もしアンデルセンの童話を借りて言っても許されるとするならば、アメリカの大空で悠々と舞い飛ぶ白鳥へと、見事に変身したアヒルの子であったのではなかろうか。

四、日系一世および二世たちの葛藤

一九〇八年、国府田敬三郎が人生を賭けて移住した先アメリカでは、二〇世紀初頭すでに資本主義社会が確立していた。労働市場も階層化した労働システムとして構造化されていた。新来者の移民として日系一世は、既存の白人アメリカ社会のなかで激しい人種偏見や差別にさらされ、英語がわからない少数有色人種として、低賃金で危険を伴う肉体労働に従事するほかなかったのである＊158。

人間性をさほど重視しない市場経済に基礎を置いていたアメリカ社会は、けっして友好的ではなかっただけに、そのなかで日系一世が偏見や差別、そして厳しい労働条件に耐えて生きてゆくには、家族の強い絆によって支えられた日本の伝統的家父長制家族システムが維持されてゆかなければならなかった。日系一世にとって、外の厳しい環境のなか、なによりも家族愛が求められていったのである。日系一世の家族のなかには、夫が家長として絶対的権威を有する伝統的家父長制家族形態のもと、アメリカ移住後も、たとえば故郷の実家に働いて得た報酬の一部を仕送りしたり、日本の教育を受けさせるために子どもを日本の実家に預けたりして、祖国日本との接触を保ち続ける家庭もまれではなかった。

資料を読んでゆくと、なによりも日系人はアメリカ社会においてアウトサイダーであっただけに、家族愛はそれだけいっそう強く内へと向かい、とりわけ自分たちの子どもに対しては期待も大きく、親は自分たちが果たせなかった夢を子どもに託して教育を身につけさせ、そしてアメリカ社会で負けずに強く生きてゆくためにも、日本人としての誇りを喪失しないよう厳しい躾によって育てることが、親の子どもに対するなによりも深い愛情の表現でもあったということが理解できるのである。

けれども家父長制家族形態が維持されてゆくかぎり、日系一世としての女性の立場は男性よりもいっそう苛酷であったと言ってよいかもしれない。少数有色人種の移民として受ける人種的抑圧、男性優位の家族関係において女性として受ける性的抑圧、祖国とはまったく異なる社会で避けることのできないイエ単位の家族労働など、新しい社会環境のなかで女性はそれぞれ家庭内で限りなく過重な負担を強いられていったのである*159。

とはいえ反面、こうした逆境を生き抜いてゆかなければならなかったことが、女性をいっそう強くしてゆくことにもなったということは認めないわけにはゆかないであろう。たとえばわが子の成長だけを楽しみに、自らは食べなくても子どもを大学に進学させるなど、夫や子どものため家族の犠牲になることが女性の変わらぬ美徳とされながらも、アメリカという新しい社会で、等しく個人として男女が賃金労働者として労働市場に組み込まれてゆくことによって、新しい価値観のもと女性の社会的独立への意識が芽生え、伝統的家族形態もしだいに変化してゆかざるをえなかったのである[160]。

そして、なによりもこうした日本の伝統的家父長制家族形態をドラスティックに変えていったのは太平洋戦争であり、強制収容所での生活であった。収容所では、すべて日系人は性別や年齢に関係なく同一低賃金で働くことになり、食事はブロックごとに食堂でほかの家族と一斉にとらなければならなかったため、家族からは団欒の機会が奪われ、さらに、もっぱらブルーカラーとして働くだけで、英語が使えない日系一世の男性は、収容所内でアメリカ人と対等にわたりあえるだけのコミュニケーション能力がないために家長失格となり、しだいに家族は解体してゆかざるをえなかったのである。このようにしてそれまでは思ってもみなかった新たな状況のもと、日系一世の父親に代わって家族の代表として大きな働きをしていったのは、アメリカ生まれで英語が堪能な日系二世であった[161]。

出生とともに内と外、つまり祖国日本と生まれ育ったアメリカという、二つの文化の洗礼を受けながら成長していった二世にとって、両文化にどのように対応してゆくかはつねに課題とされていたのである。たとえば家庭と学校でカメレオンのように変身し、二つの文化をバランスよく統合しながら、人間形成を果たしてゆかざるをえなかったこともあったかもしれない[162]。けれども日米開戦、そしてそれに続く強制収容という生活環境の激変は、日系二世に対して『二つの祖国』[163]、すなわち日本人として生きるのか、それともアメリカ人として生きるべきなのか、という残酷な問いを突き付けたのである。すでに言及したが、アメリカで暮らしてゆかざるをえない家族の身の安泰を願い、陸軍に志願し、ヨーロッパの激戦地でわが身を犠牲にしてまで死闘を展開し、アメリカ合衆国に対して忠誠を示さざるをえなかった二世部隊のことを考えると、この世の摂理を冒瀆するほど、理不尽な残酷性をいかんなく発揮する戦争の本質に突きあたり、思わず戦慄を覚えざるをえない。

日系一世および二世に関していくつか文献に眼を通してゆくと、アメリカ文化に精神的拠り所を求めていった純二世ばかりか、日本の伝統や文化に精神的拠り所を求めていった帰米二世も、同じく戦争の犠牲者であったことに変わりはないと言えるであろう。家族として個人として理由はいろいろ考えられるとしても、一般には日本へ教育を受けるために送られ、子ども時代を日本で、その多くは祖父母のもとで過ごしたあと、最終的に合衆国で暮らす家族のもとに帰っていった、いわゆる帰米二世には、ディアスポラ的意識がより強く働いていたように思われる*[164]。

むろん年齢、性別、日本における環境や滞在年数などを考慮に入れると一般化するのは困難であるが、共通項としてしばしば指摘されているのは、帰米二世は一世の親には従順であるが、英語が十分には使えないため、アメリカの労働市場では不利な立場に置かれ、それだけに同じ帰米二世の仲間同志で固まる傾向があったということである*[165]。なかには純二世に対する対抗心をむき出しに、親日そして反米の態度を強く主張し行動する過激な帰米二世集団もいて、両派の対立抗争が、強制収容所によっては暴動にまで発展していった事例もある*[166]。ともに収容所生活を送った多くの日系人の心に、それは「思い出したくない」記憶として刻印されたトラウマとなっただけに、戦争の惨禍は人知の予測を超えて深く長く続き、けっして消え去ることはないと言ってもよいかもしれない。

このように太平洋戦争そして強制収容所生活は、日系人に予想だにしえなかった生活を強いていったことは確かであるが、反面すでに言及したように、収容所生活は、移民としてアメリカに渡ってきて以来ずっと働きづめで過ごしてきたそれまでの生活から、日系一世を解放することにもなったのである。なによりも強制収容されたことによって生まれた時間的余裕が、戦後になって日系人に生活の糧として役立つことになった、技術、教養、資格などを身につけるまたとない絶好の機会を提供することになったと言ってよいのである。

そして日系人女性、とりわけ二世の女性にとって、収容所は当世風に言ってもよければ、いわばカルチャー・センターのような役割を担っていたと言ってもよいのではなかろうか。日系二世の男性の多くが、家族の幸福と安全のことを考え、ひたすらアメリカへの忠誠を具体的な行動で示すために、不安と恐れを抱きながらも戦場へと赴いていったのと相違し、日系二世の女性にとって収容所生活は、アメリカ社会で大きく変身してゆくまたとない機会となったのである。とかく家に縛られがちであった拘留以前の生活と異なり、収容所生活によって日系二世の女性は、自由に手に入るアメリカの雑誌の情報などを通して、ファッションや自由恋愛にも関心を寄せることができるようになり、夫とつねに一緒に生活し、同じ日系人社会との絆を断ち切ることのできない日系一世の女性と比べても、外界の自由なアメリカ生活とのつながりを強めてゆくことができたのである[167]。

ところで戦時転住局（ＷＲＡ）はすでに一九四二年、強制収容所への日系人の収容が完了する以前に、二つの政策を検討していたのである。ひとつが、強制収容所（キャンプ）を人間的かつ経済的に運営し、できるかぎり住み心地よくする計画であり、いまひとつが、戦争による労働力不足に気づき、技術を有し、アメリカ社会に問題なく適応してゆける日系人労働者の拘留を解き、ドゥウィット将軍の西部防衛司令部によって制限されない地方に再定住させる計画であった[168]。

さらに同じく一九四二年、学生転住委員会が結成され、能力ある日系二世の大学生の拘留を解き、日系人排斥地域外の大学で勉学が続けられるよう、学生転住計画を積極的に推進していったのである。この学生転住計画によって、ほぼ四〇パーセントに達する日系二世の女性が、アメリカの中西部や東部の大学で学ぶこととなった。しかもアメリカ社会において、戦時中の労働力不足が日系二世の就業を促進することにより、とりわけ日系二世の女性は、従来のような単純な労働とは違って、たとえば秘書、タイピスト、美容師など、新しい女性の職場に進出することができるようになった[169]。そしてこのことを契機に、日系二世の女性の多くは、さらにアメリカ社会で活躍する機会を求め、大きく羽ばたいてゆくことになり、その結果、将来にわたって日米関係の礎として、日米関係の発展に貢献してゆくことになったと言っても、けっして言い過ぎではないのである。

＊

1　Maisie & Richard Conrat, *Executive Order 9066 : The Internment of 110,000 Japanese Americans*, California Historical Society, 1972, p.51. なお、日系アメリカ人強制収容関係の写真については、「東京写真月間'96」The Month of Photography, Tokyo '96（社団法人　日本写真協会・東京都写真美術館、一九六六年）、参照。

2　カレイ・マックウィリアス『日米開戦の人種的側面　アメリカの反省一九四四』渡辺惣樹訳（草思社、二〇一二年）一六〇頁。

3　同上書、一六〇～一六四頁、ロジャー・ダニエルズ『罪なき囚人たち――第二次大戦下の日系アメリカ人――』川口博久訳（南雲堂、一九九七年）九〇～九五頁。

4　A More Perfect Union- Japanese Americans and the United States Constitution-, A new exhibition at the National Museum of American History Smithsonian Institution, October 1, 1987.

5　田中克彦『ことばと国家』〈岩波新書〉（岩波書店、一九八一年）二七～二九、四一、四四頁。なお、徐京植『ディアスポラ紀行――追放された者のまなざし――』〈岩波新書〉（岩波書店、二〇〇五年）、戴エイカ『多文化主義とディアスポラ』（明石書店、一九九九年）、参照。

6　E・H・カー『歴史とは何か』清水幾太郎訳〈岩波新書〉（岩波書店、一九六二年）二四～三三頁。

7　ジョン・W・ダワー『忘却のしかた、記憶のしかた――日本、アメリカ、戦争』外岡秀俊訳（岩波書店、二〇一三年）v～xii、一～一三頁。

8　ニーチェ『人間的、あまりに人間的』Ⅰ（ニーチェ全集　五）池尾健一訳〈ちくま学芸文庫〉（筑摩書房、一九九四年）四七九〜四八一頁、参照。

9　ジョン・W・ダワー、前掲『人種偏見――太平洋戦争に見る日米摩擦の底流――』四四〜四六頁。もっとも第二次世界大戦後、「極東国際軍事裁判」の判事のひとりであったラダビノード・パルが主張したように、アメリカ合衆国はあきらかに日本との戦争を挑発して、日本の反撃を予想していたし、真珠湾攻撃は、たしかにアメリカ国民の眼には突然で衝撃的で不道徳な行為として映ったが、アメリカ政府にとっては突然でも衝撃的でもなく、公文書が示しているように、真珠湾攻撃に先立つ二週間前に、ホワイトハウスの会議が戦争を予想し、いかにそれを正当化すべきかを論じていたのである。それだけに、人間の心のうちに深く潜む、異質な人種に対する憎悪や偏見の炎を容易に燃え上がらせるのに、戦争が絶好の契機となったことをなによりも明白に証明しているのである〔ハワード・ジン『民衆のアメリカ史――1492年から現代まで――』（下）富田虎男、平野孝、油井大三郎訳〈世界歴史叢書〉（明石書店、二〇〇五年）九七〜九九頁、参照〕。

10　R・ウィルソン、B・ホソカワ『ジャパニーズ・アメリカン――日系米人・苦難の歴史――』猿谷要監訳〈有斐閣選書R〉（有斐閣、一八九二年）一〜三頁。

11　H・M・エンツェンスベルガー『国際大移動』野村修訳（晶文社、一九九三年）一九〜二五、三〇〜三四、八四〜八九頁。

12　カレイ・マックウィリアムス、前掲書、六五〜七三頁。

13　同上書、三二〜四八頁。なお、訳者まえがき、七〜一五頁、および訳者あとがき、四三三〜四三七頁、参照。

14　ジャレド・ダイアモンド『銃・病原菌・鉄――一万三〇〇〇年にわたる人類史の謎――』㊤倉骨彰訳（草思社、二〇〇〇年）二四〜三五頁、同上書㊦、五〇、二五七〜二七二頁。

15　カレイ・マックウィリアムス、前掲書、三二一〜一一六、三一二一〜三六五頁。

16　同上書、四〇〜四八頁。

17　同上書、三八〜四〇、八二〜八九頁。

18　同上書、七三〜八二、九九〜一〇七、一二二〜一二三、三一七〜三二八頁。

19 同上書、訳者まえがき、一二頁、七三～一〇六、二四九、三二二、三五八、四〇七頁。

20 *The Evening Sun*, July 6, 1987. Evelyn Nakano Glenn, *Issei, Nisei, War Bride: Three Generations of Japanese American Women in Domestic Service*, Temple University Press, 1986, pp.3-66, 191-242.

21 マイケル・ウォルツァー、前掲『正しい戦争と不正な戦争』四六二～四六三頁、参照。

22 カレイ・マックウィリアムス、前掲書、一六五～一六八、四二五頁、マイク・正岡、ビル・細川『モーゼと呼ばれた男 マイク・正岡』塩谷紘訳（TBSブリタニカ、一九八八年）九〇頁。なお、堀田善衛、前掲『方丈記私記』一一四頁、参照。

23 カレイ・マックウィリアムス、同上書、二一五、二一七頁、ロジャー・ダニエルズ、前掲書、九一頁。

24 カレイ・マックウィリアムス、同上書、一六二～一六三頁。

25 R・ウィルソン、B・ホソカワ、前掲書、二〇二頁。

26 カレイ・マックウィィリアムス、前掲書、一六三頁。

27 同上書、一六三頁、R・ウィルソン、B・ホソカワ、前掲書、二五七頁。なお、日系人人口は、文献により異なっていることがあるが、合衆国国勢調査統計によれば、一九四〇年において一二六、九四七人とされている（R・ウィルソン、B・ホソカワ、同上書、三三七頁）。引用した資料では一一万二〇〇〇人となっているが、一般に資料では通例、一一万人あるいは一二万人と概算で表記されている。

28 ロジャー・ダニエルズ、前掲書、二一七～二一八頁。

29 同上書、九〇～九二、一七三頁。もっとも、一九三六年八月一〇日、ローズヴェルト大統領は海軍へ提案した文書のなかで、「有事の際には強制収容所に」収容できる、ハワイに住む日本人の一覧表を政府に作成するよう指示している。国立公文書館が、ローズヴェルトの文書の一部を公開した一九八三年に公にされたところによると、大統領のこの提案が指示しているように、一九四二年の初めに出された、日系アメリカ人を強制収容する趣旨の大統領令第九〇六六号は、政府を弁護する側の人たちが主張しているのとは異なり、性急に決定されたものではなかったのである（*The Evening Sun*, July 6, 1987）。

30 R・ウィルソン、B・ホソカワ、前掲書、二五七〜二五八頁。
31 同上書、三一八頁。
32 同上書、二〇五〜二〇六頁。
33 ロジャー・ダニエルズ、前掲書、七四〜七七頁。
34 カレイ・マックウィリアムス、前掲書、一七二頁。
35 *The Evening Sun*, July 6, 7, 1987.
36 *The Evening Sun*, July 6, 1987. ロジャー・ダニエルズ、前掲書、一〇六〜一一三、一二五〜一三〇頁、R・ウィルソン、B・ホソカワ、前掲書、二二〇〜二二九頁、ロジャー・W・アクスフォード『リロケーション――日系米人強制収容の証言――』池田年穂訳（西北出版、一九九一年）一一〜一六頁、カレイ・マックウィリアムス、前掲書、一九〇〜一九六、二二〇〜二三一頁、ジョン・W・ダワー、前掲『人種偏見』一〇〇〜一〇七頁、フランク・F・チューマン『バンブー・ピープル――日系アメリカ人の試練の一〇〇年――』（上）、小川洋訳（サイマル出版会、一九七六年）二一六〜二一八頁。
37 *The Evening Sun*, July 6, 1987.
38 ロジャー・ダニエルズ、前掲『罪なき囚人たち』。
39 前掲の諸文献のほか、以下に掲げる諸文献も参照した。
カール・ヨネダ『マンザナー強制収容所日記』（PMC出版、一九八八年）、ジョン・オカダ『ノー・ノー・ボーイ』中山容訳（晶文社、一九七九年）、竹沢泰子『日系アメリカ人のエスニシティ――強制収容と補償運動による変遷――』（東京大学出版会、一九九四年）、G・オオイシ『引き裂かれたアイデンティティ――ある日系ジャーナリストの半生――』染矢清一郎訳（岩波書店、一九八九年）、渡辺正清『ヤマト魂――アメリカ・日系二世、自由への戦い――』（集英社、二〇〇一年）、A・ボズワース『新版アメリカの強制収容所――戦時下日系米人の悲劇――』森田幸夫訳（新泉社、一九八三年）、ハワード・ジン、前掲書、橋本明『棄民たちの戦場――米軍日系人部隊の悲劇――』（新潮社、二〇一〇年）、ダニエル・沖本『日系二世に生まれて――仮面のアメリカ人――新版』山岡清二訳（サイマル出版会、一九八四年）、ハルミ・ベフ編『日系アメリカ人の歩みと現在』（人文書院、二〇〇二年）、ローレン・ケスラー『不屈の小枝――日系移民ヤスイ家三代記――』（上）、（下）、武者圭子訳（小学館、一九九五年）、水野剛也『日系アメリカ人強制収容とジャーナリズム――リベラル派雑誌と日本語新聞の第二次世界大戦――』（春風社、二〇〇五年）、飯野正子『もう一つの日米関係史――紛争と協調のなかの日系アメリカ人――』（有斐閣、二〇〇〇年）、村上由美子『百年の夢――岡本ファミリーのアメリカ――』（新潮社、一九八九年）、トマス・K・タケシタ、猿谷要『大和魂と星条旗――日系アメリカ人の市民権闘争史――』〈朝日選書〉（朝日新聞社、一九八三年）、T・K・ウォールス『テキサスの日系人』（上）、（下）、間宮国夫訳（芙蓉書房出版、一九九七年）、下嶋哲朗『サムライとカリフォルニア――異郷の日本画家　小圃千浦――』（小学館、二〇〇〇年）、デイ多佳子『日本の兵隊を撃つことはできない――日系人強制収容の裏面史――』（芙蓉書房出版、二〇〇〇年）、古森義久『遥かなるニッポン』〈講談社文庫〉（講談社、一九八七年）、ニーナ・ルヴォワル『ある日系人の肖像』本間有訳（扶桑社、二〇〇五年）。

40 カレイ・マックウィリアムス、前掲書、一九六、二三九〜二四六頁。

41 同上書、一九六頁。

42 同上書、一九五〜一九六頁、R・ウィルソン、B・ホソカワ、前掲書、二二四〜二二九頁、ロジャー・ダニエルズ、前掲書、一一二〜一一三頁。

43 フランク・F・チューマン、前掲書（上）、二二〇〜二二二頁。

44 前掲「東京写真月間'96」The Month of Photography, Tokyo '96、二八〜三五頁。

45 カレイ・マックウィリアムス、前掲書、一九三〜一九四頁。

46 ジョン・ダワー、前掲『人種偏見』一〇三〜一〇四頁。

47 ジョン・ダワー、同上書、一〇三〜一〇四、一二〇頁、Maisie & Richard Conrat, *op.cit* , p. 93.

48 *Citizen 13660*, Drawing & Text by Mine Okubo, Columbia University Press, 1946, p. 68.

49 *Ibid.* , pp. 72-77.

50 G・オオイシ、前掲書、五一～五九頁。
51 フランク・F・チューマン、前掲書（上）、二三〇～二三一頁、カレイ・マックウィリアムス、二〇四～二〇五頁、G・オオイシ、同上書、二四四頁。
52 *The Evening Sun, July 6, 1987.*
53 カレイ・マックウィリアムス、前掲書、一六五～一七三頁。
54 同上書、訳者まえがき、七頁。
55 R・ウィルソン、B・ホソカワ、前掲書、三一八頁、ロジャー・ダニエルズ、前掲書、七四～七五頁。
56 R・ウィルソン、B・ホソカワ、同上書、三一八～三一九頁、ロジャー・ダニエルズ、同上書、七四～七五頁。
57 アール・ウォーレン『ウォーレン回想録』森田幸夫訳（渓流社、一九八六年）二五〇頁。
58 マイク・正岡、ビル・細川、前掲書、一一九～一二〇頁。
59 同上書、一二〇～一二一頁。
60 R・ウィルソン、B・ホソカワ、前掲書、二五八頁。
61 堀田善衛、前掲『方丈記私記』四九～五〇頁、参照。
62 ハワード・ジン、前掲書、一〇七頁。
63 同上書、一〇七頁。
64 トーマス・バーゲンソール「ジェノサイドと現代」『朝日新聞』二〇一三年九月一九日付。
65 田名大正著、田名ともゑ編『サンタフェー・ローズバーグ抑留所日記』第一巻（山喜房仏書林、一九七六年）、まえがき。
66 同上書、三五八頁。
67 同上書、第三巻、二〇四、三〇五、四五九頁。
68 同上書、第二巻、一〇二頁。
69 同上書、二六二頁。

70 同上書、第一巻、三五八頁。
71 同上書、三五八頁。
72 ボルティモア市郊外に住む国府田邦子さんからの聞き書きは、一九八六年二月、三回にわたって行なわれ、かなり長時間になった。私の個人的事情で、まとめて公表する約束から三〇年も経過してしまい、この間の時代状況の推移から、プライバシーの保護にはより慎重にならなければならないため、すでに公刊されている文献のなかでの記述を別にすれば、口述筆記したものをそのままではなく、プライバシーに配慮しなければならないところは適宜省略しながら、紹介することに心がけた。
73 上坂昇『順と逆』（いわき市はましん企画、一九八三年）七八～八一頁。
74 佐々木さゝぶね『阿め里か生活』（カリフォルニア州ロサンゼルス、大衆社、一九三七年）四三～五七頁〔なお、引用は原文のまま〕。
75 ゼローム共同企業組合教育部委員会『ゼローム共同企業組合記念號』（一九四四年）一五九頁。
76 R・ウィルソン、B・ホソカワ、前掲書、二三一～二三二頁、ロジャー・ダニエルズ、前掲書、一二七頁、KEN佐藤『羅府ぎぎゅう音頭』（善本社、一九八三年）二二九頁、フランク・F・チューマン『バンブー・ピープル』（上）小川洋訳（サイマル出版会、一九七六年）二一九頁。
77 すずきじゅんいち監督『東洋宮武が覗いた時代』（フイルムヴォイス、二〇〇八年）〔DVD〕、『朝日新聞』夕刊、二〇〇九年三月一六日、二〇一二年九月八日付、文・すずきじゅんいち、榊原るみ、絵・秋山泉『東洋おじさんのカメラ――写真家・宮武東洋と戦時下の在米日系人たち――』（小学館、二〇〇九年）。
78 ロジャー・ダニエルズ、前掲書、一二七～一二九頁、R・ウィルソン、B・ホソカワ、前掲書、二二七～二二九頁、KEN佐藤、前掲書、二二八～二二九頁、カレイ・マックウィリアムス、前掲書、二二四～二三一頁、田名大正、前掲書、第三巻、六六二～六六三頁、Valerie Matsumoto, "Japanese American Women during World War II", *Asian American Women*, ed. by Linda Trinh Vo and others, University of Nebraska Press, 2004, pp.35-54.

79 フランク・F・チューマン、前掲書、二二〇〜二二一頁、R・ウィルソン、B・ホソカワ、前掲書、三二五頁、田名大正、前掲書、第三巻、六九五〜六九六頁。
80 V・E・フランクル、前掲書、巻末の写真および図版。
81 ロジャー・ダニエルズ、前掲書、一二八頁。
私の滞米中、ボルティモア市の国際交流事業に市民ボランティアとして携わっていた日系二世のベス・ヤノさんも、キャンプから一歩も外へ出られなかったが、小切手を使って郵便で買い物もできたし（カタログ・ショッピング）、なかにはフィルムを買って写真を撮っている人がいても、黙認されていたように、キャンプのなかは寛大であった、と証言している（森田德、前掲書、三八〜三九頁）。
82 ゼローム共同企業組合教育部委員会、前掲書、五〜一一頁。
83 ロジャー・ダニエルズ、前掲書、一三〇頁。
84 渡辺正清、前掲書、一三二頁。
85 同上書、一三三頁、デイ多佳子、前掲書、七三頁、ロジャー・ダニエルズ、前掲書、一三〇頁。
86 すずきじゅんいち監督、前掲ビデオ。
87 同上ビデオ、渡辺正清、前掲書、七〇頁。
88 ロジャー・ダニエルズ、前掲書、九二〜九三頁。
89 田名大正、前掲書、第三巻、六九五〜六九六頁、デイ多佳子、前掲書、二〇三〜二〇四頁、**Valerie Matsumoto, op.cit., pp.35-54.**
90 竹沢泰子、前掲書、七一〜一四二、一七三頁。
91 ***The Evening Sun*, July 6, 1987.**
92 ロジャー・ダニエルズ、前掲書、一七三、一八三頁、G・オオイシ、前掲書、二二五〜二二七頁、竹沢泰子、前掲書、五七〜五九頁、岡部一明『日系アメリカ人　強制収容から戦後補償へ』〈岩波ブックレット234〉（岩波書店、一九九一年）三四〜四七頁。

93 *The Evening Sun*, July 6, 1987.
94 *Ibid*..
95 G・オオイシ、前掲書、二〇四〜二〇五頁、マイク・正岡、ビル・細川、前掲書、一二二頁。なお、ニーチェ、前掲『権力への意志』下、二四一〜二四二頁、同、前掲『人間的、あまりに人間的』Ⅱ、七三頁、参照。
96 *The Evening Sun*, July 7, 1987.
97 ジョージ・ケナン『二十世紀を生きて――ある個人と政治の哲学――』関元訳（同文書院インターナショナル、一九九四年）一九〜五一頁。
98 デイ多佳子、前掲書、一五九頁。なお、ニーチェ『権力への意志』上（ニーチェ全集12）原佑訳〈ちくま学芸文庫〉（筑摩書房、一九九三年）三〇三〜三〇四、三四一〜三四二頁、参照。
99 デイ多佳子、前掲書、渡辺正清、前掲書、A・ボズワース、前掲書、トマス・K・タケシタ、猿谷要、前掲書、飯野正子、前掲書、カール・ヨネダ、前掲書、G・オオイシ、前掲書、竹沢泰子、前掲書、R・ウィルソン、B・ホソカワ、前掲書など、参照。
100 渡辺正清、前掲書、七八〜七九頁。
101 古森義久、前掲書、二八五〜二八六頁。
102 デイ多佳子、前掲書、三五頁、マイク・正岡、ビル・細川、前掲書、五六頁。
103 マイク・正岡、ビル・細川、前掲書、一三〜一四、八三、八七、一七九頁。
104 同上書、八三頁、デイ多佳子、前掲書、六五、六七〜七一頁。
105 マイク・正岡、ビル・細川、前掲書、九六〜一一七頁。
106 同上書、一九〜二〇、一一六、一五七、一七五、三五〇〜三五一、四三一頁。
107 同上書、三五一頁。
108 同上書、一三〇頁。
109 同上書、一四六頁、R・ウィルソン、B・ホソカワ、前掲書、二四五〜二四六頁。

110 マイク・正岡、ビル・細川、前掲書、一三九～一四九頁、竹沢泰子、前掲書、一〇七～一一二頁、R・ウィルソン、B・ホソカワ、前掲書、二四五～二四九頁、飯野正子、前掲書、一〇七～一一四頁、ほか。
111 マイク・正岡、ビル・細川、前掲書、一四二～一四九頁、竹沢泰子、前掲書、一〇九～一一〇頁、R・ウィルソン、B・ホソカワ、前掲書、二四五～二四九頁、飯野正子、前掲書、一〇七～一一九頁、ロジャー・ダニエルズ、前掲書、一三〇～一三六頁、G・オオイシ、前掲書、七四～八〇頁、デイ多佳子、前掲書、六九～七九頁、ほか。
112 飯野正子、前掲書、一一四～一一七頁、竹沢泰子、前掲書、一〇九～一一〇頁、R・ウィルソン、B・ホソカワ、前掲書、二四九～二五三頁、ほか。
113 マイク・正岡、ビル・細川、前掲書、九二頁。
114 竹沢泰子、前掲書、一一一頁。
115 同上書、一〇九頁。
116 すずきじゅんいち監督、前掲ビデオ、マイク・正岡、ビル・細川、前掲書、一五四～一五八頁。
117 R・ウィルソン、B・ホソカワ、前掲書、二七一頁、マイク・正岡、ビル・細川、前掲書、一八二～二一一頁。
118 飯野正子、前掲書、一三〇～一四二頁。
119 ***The Evening Sun, July 6, 1987.*** デイ多佳子、前掲書、三三～三七頁。
120 マイク・正岡、ビル・細川、前掲書、一四、一四九～一五一、一八七、一九〇頁。
121 同上書、三〇〇頁。
122 デイ多佳子、前掲書、三七頁。
123 同上書、二二五頁。なお、A・ボズワース、前掲書、一九六～二五〇頁、参照。
124 『読売新聞』夕刊、一九八八年八月一一日付。
125 たとえば、ハルミ・べフ編著、前掲書、一二八頁、ロジャー・アクスフォード、前掲書、訳者あとがき、一八六～一八七頁、ほか。
126 A・ボズワース、前掲書、三四四～三四五頁。

127 マイク・正岡、ビル・細川、前掲書、一二三頁、岡部一明、前掲書、一一頁、Valerie Matsumoto, op.cit., pp.35-54.

128 ***The Evening Sun*, July 7, 1987,** 岡部一明、前掲書、二一～二四、三四～三六頁。

129 ***The Evening Sun*, July 7, 1987,** ロジャー・ダニエルズ、前掲書、一七二頁。

130 岡部一明、前掲書、三五頁、マイク・正岡、ビル・細川、前掲書、三六七頁。

131 ロジャー・ダニエルズ、前掲書、一七三頁、岡部一明、前掲書、三六～四一頁、竹沢泰子、前掲書、五九頁、読売新聞社外報部訳編『拒否された個人の正義——日系米人強制収容の記録——』（三省堂、一九八三年）二八三～二九一頁、*The Evening Sun*, July 7, 1987。

132 竹沢泰子、前掲書、五九～六四頁、***The Evening Sun*, July 7, 1987**

133 ***The Evening Sun*, July 7, 1987.**、岡部一明、前掲書、三頁。

134 ロジャー・ダニエルズ、前掲書、一六八～二〇〇頁、岡部一明、前掲書、四〇～四四頁、『読売新聞』夕刊、一九八八年八月一一日付、フランク・F・チューマン、前掲書（上）、二一六～二四九頁、同（下）、二五二～三〇一、三六〇～三七五頁、上杉忍『二次大戦下の「アメリカ民主主義」——総力戦の中の自由——』〈講談社選書メチエ198〉（講談社、二〇〇〇年）六二～一二〇、一八六～一九七頁。

135 岡部一明、前掲書、六一頁、三輪公忠「歴史に学び歴史を築く」（軍事史学会編『第二次世界大戦（二）——真珠湾前後——』（錦正社、一九九一年）一～六頁。

136 R・ヴァイツゼッカー『荒れ野の四〇年』永井清彦訳〈岩波ブックレット55〉（岩波書店、一九八六年）一六頁、マイク・正岡、ビル・細川、前掲書、訳者あとがき、四四四頁。

137 E・H・カー、前掲書、二五、一八四、一九四頁。

138 『日米修好百年記念祝賀記念号』（桑港、日米時事社）二七頁。

139 同上書、二一七、二一九頁。

140 高木八尺、末広三次、宮沢俊義編『人権宣言集』〈岩波文庫〉（岩波書店、一九五七年）二四、三〇頁。

141 佐々木さゝぶね、前掲書、一四、二五～二六頁。
142 同上書、二七頁。
143 河村幽川編『国府田敬三郎伝』（カリフォルニア州、エドワード・K・国府田、一九六五年）二三頁。
144 在桑港帝国総領事館「加州米ノ研究」大正一一年一二月（一九二二年）七五～七六頁。
145 河村幽川編、前掲書、一～二五頁。
146 同上書、一八～二三頁、A・ボズワース、前掲書、二九七～三〇九頁。
147 河村幽川編、同上書、二七～三六頁、R・ウィルソン、B・ホソカワ、前掲書、二九〇～二九三頁、フランク・F・チューマン、前掲書、（下）、三一一～三一七頁、トマス・K・タケシタ、猿谷要、前掲書、七六～一〇一頁、ロジャー・ダニエルズ、前掲書、三一～三三、一六九頁。
148 河村幽川編、同上書、三六～五二頁、大宮信光「カリフォルニアのライスキング　国府田敬三郎――飛行機で種を播いた男――」『FUJITSU 飛翔』FEB 二〇〇〇、二八～三一頁。
149 ロジャー・パルバース『ライス』上杉隼人訳（講談社、二〇〇一年）二八頁。
150 河村幽川編、前掲書、ii頁。
151 A・ボズワース、前掲書、三〇一頁。
152 河村幽川編、前掲書、六九、七一頁。
153 佐々木さゝぶね、前掲書、七〇頁〔当用漢字体、現代仮名遣いに改め、引用〕。
154 同上書、二五頁。
155 河村幽川編、前掲書、二三頁。
156 同上書、x頁。
157 同上書、六〇頁。
158 Evelyn Nakano Glenn, *op.cit.*, pp. xii-xv.
159 *Ibid.*, pp. xv, 191-193, 201-209, Valerie Matsumoto, op.cit., pp.35-38.

160 Evelyn Nakano Glenn, *ibid*., pp.213-217.
161 Evelyn Nakano Glenn, *ibid*., pp.219-220. Valerie Matsumoto, op.cit., pp.38-42.
162 Evelyn Nakano Glenn, *ibid*., pp.51-52.
163 山崎豊子『二つの祖国』(上・中・下)〈新潮文庫〉(新潮社、一九八六年)。
164 徐京植、前掲書、一〇二頁、戴エイカ、前掲書、一八四～一九三頁。
165 Evelyn Nakano Glenn, *op.cit*., pp.52-53.
166 R・ウィルソン、B・ホソカワ、前掲書、一八〇～一八三、二三六～二四二頁、A・ボズワース、前掲書、一九六～二一一、二三六～二六二頁。
167 Valerie Matsumoto, op.cit., pp.42-44.
168 R・ウィルソン、B・ホソカワ、前掲書、二三〇～二三六頁。
169 Valerie Matsumoto, op.cit., pp.44-51, Leslie A. Ito, "Japanese American Women and the Student Relocation Movement, 1942-1945", *op.cit*., ed. by Linda Trinh Vo and others, pp.68-88.

第三章 ❖ 太平洋戦争と戦争花嫁

太平洋戦争にまつわる私の記憶は、すでに第一章で言及したが、俘虜収容所、建物強制疎開、空襲、疎開、敗戦後の風景など、どれを取り上げても暗い色調に包まれ、快いものではけっしてない。それでも戦後、私は過去の戦争のことなどすっかり忘れ、日本全国に明るく輝いて浸透していったアメリカ文化に影響を受けながら少年時代を送っていったのである。

とりわけその頃、『朝日新聞』に連載されていたアメリカの四コマ漫画、チック・ヤングの『ブロンディ』を見るのが毎日の楽しみであった。漫画で描かれているアメリカ人の家族、住まい、インテリア、家庭電化製品、自動車、食べ物など、いずれも敗戦後日本の日々の暮らしとのあまりの相違に驚くばかりで、それこそ夢を見ているような心地で漫画を見ていたのではなかったかと思う。

敗戦後日本の庶民の生活はどこでもほとんど同じであったと思うが、雨漏りがして、隙間風が遠慮なく入ってくる狭い粗末な木造家屋で大家族が暮らし、家庭電化製品などまだ見かけなかった時代、洗濯はたらいと洗濯板を使い、大きな氷を入れて冷やす木製の冷蔵庫があればよいほう、むろんテレビも電気掃除機もなく、しかもよく停電し、ろうそくの灯かりだけが頼りの夜の生活、食事は米飯など稀、ほとんど大豆、芋、南瓜などの代用食であっただけに、アメリカ漫画『ブロンディ』の世界に、少年時代の私は羨望と憧れの念を抱かざるをえなかったのである*1。

中学生時代、友人と連れだって横浜の本牧へ行って、遠くからこわごわと見た米軍住宅の光景はただただ明るく輝いて見え、日本とはまるで別世界。緑の芝生、白塗りの洋式住宅、きれいに舗装された道路、大きな外車、カラフルな洋服を身にまとって、庭に散水したり、犬をつれて通りでのんびりと談笑したりしているアメリカ人の姿など、それはまさに『ブロンディ』の世界の出現としか思えず、すっかり圧倒されたことをおぼろげながら記憶している＊2。

わずか一日だけの本牧散歩での印象と違い、「これがアメリカか」と今でも鮮明に記憶しているのはＣＩＥ（Civil Information & Education Library）図書館、すなわち占領軍総司令部（ＧＨＱ：General Headquarters）、民間情報教育局が全国二一ヵ所に設置した日本人向けの図書館である。川崎ＣＩＥ図書館は、神奈川軍政部によって一九四八（昭和二三）年一二月、川崎市古川通り（現在、川崎市川崎区小川町）の映画街（現・チネチッタ）入口に開設され、一九五〇（昭和二五）年一二月、（現・ＪＲ）川崎駅前（今の日航ホテルあたり）に移転し、一九六二（昭和三七）年には閉館している。たしかカマボコ型の兵舎のような建物であったと記憶しているが、室内は明るく、清潔な机や椅子が備えられていて、日本とは違う進駐軍アメリカの匂いが漂っているように感じた。ＣＩＥ図書館には、通っていた中学校が近くにあったこともあり、放課後よく立ち寄り、カラフルで良質な紙を使ったアメリカの雑誌などを手にとっては、何が書いてあるのかよくわからなかったが、心地よい匂いがするページをめくっては夢のような気分に浸っていたのではなかったかと今にして思う＊3。

その後、順調に学業生活を続け、そして社会人として働くようになったが、戦勝国アメリカによる占領下の日本の現実は日常化し、とくに疑問を抱くこともなく、敗戦後の時代を過ごしていったのではなかったかと思う＊4。むろんこの間、朝鮮戦争（一九五〇年）、日米新安保条約調印および安保阻止国民運動（一九六〇年）、人種暴動（一九六三年）、ケネディ大統領暗殺（一九六三年）、ヴェトナム戦争（一九六五年）など、アメリカにかかわる大きな政治的事件が起こると、マスコミの報道に関心を持ち、関連する資料などに眼を通すことはあっても、どこかひとごとのように感じ、典型的なノンポリ人間として、ジャズやポップスやミュージカルなどの音楽、西部劇やサスペンス劇をはじめとする洋画など、アメリカ文化にどっぷり浸かって、二〇歳、三〇歳、四〇歳代を送っていったのである。

そうした私がアメリカ社会に強い関心を抱く契機となったのは、すでに述べたが、一九八五（昭和六〇）年、川崎市が姉妹都市として締結していたボルティモア市に交換教員として派遣されたことである。すでに四七歳になっていたが、交換教員としてアメリカ生活の実際を経験することによって、ひろくアメリカについて学ぶよい機会にしようと思ったのである。

深夜、ＪＡＬ機で成田国際空港を出発。ニューヨークの空港でＵ・Ｓ・Ａｉｒの小さなプロペラ機に乗り継ぎ、ＢＷＩ（ボルティモア・ワシントン国際空港）に現地時間で午後四時過ぎに到着。ボルティモア市の要人や地元紙から熱い歓迎を受け、公用車で市の中心地へ。

途中、カラフルなロウ・ハウス（row house）が建ち並んでいる通り、そして黒い帽子に黒い服を身に着けた男性たちが談笑している、ユダヤ人が住む街の通りなどを車窓から見て、まるでハリウッド映画のセットのなかに入ったような気持ちになり、長旅で疲れてはいたが居眠りするどころではなかった。

歓迎の夕食会のあと、アパートに近い、といっても車で二〇分ぐらいの所にあるスーパー・マーケットに案内された。今でこそ日本にもアメリカの巨大なスーパー・マーケットが進出していて、その巨大さに驚くこともなくなったが、なにしろ一九八〇年代の日本からはじめて行ったアメリカであってみれば、すべて大きくてしかも豊富な食料品、そして買った品物を運ぶショッピング・カート（shopping cart）の大きさにまず圧倒されたのも無理はなかったかと思う。

それでも、アメリカに着いた初日とはいえ、正のカルチャー・ショックばかりでなく、負のカルチャー・ショックの洗礼も受けた。買った物を入れる、これまた大きな紙袋に、多くのあどけない顔をした子どもたちの写真が印刷されていたので尋ねてみると、行方不明になった子どもたち（missing children）の写真で、子どもの誘拐には気をつけなければならないとのことであった。どの国にも光と陰の部分があるとはいえ、交換教員として体験することになるであろう、アメリカ生活の現実の一端をまるで予告されたように、そのときは感じた。

じっさいアメリカで生活するようになり、豊かな社会に見られる社会的病理現象に気づかされることが多かったと言ってもけっして過言ではない。今日ほど大きく取り上げられることはなかったが、社会人になって、社会に内在する貧困や格差問題に関心を抱くようになり、薦められて読んだ文献の一冊にマイケル・ハリントンの『もうひとつのアメリカ――アメリカ合衆国における貧困――』*5があった。そこでは豊かなアメリカ社会のなかにある見えない貧困の実態が報告されているが、じっさいは貧困ばかりでなく、人種問題、麻薬、暴力、中途退学、黒人暴動など、アメリカ社会の陰の部分に現実問題として気づかされた滞米生活でもあった*6。

アメリカ在住生活も八カ月以上が経過して迎えた一九八六年の年初め、日本では正月であるが、アメリカの公立学校は二日には授業が開始していたから、正月の気分に浸っているどころではなかった。それでも元旦、ワシントンの日本大使館主催の、近隣に住む在留邦人を招いての新年会に出席し、駐米大使の新年の挨拶を拝聴、いくつか大皿に盛られたおせち料理に舌鼓を打ち、日本のお正月気分を味わうことができた。

その翌々日の一月三日、ボルティモア市および近郊に住む、白人のアメリカ人と結婚している日本女性の新年会に招かれた。出席した女性は八人、東京都、埼玉県、福岡県、熊本県、長崎県などの出身で、全員が昭和一ケタ生まれの五〇歳代、日米安保条約改定（一九六〇年）頃までにアメリカ占領軍の兵士および軍属と結婚し、海を渡った戦争花嫁と称されている日本女性たちの集まりであった。

戦争花嫁については、すでにこれまで文献や写真集など数多くの資料が公刊されてきているが、その多くはアメリカに渡って波瀾万丈の生活を送ってきた日本女性たちの記録であると言ってよいであろう。この日いずれの女性も、アメリカに渡ってきてから分厚い「自分史」(life-history) が書けるくらい、人種偏見、嫁姑問題、貧困、夫の暴力やアルコール依存などの問題で、辛酸をなめてきたと語っていた。それでもある女性は、それぞれがつらい過去を抱えてはいるが、日本から遠く離れた異郷で、たとえ年に一、二回でも会って、同じ時間を過ごせるだけでも幸せであるとも言っていた。新年会は午後早くに始まり、翌日の午前一時に名残を惜しみながら散会するまで延々と続き、持ち寄ったおせち料理を食べながら懐メロや演歌を歌ったり、おしゃべりに夢中になったり、笑いが絶えることのない楽しい時間の共有であった。

帰国して何年が経ったであろうか。あるときテレビの歌謡番組で、演歌『望郷じょんから』(作詞・里村龍一、作曲・浜圭介) を聴き、そのなかで歌われている「辛さを堪え　いい事ばかり　手紙に書いて　あれから幾つ　何年過ぎた　帰ろかな　帰りたい　ふる里夢ん中　帰ろかな　帰りたい　ふる里夢ん中」の歌詞と同じような内容のことを、新年会のときに語っていたある女性のことを思い出し、感慨もひとしお深いものがあった。

敗戦後すでに七〇年が経過する。戦争花嫁として海を渡った女性たちの孫の世代が社会の中堅として活躍している時代である。二〇〇八年、大ヒットとなった『海雪』(作詞・秋元康、作曲・宇崎竜童) で演歌歌手としてデビューし、この年そして翌二〇〇九年にNHKの紅白歌合戦に出場したジェロは、その代表のひとりと言ってもよいであろう。横浜のダンスホールで知り合った進駐軍の黒人衛生兵と結婚し、かつて「鉄の街」として栄えたペンシルヴァニア州ピッツバーグに渡り、人種差別の激しかったアメリカ社会のなかで、演歌を心の支えとして強く生きぬいていった祖母の影響で、すでにジェロは五歳のとき祖母の前で、『越後獅子の唄』(作詞・西條八十、作曲・万城目正) を四番まで歌いきり、それを聴いて祖母は感涙にむせんだという。そしてこのときジェロは祖母に、大きくなったら演歌歌手になって、紅白歌合戦にも出るよと約束している*7。じっさい祖母との約束を果たしたジェロは、二〇一〇年にアメリカでも公演を行ない、演歌がジャパニーズ・ブルース（Japanese blues）として、言葉の壁を超えて人びとの心を揺さぶることをじっさいに証明しているのである*8。

ボルティモア市滞在中に出合った戦争花嫁には演歌を好んで聴く女性が多かった。同じアメリカで暮らしているとはいえ、日系一世および二世の人たちが経験した時代および生活事情とは異なって、日本で敗戦を経験し、そして戦争の相手国であったアメリカ兵と結婚したのち海を渡った戦争花嫁たちの苦難に対しては、日本人の喜怒哀楽の心情が、それこそわずか三分のドラマとして集約的に表現されている演歌が、カタルシスの作用を果たしていると言ってもよいのかもしれない。

本章で私は、同じ日系アメリカ人について、前章で検討した日系一世および二世に続き、およそ安全圏とは縁遠い、庶民として生きる女性がいかに戦争によって翻弄されていったのか、戦争花嫁たちの実像を時代および生活背景に力点を置いて検討していってみたい。

一、戦争と女性

戦争と女性

ギリシア悲劇の作者を代表するひとり、セネカ（前五〜後六五年）の『トロイアの女たち』に、亡きトロイア王プリアムスの后であったヘクバが語る以下の一節がある。

見よ、壺から引かれた籤がプリアムス家の嫁や娘たちの主人を決めている。ああ、私も戦利品の一つに身を落としてついて行く。
かの男がヘクトルの妻を自分の嫁とすると、
こちらはヘレヌスの妻を、あちらはアンテノルの妻を所望する。
カッサンドラよ、おまえとの婚儀を望む者もある。
だが、私の籤は怖がられている。私だけがギリシア方には怖いのだ*9。

ここでは、トロイアとの戦いに勝ったギリシア軍の将軍の名が籤に記され、一番籤の者から順に自分の好みの女を選ぶことができると語られている。そしてトロイア戦争の原因となった絶世の美女ヘレナは、籤壺が振られ、勝者は捕らわれた女を端女として連れ去ることができるとも語っている*10。さらに、すでに引例した同じくギリシア悲劇『アガメムノーン』にも、「もとをただせば、他人のものである女の奪い合い」*11と語られている一節がある。ギリシア古典劇とはいえ、勝利者の男が敗者の女を有無を言わせず自分のものにするという、およそ今日では考えられない現実が戦争に固有の悲劇として今に伝えられているのである。

もっともすでに第一章でヴァレリーを引例し言及したが、人間理性を信じ、文明と文化の進歩に基礎を置いた西欧近代思想ですら、必ずしも世界に善や正義をもたらしたわけではない。じっさい二一世紀の今日でも、西欧世界あるいは非西欧世界を問わず、戦争に固有な理不尽な事例を求めてゆくとすれば、それこそ枚挙にいとまがないほどであろう。

試みに、西欧世界の思想的源流としてギリシア悲劇に加え新旧の聖書に、人間による言語を絶する暴虐行為の事例を少しく求めてみよう。

『旧約聖書』「出エジプト記」には、イスラエルの子孫が多くの子を生み、成長して強くなり、戦いの起こるとき、敵に味方してわれわれと戦うことのないように（1－7～10）、エジプトの王は「ヘブルの女のために助産をするとき、産み台の上を見て、もし男の子ならばそれを殺し、女の子ならば生かしておきなさい」と命じたが（1－16）、助産婦たちが命に背き、男の子を生かしておいたので（1－17～21）、「ヘブルびとに男の子が生れたならば、みなナイル川に投げ込め、しかし女の子はみな生かしておけ。」（1－22）と命じたと記されている*12。じっさい人間心理の陰惨さに起因する、民族間の目を覆いたくなるような血なまぐさい殺人的抗争が展開されている、『旧約聖書』のいわば殺戮の歴史に、今日まで綿々と続いている戦争の歴史の思想的背景を容易に求めることができると言ってよいであろう*13。

そして『新約聖書』「ヨハネの黙示録」の最終章には、「これらの言葉は信ずべきであり、まことである。預言者たちのたましいの神なる主は、すぐにも起るべきことをその僕たちに示そうとして、御使をつかわされたのである。見よ、わたしは、すぐに来る。この書の預言の言葉を守る者は、さいわいである。これらのことを見聞きした者は、このヨハネである。」（22－6～8）、「見よ、わたしはすぐに来る。報いを携えてきて、それぞれのしわざに応じて報いよう。」（22－12）、「この書の預言の言葉を聞くすべての人々に対して、わたしは警告する。もしこれに書き加える者があれば、神はその人に、この書に書かれている災害を加えられる。また、もしこの預言の書の言葉をとり除く者があれば、神はその人の受くべき分を、この書に書かれているいのち木と聖なる都から、とり除かれる。これらのことをあかしするかたが仰せになる、『しかり、わたしはすぐに来る』。アァメン、主イエスよ、きたりませ。主イエスの恵みが、一同の者と共にあるように。」（22－18～21）と記されている。

「ヨハネの黙示録」については歴史的批判的検討が必要とされているが*14、堀田善衛も述べているように*15、預言者による神の言（ことば）を預っての言葉とはいえ、異様で、迫力にみち、呪力にみち、恐怖すら憶える。そしてなによりもここで問題とされなければならないのは、こうした強烈で狂熱的な預言が、ユダヤ民族ではなく、当時ヨーロッパでローマ帝国の圧政に苦しんでいた初期キリスト教徒に受容され、救世主を待望する幻想共同として、終末論的千年王国待望論へと発展していったことである。しかも直視しなければならないのは、救世主待望が同時に、個人であれ集団であれ民族であれ、ひとたび反キリストとみなされれば、それに対する「選ばれし民」による激しい憎悪が、容易に殺戮をともなう、言語を絶する暴虐行為へと転化していったという、世界史としての歴史的現実である。

およそ集団や組織に暴力的要素が内包されていることは否定できまい。そしてそれらがひとたび信条や宗教によって義とされれば、暴力的行為は合理化され、しかもときに洪水、旱魃、飢饉、疫病、貧困など悪しき社会的条件が加われば、それによって力を得て、しばしば抑制がきかなくなることがある。こうしたことの世界史におけるひとつの事例として、十字軍の遠征を挙げることができるであろう。諸侯の正規軍のほか、まさに野盗の群れと言ってよい反社会的分子も加わった十字軍の遠征が、その当時、人びとの精神的支柱となるべき教会や聖職者に綱紀や規範の乱れが見られたこともあり、掠奪、拷問、強姦、殺戮、人肉嗜食など、言語を絶する暴虐行為をほしいままにした集団の遠征と化していったことは、悪しき歴史的現実として記憶されなければならないであろう。単に反キリストという理由で、ユダヤ民族、そしてイスラム教徒を、それこそ男も女も子どももすべて虐殺していったホロコーストが、果たして千年王国の実現を約束するものとなったのであろうか。血の贖いを要求する、報復および復讐が正義を導くのかという問いは、ギリシア悲劇をひとつの源流として、二一世紀に至った今日の世界においても、未だ解決されることのない人間実存の根源的課題として残されていると言ってもよいのかもしれない*16。

銃、鉄、病原菌、文字、馬などを分析のキー・ワードにして科学としての人類史を検証しているジャレド・ダイアモンドによれば、人類は小規模血縁集団のなかで暮らしている時代からつねに戦争を繰り返してきているが、戦争によって社会が併合されるようになったのは、ここ一万三〇〇〇年のことであるとされている。考古学的および歴史的記録によれば、社会は小規模血縁集団から大規模部族社会へ、そして首長社会から国家さらに帝国へと、主として外圧や征服など戦争を通して併合を繰り返してきている。そしてこのように社会が併合されてゆく過程で、戦争は重要な役割を果たしてきているが、そのばあい社会的集団の人口密度と戦争の結末との関係によって、敗者の運命が三通りに分かれるとされている。

狩猟採集民が暮らす地域のように、人口密度が低いところでは、たとえ戦争が起こっても、敗者が逃げてしまえば、それで戦争は終わってしまう。

食料生産を行なう部族集団が暮らす地域のように、人口密度が中程度のところでは、敗者を奴隷として使うほど広い土地もなく、税として収奪するほど余剰食料も生産されないため、勝者は女性を妻として連れ去り、男性を殺し、敗者の土地を占領することになる。

国家や首長社会が存在する地域のように、人口密度が高いところでは、余剰食料もあり、労働の分化も進んでいるため、勝者は敗者を奴隷として使うことができるし、そして敗者の自治を奪って政治的に併合し、食料や物品を税として納めさせることができるのである*17。いずれにしても、ある集団や組織がほかの集団や組織と衝突し、その結果、勝者が敗者を征服し、敗者を吸収するかもしくは消滅させるかが、人類史において際限もなく繰り返されてきた戦争の歴史でもある。

ところで、勝者が敗者の女性を妻や端女として連れ去るというギリシア悲劇といい、男の子は殺し、女の子は生かしておけと命じている『旧約聖書』といい、人口密度が中程度のところでは、男性は殺し、女性は妻として連れ去るという事例といい、わずか三例を引例したにすぎないが、古今東西にわたってさらに資料にあたってゆけば、同じような事例を数限りなく見出すことは容易であろう。その作業は措いて本章では、例外状況とはいえ戦争が非戦闘員にどのような意味を持つことになったのか、とりわけ女性に焦点を絞り少しく検討していってみたい。

第一章で『戦争の惨禍』などゴヤの版画集について言及したが、ナポレオンの率いるフランス軍によるスペインのサラゴーサ市への侵攻（一八〇八―一八〇九年）に対して、女性が大砲を撃つなど、市民は女性や子どもも含め勇敢に戦闘に参加したと報告されている＊18。そしてサラゴーサ市はナポレオン軍による侵攻に敗れはしたが、戦後あるフランス軍の将軍はつぎのように報告している。

サラゴーサの女たちのそれは、われわれに対する敵意のなかでももっともさかんなものであった。われわれを吹き飛ばすために大砲をぶっ放して来たものたちまでいたのだが、その彼女たちがまず最初に、われわれが彼らにもたらした禍を忘れてくれた。多くの若いアラゴン娘たちが、独立への愛を忘れてフランス人たちと結ばれ、軍のあとを追い、今日フランスの家庭を美しくするについて貢献をしてくれている。

堀田善衛は、フランス軍の将軍によるこの報告を引例し、「戦争、戦後、占領というものは、どこでも同じようなものなのであろうか。」と感想を述べている＊19。いかに武器が高度に精密化し、戦術や戦略など戦争の形態が変化していっても、基本的に戦争には大量の兵士の移動が伴う。そして戦争が終われば、戦勝国の駐留軍兵士と敗戦国の女性たちとの間では男女としての交際が始まり、しばしば恋愛さらに結婚へと発展してゆく。いずれ駐留も終わり、兵士が母国に帰るとき、敗戦国の女性たちなどは戦争花嫁として、国境を越えて夫の国へと移動してゆくことになるのである。

戦争花嫁

戦争花嫁という言葉が諸外国でいつ頃から使われるようになったのか詳しくはわからないが、少なくとも第二次世界大戦中、そして戦後、アメリカの同盟国、および戦争に敗れ占領された国のおよそ一〇〇万人の女性が、アメリカ兵（GI）はじめ駐留軍兵士と結婚し、それぞれの相手国へと渡り家庭生活を築いていったことで、むろん歴史を遡れば、少なくとも文献には第一次世界大戦以前から内外人の婚姻、つまり国際結婚は行なわれていたことが記されているとはいえ、ひろく一般に国際結婚（international and interracial marriage）、そして戦争花嫁（war bride）と言われるようになったのではなかろうか*20。

英国およびオーストラリアやニュージーランドなど英語圏諸国、ナチスの侵略から解放されたヨーロッパ、戦争に敗れ征服された極東など出身の、第二次世界大戦の戦争花嫁たちの証言集によれば、パラシュートの布地で結婚式のドレスを作ったり、軍で配給された食糧をためこんでケーキを焼いたりなど、多くの女性が満足した結婚生活、そして過ぎ去った時代の魅惑的で感動的な秘話を語っている一方で、なかには苦難な生活、カルチャー・ショック、さまざまな制約、役所の煩雑な手続き、人びとの偏狭な心、肉親の反対、そして折に触れて夫の暴力などを訴える女性もいる*21。

とりわけ日本では、戦争花嫁という言葉には「パンパン・ガール」という負のイメージがつきまとい、露骨な偏見と不当な差別にさらされた時期が続いたのである。敵国兵と結婚し、日本を裏切った女という、人びとの蔑視が心の深い傷としていつまでも消えずに残り、戦争花嫁という言葉それ自体に強く反発する女性が圧倒的に多いのもたしかである*22。じっさい私の限られた海外生活の体験ではあるが、アメリカおよびオーストラリアで知り合った日本女性の誰もが、戦争花嫁という言葉には良いイメージを抱いていないようであった。それだけにオーラル・ヒストリーでのインタビューを断わる女性がいてもなんら不思議ではないと思われる*23。

このように戦争花嫁という言葉それ自体に複雑な背景があり、その定義については慎重に検討してゆかなければならないが、少なくとも日本に限って言えば、第二次世界大戦での敗戦直後からサンフランシスコ対日講和条約締結（一九五一年）までに、いわば戦後日本の混乱期に義務教育を受け、国際関係の緊張によって一九六〇年以降、アメリカの社会状況が大きく変化していった時期、つまり一九五九年頃までにアメリカ兵と結婚してアメリカへ移住した日本女性という定義が通説とされている*24。

いずれにしても戦争花嫁に負のイメージを抱き、偏見の眼で見るのはけっして正しいとは思えない。それは、たとえば日系国際結婚親睦会会長のスタウト梅津和子も述べているように、戦争で日本の独身男性の多くが戦死し、適齢期を迎えた女性が日本人男性と結婚したくても容易ではなかった時代、自信を喪失していた敗戦国日本の男性と違い、駐留軍兵士は体格といいマナーといい、光り輝いて見えたこと、そして結婚して夫の国へ渡ってからも、なかにはすっかり俗っぽくアメリカナイズした女性もいて、戦争中に収容所で苦労した日系一世や二世の人たちに不快な思いをさせたことは否定できないとしても、その多くの女性は言葉と習慣の違いを乗り越え、つねに日本人としての誇りを持ち続け、日本を愛し、恥じることなく日本文化を伝え広め、草の根の親善大使として、日本と結婚相手国との間の架け橋となって生きていったからである*25。

俳句で戦争を詠む

俳句について私の知識は、高校時代に国語の授業で学んだ程度である。それでも後年、アメリカの高等学校およびオーストラリアの大学で教壇に立っていたとき、日本の俳句に興味や関心を持つ生徒や学生がきまっていて、よく質問されることがあったため、俳句の入門書や英訳書を何冊か日本から取り寄せては読み、それ以後ずっと今に至るまで、新聞の俳壇などには欠かさず眼を通すようにしてきた。

当時ある授業で芭蕉の俳句をいくつか取り上げたことがある。入門書を読んだ程度の知識ではあったが、俳句の第一歩は対象の客観描写に徹することであると述べたところ、つぎの一句で質問攻めにあい、冷や汗をかいたことを今でも憶えている。

閑かさや岩にしみ入る蝉の声

簡単な単語で短く三行で英訳することの困難さはさることながら、蝉の声がどうして岩にしみ入るのかという質問には、対象の客観描写に徹するといった程度の説明では理解してもらえるはずがなかった。そこで、わずか十七音で大きな静寂な世界像を表現している句を理解するには、単なる写生の域を超えて、十七音に込められた人間の情念（passion）を読み取ることが大事であり、そこにまた俳句の本質があるなどと、入門書の知識の受け売りであったが説明して、なんとか納得してもらうことになったのである。

帰国後、あらためて俳句について入門書や専門書を何冊か読み、少なくとも当時よりは私の俳句鑑賞力も増したのではないかと思っている。なかでも山本健吉の所論はとくに印象に残るものとなっている。それによると、俳句はある特殊な個人の特殊な対象にもとづく感動によって成立するとはいえ、宇宙の万象に対する的確な認識を理想としている。つまり、体験による直観的な真実の把握であるとしても、感情よりも思惟の力に多く訴えるものであり、その意味で俳句は哲学であり、悟りを謳うことでもある。そしてこのことは、なによりも俳句が情趣の芸術ではなく、「もの」の確実な拠り所に執着しつつ、認識即表現を完成しようとする、認識の芸術であることを証明していることにほかならず、十七音の固有の形式を通して思想に到達する手段であることを意味しているのである。そしてそうであるからこそ、俳句の本質は象徴詩ではなく、寓意詩であると結論づけることができる、と言うのである*26。

むろんここで山本健吉が言う哲学とは、概念による知の構築などいわゆる純粋哲学を意味するものではなく、俗に経験などを通して築き上げられた人生観や世界観のことであると思われる。それにしても俳句がすべて情趣ではなく認識の芸術であり、感情よりも思惟の力に多く訴えるものであるとはいえ、俳句の本質が読みにあり、解釈にあるとするならば、そこには主観の働きが大きく作用することになるであろう。たとえば、句会における選句の結果がなによりもこのことを物語ってはいないであろうか。それにまた、「わび」「さび」「花鳥風月」などを詠む伝統的俳句ではなく、いわゆる「恋愛俳句」や「エロティシズム俳句」についてはどのように解釈すればよいのであろうか＊27。この点で私は、きわめて初歩的な知識しか持ち合わせていないためであるとはいえ、山本健吉の所論を十分には理解できないのである。それにしても当時、私が山本健吉のこうした俳句論を読んでいて、その内容を正確に理解していれば、もう少し授業を興味あるものにすることができたであろうし、そして日本文化の理解にもいささかでも貢献できたかもしれないと、今にして思う。

ところで、俳句はなによりもひととしてその胸中を吐露する表現、つまり十七音に込められた人間の情念であり、そしてそれを読み取ることに俳句の本質があるとするならば、人間の情念が赤裸裸に表現される対象のひとつに戦争を挙げることができるであろう。すべてを破滅させる暴力が結局は許容されてしまう、例外的極限状況としての戦場という現実において、加害者は被害者でもあり、そして被害者は加害者でもある。しかも近代戦において戦闘員だけでなく、非戦闘員も意志に関係なく巻き込まれてしまう現実としての戦争は、かぎりなく人間の情念をかきたてるものとなるであろう。

『昭和20年8月15日を詠う　昭和万葉俳句前書集』と題される、九七〇頁に及ぶ分厚い文献がある。表題に記されているように、第二次世界大戦の戦没者の冥福を祈り編集された前書および俳句集である。総計で一万九四一に及ぶ投句から、国内編一七二九、戦場や植民地などとなった国外編二三九一、合計四一二〇句が選ばれ収載されている。一読いずれの句も、時代や状況をみごとに切り取った歴史資料と言ってよい。私に俳句の巧拙を論ずる能力も資格もないことは認めるとして、ここで本章の主題である戦争と女性に即して、男性による投句数に比べ、女性の投句の絶対数がきわめて少ないなかから、いくつか女性による句を選んで紹介してみたい。

米兵の貌短夜の夢覚むる
操守れと汗の銃剣渡される
暑き午後進駐兵に村怯ゆ
夏草や覚悟の薬にぎりしめ
敗戦を終戦という何ならん
占領の噂に乾飯急ぐ母
母の荷に短刀ひそむ敗戦日
劇薬で果てんと決める山の月
敗戦の落日かなし剃髪す
女には劇薬配らる敗戦日
御霊炎ゆ砲火に灼けし餓死の墓
終戦を待たずに餓死の兵四千*28

俳句としては、季語がない句もあり、さらに俳句形式の中心問題と言われている切字もほとんどの句になく、全体として質量感に乏しいなど、問題点を指摘することもできるであろうが、いずれの句にも戦争という例外状況におかれた女性の情念が表現されていて、それだけに戦争の現実をみごとに切り取っているように思われるのである*29。ただ率直な印象をあえて述べれば、女性の投句の絶対数が少ないこともあり仕方がないとは思うが、フランス軍にむかって武器を手にして戦ったスペインの女性たちの勇ましさに比べると、当時の日本女性がおかれていた社会状況からか、進駐軍に対して女性の操を守るため、たとえ他者から強いられたにせよ、自ら青酸カリや短刀で命を絶つという受け身の姿勢が目立って見られることである。それでもすでに第一章で触れたが、太平洋戦争がいかに理不尽で非情なものであったのか、以下に挙げる男性の投句とあわせ眼を通してゆくと、如実に物語っていると言ってもよいのではなかろうか。

終戦日阿修羅の果ての無言なる
飯盒に戦友の骨鳴り盆がくる
国敗れ爲れ放題の殺と奪
人魂か異国の螢か飢餓戦場
暑き日や遂に敗報飢餓の島
穴蔵に餓死を決め足る終戦日
飛散せる戦友の肉拾ふ終戦日＊30

「娼婦と呼ばれた俳人」鈴木しず子

日本の国民文芸と言ってよい、わずか十七音の短詩型である俳句を通して戦争の現実を見てゆくかぎり、敗戦直後、そして占領下の日本という激動の時代を鋭く切り取っている俳句として、「伝説の女性俳人」とも「娼婦と呼ばれた俳人」とも言われている、鈴木しづ子の俳句を取り上げなければならないであろう。

すでに第一章で森崎和江著『からゆきさん』について言及したが、「巷にはパンパンがあふれ」などと言っても、女性が時代を生きるとはそんな他界ごとではないのである。太平洋戦争そして敗戦という、日本人にとってもっとも過酷であった時代に、米兵相手の娼婦となった女性に石を投げる資格を誰が持っているると言うのであろうか。けっして好き好んで選んだ人生ではなかったはずである*31。敗戦後の荒廃した日本において、同じような境涯の女性がごくあたりまえの時代にあって、「句は私の生命でございます」と、処女句集『春雷』の「跋にかえて」で宣言し*32、俳句を支えに時代を生きた彼女であったからこそ、戦争に翻弄された女性の血を吐くような苦しみをわずか十七音の短詩型でみごとに表現し、時代の証言者になりえたのではなかろうか。

薔薇白く国際愛を得て棲めり
異つ国のことば学ぶや愛ゆゑに
夏の雲ゆく戦争花嫁といふことば
戦ひは吾らに厳し愛ぞ断つ
もくろみし異つ国行きや野は枯れぬ

彼女はいわば日記の代わりをするものとして、ときに季語や切字など俳句の必須要件を顧慮することなく、胸中に浮かぶ心情を十七音からなる俳句を表現形式として直截に吐露していったため、じつに多作である。彼女は、一九五二（昭和二七）年三月三〇日、第二句集『指環』刊行の出版記念会で「それでは皆さん、ごきげんよう。そして、さようなら」と挨拶して去ったあとも投句を続け、そして師の巨湫は自らの死の前年である一九六三（昭和三八）年一〇月号まで、彼女がじっさいに投句したかのようにその作品を断続的に掲載し続けていったが、事実は出版記念会が行なわれた一九五二（昭和二七）年、同年九月一五日付けの『樹海』への投稿句を最後に、消息を絶っているのである*33。

右に挙げた五句はいずれも出版記念会での別れの挨拶以後、『樹海』に投句された作品である*34。戦争花嫁という言葉は、その歴史的背景を追ってゆくと、ヨーロッパやアメリカなど国によって受けとられ方に多少の相違があり、日本では敗戦という屈辱的な事実が前提となって、複雑な社会的感情から、ややもすれば敵国の男性と結婚した女性という負のイメージがつねにつきまとっているが、この言葉はすでに新聞紙上では定着していて、たとえば「夏の雲ゆく戦争花嫁といふことば」の句が『樹海』に掲載された一九五二（昭和二七）年八・一〇月号のおよそ半年前、一九五二（昭和二七）年三月八日付の『毎日新聞』には、「海渡る戦争花嫁」という見出しで、幼い児を抱いた日本女性が夫の米兵と体を寄せ合ってアメリカへ向かって船出する写真とともに、戦争花嫁たちの記事が掲載されている。それだけに、想像の域を超えるものではないが、鈴木しず子が夢にまで見た国際結婚が実現しなかった無念の心情が、彼女の右に挙げた五句に吐露されているように思え、読んでいて切ない。

ここで鈴木しず子の略歴を記しておこう。

一九一九（大正八）年、東京の神田に生まれる。

一九四〇（昭和一五）年、専修製図学校を卒業後、製図工として岡本工作機械製作所に入社。

一九四一（昭和一六）年、社内の俳句部に参加。

一九四三（昭和一八）年、松村巨湫に師事。俳句結社『樹海』に入会。

一九四五（昭和二〇）年、終戦。東芝府中工場に転職。

一九四六（昭和二一）年、婚約者の戦死。第一句集『春雷』刊行。母親の死。

一九四八（昭和二三）年、同じ工場の年上社員と結婚（内縁関係）。『樹海』同人の年下の大学生とも恋愛関係。岐阜に転住。

一九四九（昭和二四）年、妊娠、堕胎、そして離婚。岐阜市のダンスホールでダンサーとして生計を立てる。
一九五〇（昭和二五）年、朝鮮戦争が勃発。岐阜の進駐軍兵士相手のナイトクラブなどでダンサーとして働く。前年もしくはこの年、米軍の黒人兵ケリー・クラッケ伍長（のち軍曹）と出合い、同棲。
一九五一（昭和二六）年、ケリー、朝鮮戦争で戦地へ。麻薬中毒者となり日本へ帰還。そしてアメリカのテキサスに帰国し、急死。
一九五二（昭和二七）年、第二句集『指環』刊行。出版記念会に出席し、別れの挨拶。そののち、消息を絶つ*35。

わずか十七音からなる俳句の構造から言っても、そして読む側の主観によって、しばしば俳句は作者の創造をはるかに超えて解釈されることがあるため、また俳句が、虚実をあわせ含めることによっていっそう豊穣に表現されることがあるため、俳句に歴史的現実の客観的表現を資料として求めることはむろん出来ないであろう。むしろ現実に触発された人間の情念の表現を読み取ることによって、対象となっている現実への理解をいっそう深めるものとなり、そこにまた日常の記録として俳句は意味を持つことにもなるのではあるまいか。

「句は私の生命でございます。」（第一句集『春雷』「跋にかえて」、昭和二一年刊行）という宣言から、「けっきょく自分は弱かった――人生というものに完全に負けてしまった。」（第二句集『指環』「跋」、昭和二七年刊行）という苦渋の言葉まで*36、わずか六年しか経過していないが、彼女の俳句の激しい変化に驚かざるをえない。第一句集『春雷』に掲載されている俳句が、全体として日常生活の心情を率直に詠んだものが多いのに対して、第二句集『指環』の俳句は、敗戦後に激変した彼女の境遇、そしてそれによる心の奥底の呻吟が、直截に表現されているものとなっているように思われるのである。

試みに本節の主題である戦争と女性に視点を定め、彼女の二つの句集に収録されている句を中心として、さらに『樹海』掲載句、および師の松村巨湫に送られてきた大量の投稿句からもいくつかの句を選び、できれば彼女の生涯のそれぞれの時期の句として整理し、時代背景なども考慮に入れながら少しく検討してみたい。

寒ともしわざに馴れたるひとの指
寒玉子うく徹宵の油の掌
青葉の日朝の点呼の列に入る
防諜と貼られ氷室へつづく廊
稲びかり油手あらふ江のほとり
暖房のおよばぬ隅に着更へする
鉄臭にそまりゆく指火にかざす
徹宵にのぞむ手袋はめにけり
雲ながれゼネストつづく熟れいちじく

太平洋戦争中、成年男子は学業を放棄し戦場に駆り出され、成年女子は工場などに勤労動員させられ、銃後の守りを強いられていた時代、軍需産業の岡本工作機械製作所に製図工として勤務していた頃の句である。

東京と生死をちかふ盛夏かな
炎天の葉智慧灼けり壕に佇つ

第一句は、一九四五（昭和二〇）年三月一〇日未明、米空軍の重爆撃機B-29による東京下町大空襲を皮切りに断続的に続いた、非戦闘員を対象とした無差別焼夷弾爆撃を詠んだ句であり*37、ちなみに彼女の実家も焼尽している。第二句は、一九四五（昭和二〇）年八月一五日、皇軍（日本軍）の無条件降伏を詠んだ句である。

以上に挙げた句はいずれも第一句集『春雷』に収録されている。すでに述べたように、第一句集には心情を淡々と謳った句が多い。ところが第二句集『指環』になると、激しい感情の起伏が直截に謳われている句が多く、彼女の身に一体なにが起こったのか、そのあまりの落差にしばしば驚かされざるを得ない。

情慾や乱雲とみにかたち変へ
ひらく寒木瓜浮気な自分におどろく
師を近く冬夜契りをなしにけり
ダンサーになろか凍夜の駅間歩く
肉感に浸りひたるや熟れ石榴
実石榴のかつと割れたる情痴かな
春雪の不貞の面で擲ち給へ
すでに恋ふたつありたる雪崩かな

ごく普通の製図工の少女が敗戦後の混乱期に経験した、婚約者の戦死、父親との不和、愛する母親の死、恋愛遍歴、妊娠、堕胎、離婚など、生活上の激しい変化に心身を苛まれながらも、不運にめげずに芯の強い行動力で生きぬいてゆこうとした、ひとりの女性の情念が俳句から伝わってくるように思える。

落暉美し身の係累を捨てにけり
寒の夜を壺砕け散る散らしけり
花吹雪岐阜へ来て棲むからだかな
暦日やみずから堕ちて向日葵黄
身の変転あかつきを降る春霞
遊び女としてのたつきや黄水仙
あはれ指紋すべての娼婦とられたり
ダンサーも娼婦のうちか雪解の葉
菊白し得たる代償ふところに
霙れけり人より貰ふ銭の額
春の燈やけふは少なき銭の額
春の燈や手にぞ馴れきし外貨幣
薔薇は濃し代償の額多きほど
検診の日にきて雪の深みけり
吹雪く外やわが血液は濃く採られ
ペニシリン液の臭み払ひつ雪を帰れり
娼婦またよきか熟れたる柿食うぶ
コスモスなどやさしく吹けば死ねないよ

夏みかん酢つぱしいまさら純潔など

東京を離れ、生きるためにダンサーとなり、いつしか娼婦に身を落し、そして「娼婦と呼ばれた俳人」として彼女の俳句は退廃的とも情痴的とも評されはするが、むしろ戦争に翻弄され、敗戦後の物質的窮乏、精神的飢餓のなかにあって、その日常生活における生身の人間の情念を虚飾なく俳句に謳い上げていったと考えられないであろうか。堕ちてゆかざるをえなかった人間の情念がみごとに表現されている、言葉の持つ凄みを感じざるをえない。

一九五六（昭和三一）年、売春防止法が公布される以前（一九五八年施行）、じっさい私は周辺で「パンパン・ガール」と噂されている女性を見かけているし、また当時、親子や兄弟、そして友だち同士の間の口喧嘩のときなど、よく「パンパンになってやる」といった捨て台詞を耳にするのがけっして珍しくなかった時代でもあった。戦争によってもたらされた荒廃と混乱が解消されていない時代にあって、ややもすれば世間から蔑視の眼で見られがちであった夜の社会で生きた人間の情念を、彼女のようにわずか十七音の短詩に謳い上げ、ひとつの時代を証明するものとなしえた女性はほかにいないのではなかろうか。

自棄にしてかくほどまでに明るむ月
堕ちてはいけない朽ち葉ばかりの鳳仙花
涕けば済むものか春星鋭くひとつ
雪の夜を泪みられて涕きにけり
風鈴や枕に伏してしくしく涕く
性悲し夜更けの蜘蛛を殺しけり

煙草の灰ふんわり落とす蟻の上
蟻の上にジュッと当てたる煙草の火

娼婦として生きるひとりの女性が身の不運にめげることなく、開き直って強く生きぬいてゆこうとする強い意志と、それにもかかわらずときに襲いかかる弱気の虫との葛藤、そしてときに自分より弱い生き物に対して抑えることができないまま発揮される残虐性などを赤裸に謳った句として、いずれも人間の業の虚飾なき表現と言ってよいのではあるまいか。

黒人と踊る手さきやさくら散る
花の夜や異国の兵と指睦び
吹雪く玻璃たがひ背ける黒人白人
火蛾の舞ひ人種異る手と手合はす
朝鮮へ書く梅雨の降り激ぎちけり
好きことの電報きたる天の河
黒人の妻たるべきか蚊遣火墜つ
還り来て得し病かな鳳仙花
雪粉粉麻薬に狂ふ漢の眼
一瞬や麻薬に犯れし眼と認む
霧深き中すでに汝は病者の眼
火絶え絶えやるせなきものケリーの眼

離るるや港よこはま霧深き街
さよならケリーそして近づく降誕祭
傲然と雪墜るケリーとなら死ねる
霧の洋渡り渡りきし訃報手に
急死なりと母なるひとの書乾く
菊さむしなきがらを見ぬ人の死へ
戦ゆゑに絶たれし愛や暁けの星

一九四八（昭和二三）年、岐阜に移り住み、ダンサーとして進駐軍兵士相手のナイトクラブで働いていた頃、黒人兵ケリーと知り合い同棲するも束の間、一九五一（昭和二六）年、ケリーは前年に始まった朝鮮戦争のため戦地へと向かったものの麻薬中毒になって帰還。時を経ずして母国アメリカへ帰国、そして急死。彼女の人生は生涯ではじめて味わった、愛する男性との生活から一転、いっきに破局へと向かって急いでしまったのである。戦場の残忍な現実から逃れるため、ヘロインなどの麻薬に手を出すアメリカ兵の証言など多く出版されているが*[38]、自分の愛する男性が体も精神もすっかり壊れて戦場から帰還してきた現実をじっさいに眼にして、しづ子の気持ちはいかばかりであったろうか、想像を超える。

死ぬべきときの薬ぞ箱ひそむ
秋立ちぬ情死希ひしことはむかし
雪はげし共に死すべく誓ひしこと
ひっそりと死なむコスモス地を匍ひ

郵便はがき

料金受取人払郵便

本郷局
承認

9249

差出有効期間
平成29年12月
31日まで

1 1 3 8 7 9 0

（受取人）

東京都文京区本郷 3-3-13
ウィークお茶の水２階

㈱芙蓉書房出版 行

ご購入書店

（　　　　　区市町村）

お求めの動機
1. 広告を見て（紙誌名　　　　　　　） 2. 書店で見て
3. 書評を見て（紙誌名　　　　　　　） 4. DM を見て
5. その他

■小社の最新図書目録をご希望ですか？（希望する　　しない）

■小社の今後の出版物についてのご希望をお書き下さい。

愛読者カード

ご購入ありがとうございました。ご意見をお聞かせ下さい。なお、ご記入頂いた個人情報については、小社刊行図書のご案内以外には使用致しません。

◎書名

◎お名前

年齢(　　　　歳)
ご職業

◎ご住所　〒

(TEL　　　　　　　　)

◎ご意見、ご感想

★小社図書注文書(このハガキをご利用下さい)

書名	円	冊
書名	円	冊

①書店経由希望 (指定書店名を記入して下さい) 書店　　　　店 (　　　　区市町村)	②直接送本希望 送料をご負担頂きます お買上金額合計(本体) 2500円まで……290円 5000円まで……340円 5001円以上……無料

ニッキ苦し生きることは最大悪
薊吹き死期が近づく筆の冴え

鈴木しづ子は、一九五二（昭和二七）年九月一五日付、師である松村巨湫への投句を最後に消息を絶ったが、八月二九日付および九月一五日付の右に挙げた句は、いずれも自死を想わせる句である。じっさい彼女は「前半生を了えてみてつくづく思うことは、けっきょく自分は弱かった――人生というものに完全に負けてしまった、ということ。」（第二句集『指環』「跋」）と述べ、そののち消息を絶ったのであるが、その後どのように生きていったのか誰にもわからず、今日まで不明のままである。国家間の私利私欲による政治的敵対が激しく激突する一時的な例外状況として、戦争は国家構成員としての国民一人ひとりの日常生活など一顧だにせず遂行されてゆくが、それだけに相つぐ戦争に翻弄され続けた彼女の人生は、個人の力をはるかに超えた国家を前にして自らの命を絶たざるをえなかった、ひとつの悲劇と解さなければならないのであろうか＊39。

二、占領下日本と女性

一九四五（昭和二〇）年八月一五日、日本はポツダム宣言を受諾して連合国に無条件降伏。同年八月三〇日、連合国最高司令官としてマッカーサー元帥が厚木飛行場に到着、以後ＧＨＱの最高権力者として日本の占領政策を統轄していった。

すでに第一章で言及したが、Ｅ・Ｈ・カーによれば、歴史とは解釈であり、過去の事実は歴史家の解釈を通してはじめて歴史の事実となり、この意味で歴史は、主観的な契機によってまとめられた客観的歴史の一断片と言ってもよい*40。そしてもしそうであるとするならば、たとえばニーチェが述べているように、歴史記述の精神が、力ある者がその記述から引き出す大きな衝動に存するかぎり、したがってときに過去が模倣に値するものとして記述されなければならないこともあるかぎり、過去はいくらかずらされて解釈しなおされる危険性が免れがたいことになるかもしれないのである*41。

個人には誰しも忘れたい記憶があるにちがいないのと同じに、国家にもできればあってほしくない記憶があるかもしれない。とはいえ国家においては、それが国家の威信にかかわる公的記憶であるかぎり、しばしば国家責任をめぐって激しい論争を呼ぶことになる。それだけに、歴史が過去と現在との間の対話であり、現在の視点からたえず過去と建設的に向き合う営為であるかぎり、過去の事実を直視しうる、なによりも強靭な精神を持たなければならないと言ってよいであろう*42。

一九四五(昭和二〇)年九月二日、横浜沖の戦艦ミズーリ号上で降伏文書の調印式が行なわれ、じっさいに征服者として、解放者として、改革者として、三つの顔を持つマッカーサーによって占領行政が遂行されてゆくことになった*43。

むろんそれに対して、日本の指導者層の対応に複雑な心理、そして多様な行動が見られたのは無理もないことであろう。そうした日本政府の浮足立った状況について、重光葵は手記でつぎのように述べている。

　操守のなき、自主性のなき日本民族は過去に於ても支那文明に、欧米文化に洗はれて漂流して居た。而して今日に於ては敵国の指導に甘んずるのみか、之に追随し之を歓迎し、マッカーサーは神様の様に扱はれる。其の態度は皇室から下庶民に至る迄仝様である。一体日本民族は所詮事大民族であって、自主独立の気魄もなく自尊心もなく、強者に追随して転々とする浮草の様な存在であるのであるか。

否、記者は決して左様には信じ得ない。如何に気持が変化しても如何に短見であっても、結局は日本民族三千年の歴史と伝統とが物を云ふ。必ずや日本人独特の自尊心が出て来ると思ふ*44。〔原文のまま〕

そして基本的には同じ精神を表明していると思えるが、大佛次郎は『東京新聞』に連載した（昭和二十年九月九日、十日、十一日）エッセイで、つぎのように述べている。参考までに、少し長いが引用しよう。

戦争はいろいろのものを破壊した。現在私どもはその焼跡に立っている。骨を拾い、灰をかきならしている。その毀れたり焼けたりしたものの中で、最も暗澹とした思いをさせたものは、建物の崩壊でも人命の毀傷でもない。明日に向って我々が新しく発足しようとしている今日私どもの身のまわりに生き残った同胞の一部が、どういう敗頽の色濃い浮腰振りを見せてくれたかと謂うことだ。道義さえ遂に云々せざるを得なくなったという不幸は、戦争には付きものであろうが、これが他所の国ではなく日本なのだと思うと、心が暗く、出来れば眼を閉じていたい思いに駆られるのである。列車の腰掛の布を剥ぎ取って行く不徳などは、まだ、ちいさい。横行した闇屋の行為にも、まだ陽の目を憚る愛嬌もあったし、他人の台所をうるおした陰徳もあった。慎むべき立場に在る人間の一部に依ってそれ以上のことが露骨に行われたと聞いては、これでは敗けた筈だと云う痛切な感慨とともに、癒し切れぬ憤りを感じるのみである。

これまで、日本人は神州清潔の民と自負して来た。これが民族の誇りだったし、光栄ある歴史の背髄だったのである。いや、現にそのはずなのである。日本の再建の門出にあたって、実に重大な教訓を得たことであった。苦り切って私は礼をいうのである*45。

それでは重光葵、そして大佛次郎が悲憤慷慨する敗戦国日本の屈辱的行為とはたとえば何なのか。このことに関しては高見順が日記でつぎのように記述している。


松坂屋の横に Oasis of Ginza と書いた派手な大看板が出ている。下にR・A・Aとある。Recreation & Amusement Association の略である。松坂屋の横の地下室に特殊慰安施設協会のキャバレーがあるのだ。

（中略）三階への降り口に「連合国軍隊ニ限ル」と貼紙があった。（中略）日本人入るべからずのキャバレーが日本人自らの手によって作られたものであるということは、特記に値する。

世界に一体こういう例があるのだろうか。占領軍のために被占領地の人間が自らいちはやく婦女子を集めて淫売屋を作るというような例が――*46。


ここで触れられているR・A・A（特殊慰安施設協会）について、元外務省・国際情報局長の孫崎享は自らの著書*47 のなかで、半藤一利著『昭和史』*48 の記述を読み、それが占領軍相手のいわば国家売春とも言うべき公設の慰安施設であることを知り、国家の中核をなす、治安分野の最高責任者である内務省の警備局長やのちの首相が、率先して占領軍のために慰安施設を作る国という国が歴史上あったであろうか、と驚いたことを率直に述べ、重光葵の手記を引例しながら、終戦直後にはまだ重光のような人物がわずかながら日本に存在していたが、今日の日本の政治家で重光のような矜持のある人物がいるであろうか、と慨嘆している。

それにしても終戦の日からわずか三日目の八月一八日、良家の子女を守る防波堤として、警視庁はやがて上陸してくる進駐軍のために公設の慰安施設を作ることを協議し、同じ日、内務省は各府県の長官あてに「外国軍駐屯地における慰安施設に関する内務省警保局長通達」という指令を出している。八月二六日、政府は業者と共同出資して、合計一億円を資金として株式会社R・A・Aを設置、そしてその設立声明書には、「同志結盟して信念の命ずる処に直往し、『昭和のお吉』幾千人かの人柱の上に、狂瀾を阻む防波堤を築き、民族の純潔を百年の彼方に護持培養すると共に戦後社会秩序の根本に、見えざる地下の柱たらんとす」と記されている*49。このようにして設立されることになった、世界史に例のない、いわば国家売春施設はもともとは元首相の近衛文麿が言い出したのであり、そしてこのとき政府の出資を認めた当時の大蔵省主計局長は、「一億円で純潔が守れるなら安いものだ」と言ったと伝えられている。

これを受け、ただちにR・A・Aは慰安婦募集を始めている。まず「新日本女性に告ぐ」と魅力的に呼びかけ、「年齢一八歳以上二五歳まで。宿舎、衣服、食料など全部支給」という好条件で、「戦後処理の国家的緊急施設の一端として、進駐軍慰安の大事業に参加する新日本女性の率先協力」を求めるという看板を銀座など街頭に出し*50、さらに「高給優遇」と明記して「職員事務員募集」の新聞広告も出している*51。

戦争が終わり空襲の恐怖から解放されたものの、衣食住すべてに事欠いていた敗戦直後の日本であったから、求める「新日本女性」がじつは進駐軍相手の接待婦であることを知らず、好条件の職員募集に応募者が殺到したのも無理はなかった。このようにしてR・A・Aは、八月二八日の進駐軍上陸までに多くの接待婦を集め、東京は大森の「小町園」を皮切りに各地に慰安施設を開設していったのであるが、集められた接待婦のほとんどが素人の女性であったため、性の生き地獄のなかで病気になったり、精神に異常をきたしたりして、なかにはボロ切れのようになって死んでいった女性もいたと報告されている*52。「防波堤とされ、人柱とされたのもまた女性であった」*53のである。

R・A・Aの設立そしてその業務遂行が、はたして国家売春と断定してよいのか疑義があるところではあるが、なぜ当時の指導者層は連合軍の進駐に対して性急に対応策を講じていったのであろうか。当時、近衛文麿の秘書官、そして東久邇内閣無任所大臣秘書官として国家権力の中枢近くにいた細川護貞は、一九四五（昭和二〇）年八月二六日の日記につぎのように記している。

暴風雨、為に敵の進駐は、四十八時間延長せり。神奈川県知事は、終戦の証書を拝するや、敵の進駐を恐れて、県庁の女子雇員に三月分の月給を与へて強制的に帰らしめ、解雇と危険防止の一石二鳥なりとて得意なりしも、是が為神奈川県下は、回覧板にて婦女子の強制疎開を命ずる等、非常の混乱を惹起せり。浅はかなる者の為せる業。（中略）政府への注意は、（中略）敵の進駐を恐れ、殊に食糧を全部強奪せられ、婦女子を強姦せらるゝものと、かん違ひしての恐怖、（中略）等なり＊54。

戦争と女性の問題に関して、すでにギリシア悲劇を引例し触れたが、古今東西いつの時代の戦争でも、占領軍兵士による女性の性に対する暴力はつきものであり、そのため戦争による女性の悲劇が跡を絶つことはありえない。殺し合いに馴れた兵士の荒廃した心は、進駐し占領した土地で、しばしば性の暴力となって爆発するからである。それにしても、敗戦国で占領軍兵士を目当てに慰安婦が街に出没することはあるであろうし、慰安施設が作られることもあるであろうとしても、国家の中枢機関が、一般婦女子の性の純潔を守り、そして民族の純血を保つ防波堤という名目で、率先して占領軍のために公的に慰安施設を作ったという例は歴史上かつてなかった＊55。それはまさに「勝者に女を差し出すという敗者のせっぱつまった知恵」＊56として、勝者である占領軍への、敗者である日本政府からの「贈物」＊57であり「貢物」であった、としか言い様がないのである*58。

じっさい戦争が終結し、多くの連合国軍将兵が日本に進駐することになったとき、心配すべきもっとも大きな問題となったのは、当時の神奈川県知事が述べているように*59、なによりも警備の問題であった。すでに軍隊がない日本で警備を担当するのは警察以外になく、それだけに連合国最高司令官のマッカーサー元帥が、部下の将兵を率いて厚木飛行場に日本進駐の記念すべき歴史的第一歩を印すことになり、そして進駐当初は横浜に駐留し、横浜が占領軍の中心基地になることが決まっていたとわかると、警備を担当する実働部署である神奈川県警察部に課せられた責任は重大なものとなった。じっさい当時の記録を詳細にわたって眼を通してゆくと、なにぶんにもはじめて敗戦を経験することになっただけに、日本政府および神奈川県知事を筆頭に、県や横浜、横須賀、川崎など県下主要都市の幹部職員、警察および消防などの関係者による事前準備および実際の活動には、ときに少し過剰かなと思えるほど、慎重かつ十分な配慮が感じられるのである*60。

そして警備の問題とともにもっとも大きな問題となったのが、いかにして善良な婦女子を守るか、ということであった*61。敗戦という未曽有の衝撃を受け、人びとの心に果てしのない疑心暗鬼が生じ、見るもの聞くものすべてを、連合国軍の進駐によって生ずるにちがいないと思えるさまざまな被害に結びつけ、不安と恐怖におののいたとしても無理はないのである。青年男子は去勢され、女子は強姦されるといった、戦争につきもののまことしやかな噂もさかんに飛び交っていた*62。そして「迎える日本側としても、長い中国との戦いを通じて勝利者がその占領地区でどのような行動をとるものであるかは、みずからの体験として十分心得ていた。治安当局や行政官庁が市民の外出を禁止し、特に婦女子の保護措置について頭を悩ませ、疎開命令を発したりしたのもそのためである。」*63

政府が占領軍兵士たちの性への飢餓感から一般の婦女子を守るための具体策として、進駐軍専用の特殊慰安施設を設けることを決定したのも、こうした背景を考えれば、風紀および治安維持のためにやむを得ない措置であったのであろう。全国都道府県は「内務省警保局長通達」の指令を受け、具体的な活動を始めてゆかざるをえなかった。最初に占領軍の進駐を受け入れることになった神奈川県は、R・A・A傘下の組織はなく、警察部保安課が全機能を挙げてこの問題に取り組んでゆくことになった*64。

つい数日前まで「鬼畜」と呼んでいた敵国の兵士を相手にするために、急遽集められた醜業に従事する女性たちを前にして、事態の急迫性と説得行為の矛盾に困惑しながらも、説得にあたらなければならない立場に立たされた警察の苦慮を、当時の横須賀警察署長はつぎのように述べている。

八月一七日、私は次席（略）と安浦の慰安所に行き彼女らの前に立ちました。〃昨日まではアメリカと戦えと言っていた私が、いま皆さんの前に立ってこんなことを言うのは全くたまらない気持ちです。戦争に負けたいま、ここに上陸してくる米兵の気持ちを皆さんの力でやわらげていただきたいのです。このことが敗戦後の日本の平和に寄与するものと考えていただき、そこに生甲斐を見出してもらいたいのです〃――私は話しているうちに胸がつまり、いくたびか言葉がきれました*65。〔原文のまま〕

それにしても、占領軍兵士たちの性を処理するために急遽集められた、その道ではいかに玄人の女性たちとはいえ、彼女たちを前にして、善良な婦女子を守るために犠牲になることに生き甲斐を見出してもらいたいと説得する警察署長の言行に、すでにこれまで言及してきた、権力者側の同じ姿勢を感じざるをえないのである。なによりもそれは、第一章においては、建物強制疎開を説得する、やはり同じく警察署長の証言であり、「神州不滅」などと根拠のない神話に頼り、生者の現実を無視し、政治がもたらした災殃を人びとに無理強いした、天皇制国家日本の政治文化であり、そして自らは安全圏にいる権力者が、ひとたびその安全圏への梯子を外されると、いかに責任を免れるために周章狼狽し、見苦しい態度を取るかであり、そして第二章においては、たとえば真珠湾攻撃におけるように、自らは安全圏に身を置きながら、名もなき一般人民を無視し、戦争を遂行してゆく支配階級の等質性であり、さらに第三章においては、マッカーサー元帥を神様のように神格化し、その指導に甘んじるのみか追随し歓迎する、浮足立った日本政府の態度である、と言ってもよいのではなかろうか。じっさいひとは、いかに例外状況にあるとはいえ、それほど容易に他者の身になれるものなのであろうか。自分にはまったく関係のない善良な婦女子のために、いかに汚れた体であるとはいえ、自らの性を差し出すよう求められるようなことがあってよいのであろうか。たとえ醜業に従事する身であるにしても、同じく「防波堤とされ、人柱とされた」＊66 女性であることに変わりはないのではあるまいか。

すでに引例したように、細川護貞は、連合国兵士の進駐を恐れるあまり神奈川県知事が講じた対応策を、「非常の混乱を惹起せり。浅はかなる者の為せる業。」＊67 として批判している。すなわち、政府が連合国軍の上陸を発表した八月二二日、神奈川県知事は急遽、警察署長会議を開催し、「民心動揺防止」策を指示するとともに、占領軍に対する注意と警戒を呼びかけるため回覧板二〇万枚を作成し、同日中に配布したのである＊68。たしかに占領軍の進駐に対して様々な風聞が伝えられ、県民や市民の間に不安と動揺が拡がっていたこともあり、なによりも警備および風紀の問題が焦眉の課題とされなければならなかったのである。けれども、たとえば横浜市のばあい、身の安全を守るために出された、婦女子への避難勧告ががえって予想以上の混乱を引き起こすことになったため、県や市当局は回覧板や新聞を通じて沈静を呼びかけることにもなったのである＊69。同じく川崎市でも、住民の不安と動揺を抑えるため、各町内会に占領軍に対する注意と警戒を呼びかける回覧板が配布され、たとえば中原警察署および川崎市役所の連名で、「昭和二十年九月　連合軍進駐地付近住民の心得について」という回覧板が、昭和二〇年九月八日付で出されている。その内容を部分的に紹介してみよう。

去ル八月二十八日以降、米軍ハ神奈川県下ニ逐次進駐中デ、現在迄ノ処一般ニ秩序正シク極メテ平穏デアリ彼我平和的雰囲気ノ中ニ事態ハ進行中デアルカラ、一般国民ハ不安動揺ヲナスコトハ絶対禁物デアル、（中略）

○（略）国民側ノ態度トシテ最モ重要ナルコトハ、彼等ノ不法行為ヲ誘発セザル様努メテ間隙ヲ見セナイコトガ大切デアル。即チ外国兵ト色色ナ事デ個人的ニ交渉シナケレバナラヌ場合ガ起ッテモ、町内会部落会隣組ハ皆ガ相戒メ相助ケ合ッテ、事故ノ未然防止ニ努力スル、（中略）

○各人ハ、成ルベク外国兵士ト接触シナイ様注意スルコト、又女子ハ服装ヲ正シクシ独リ歩キヤ夜間ノ外出ハセヌコト、家ヲ留守ニシ又婦女子ノミノ留守居ノ住家ハ、戸締ヲ厳重ニシ特ニ夜間ハ外部ヨリ中ガ見エヌ様ニスルコト、*70

（以下略）

回覧板の文書は、現在進駐中の米軍は「一般ニ秩序正シク極メテ平穏デアリ」、「平和的雰囲気ノ中ニ事態ハ進行」しているので、「国民ハ不安動揺ヲナスコトハ絶対禁物デアル」と述べながらも、具体的に七項目にわけて注意を促し、そのうちの五項目は生命、貞操および財産の防衛に関するもので、いかに米兵に対する恐怖心が強かったかがわかる*71。

それにしても、横浜市の資料によれば、敗戦からわずか半年の間に、市内各所に九万四〇九四人の占領軍兵士が進駐しているのである*72。それはまさに市中に占領軍兵士が溢れている状態であったと言ってもよかろう。そのため「唯極メテ一部外国兵士命令不徹底又ハ好奇心出来心等カラ若干事故モアリ」*73

と記されているのも無理はないのかもしれない。じっさい神奈川県警察史の資料によれば、占領軍兵士たちが進駐した八月三〇日の当日、早くも憂慮すべき不法事件がいくつか起こっているのである。それはたとえば、米兵のひとりが警備のために配置されていた警察官に自動小銃を突きつけ、サーベル、警察手帳、肩章などをむしりとった事件。米兵二名が一般家庭に侵入し、三六歳の母と一七歳の娘に拳銃を突きつけ強姦、そしてこの犯行が内務省警保局へ報告された、進駐軍兵士による不法行為の第一報となったこと。やはり警備の任にあたっていた警察官が米兵に帯剣を強奪された事件。同じく一般家庭でひとりで留守居番をしていた三四歳の女中（お手伝いさん）を、米兵二人が侵入して輪姦した事件。そして検問所で警戒中の警察官に向かって米兵が発砲した事件、などが記録として残されている*74。

ところで最初に進駐軍兵士を受け入れることになった神奈川県当局は、「内務省警保局長通達」を受け、進駐軍兵士との摩擦を避けるため、一般市民を対象とする施設とは別に、進駐軍兵士のみを対象とする慰安施設を、まず横浜および横須賀を中心として県下各進駐地域周辺に、進駐当日までに間に合うよう急いで設営する旨、県内各関係警察署長に指示したのである。そしてじっさい、前述した安浦の慰安所とは別に、一般婦女子を兵士の乱暴から守るため、やはり売春経験者の女性八〇人を急いで寄せ集め、横浜市中区の古いアパート互楽荘に待機させている。進駐後、アパートには何千人という兵士が列をなし、そして女性の奪い合いで兵士同士の喧嘩も絶えず、日本の警察官ではとうてい収拾がつかなかったため、一週間で閉鎖されることになった、という記録も残されている。とはいえ、いわば米軍の餌食の舞台となった互楽荘のほかに、占領軍兵士の増加にともない、一九四五年九月末には、県下で二三ヵ所の慰安施設ができているのである*75。いずれにしても、永井荷風が日記に記しているように、「畢竟戦争の犠牲となるものは平和をよろこぶ良民のみ。浩歎に絶えざるなり。」*76 の文言で、敗戦時日本の動揺と混乱がほぼ言い尽くされているのではなかろうか。

日記といえば徳川夢声が、すでに第一章で取り上げた『夢声戦争日記　抄――敗戦の記――』で、「女性の一つの特性として、異人種に興味を持つもの。（略）時と場合によっては、クーパー（ゲイリー・クーパー〔筆者注、以下同じ〕）の如き、パワー（タイロン・パワー）の如き、ゲーブル（クラーク・ゲーブル）の如き男に、情交を迫らるるもまた、宜しからずやなど、思わざるや否や？（略）ヤンキー相手の悲劇と喜劇、これより日本本土に充満するならん。」*77 と、興味ある指摘をしている。一九四六（昭和二一）年一月二一日、「日本における公娼廃止に関する連合国軍最高司令官覚書」が出され、そして同年三月、占領軍と慰安婦の性病罹患率が高くなったこともあり、R・A・Aはじめすべての慰安所への占領軍兵士の立ち入りが禁止されることになったが、その当時の新聞をいくつか拾い読みしても、じっさい夜の女を検挙してみると、いわゆる商売女ではなく、ほとんどが恋愛的な気分で兵士たちに近付いていった、大部分が高女卒の一般家庭の娘であると、警視庁によって報告されている*78。

善良な良家の子女が、占領軍兵士によって性の犠牲となることを防ぐための防波堤として、敗戦後ただちに占領軍専用の慰安施設の設立を決定した、政府はじめ各府県行政当局の不安や心配をよそに、「街娼とは異なった良家の子女らしい服装と化粧をした美しい娘たちが、」「銀座で若い兵と手をにぎり合って歩いている」*79 のである。女性が異文化を体ごと取り入れる能力は生来のものらしく、敗戦で自信を喪失した日本の男性と異なり、女性はいちはやく「戦後」に飛び込んでいったのである。それになによりも異性として、占領軍兵士は当時の日本の男性と比べ、「かっこよく」光り輝いて見えたのであり、食べ物もろくになかった時代、食料品を詰め込んだ大きな紙袋をかかえたアメリカ兵の腕にすがりついて、ＰＸから得意気に出てくる一般家庭の子女の姿は日常的なものでもあった*80。

たとえばＰＸはPost Exchangeの略で、アメリカ軍専用施設の売店であるが、東京では銀座四丁目交差点の服部時計店、一年後には松屋デパートも接収されＰＸとして開店、そして横浜では伊勢佐木町にあった野沢屋デパートがＰＸとして接収されている。敗戦後、アメリカを中心とする連合国軍が日本各地を占領したが、首都東京、そして隣県神奈川の横浜および横須賀は占領軍の拠点として、めぼしい建物および土地のほとんどが接収されたのである。まず日本占領の要として、ＧＨＱ（占領軍総司令部）がはじめ横浜のホテル・ニューグランドに、そしてしばらくして東京に移り第一生命ビルに置かれた。占領軍が接収した建物および土地は、米軍の司令部や各部局専用のオフィス、米軍専用の病院、将校宿舎、女子将校や婦人部隊専用宿舎、米軍家族住宅、将校や兵士専用のクラブ、そして劇場、野球場、スポーツ・クラブ、キャバレー、ダンス・ホールなど慰安および娯楽施設として利用されていったのである*81。とりわけ東京都内および近郊に散在する、めぼしい洋館の個人邸宅も、司令部の将官および高位の軍属用にＵＳハウス（US House）として接収され、その当時の写真、たとえば着物姿の日本人女性の使用人が給仕している将校一家の夕食の風景、広い洋間での将校一家の夕食後の団欒風景、畳敷きの和室で靴を履いたままの将校夫人の立ち姿などを見ると、勝者の論理が思いのまま現実に実行されているのが伺えると言ってもよいであろう*82。

とはいえ一方、占領軍に接収された各施設では、そこで働く女性の労働力がなによりも必要とされたのである。ＰＸの売り子、クラブのクローク係、ホテルのメイド、ハウス・メイド、タイピスト、事務員、秘書、看護婦、ダンサー、雑用係など、女性の雇用はいっきに増えていった。その結果、長年にわたって社会や家庭のなかで抑圧され続けてきた日本の女性たちにとって、敗戦は社会の変革を求める絶好の機会となったのである。それに征服者として、解放者として、改革者として、マッカーサーは日本占領にあたり民主改革を推進するために、憲法の自由主義化、および国民の基本的人権と政治的自由を保障する五大改革――①選挙権を与えることによる婦人解放、②労働組合結成の奨励、③より自由な教育の制度化、④秘密警察制度の廃止、⑤経済機構の民主化、――を要望し、そのさいなによりも女性の解放と参政権の賦与を改革の第一に挙げているのである＊83。まさに女性が、敗戦で自信を喪失した男性を尻目に、体ごと戦後社会に飛び込んでゆくことができた環境が整えられていったのである。

じっさいその頃の写真を見ると、総じて暗い顔をして押し黙っている男性と比べ、たとえばＰＸの売場で米兵と談笑している女性、着物姿で米兵に愛嬌を振りまいている女性、そしてダンス・ホールで米兵と楽しそうに踊っている女性など、いずれも女性の多くがじつに生き生きとしているのである＊84。それはまた、たとえばジョン・ダワーが、当時の日本の社会状況の隅々にまで温かい観察の眼を注ぎ、支配層や富裕層の人たちばかりでなく、男も女も子どもも含めごく普通の庶民が、社会および自己の変革を求めて「敗北の文化」を「抱きしめて」いった、「敗戦にたいして日本人がみせた多様で、エネルギッシュで、矛盾に満ちた、すばらしい反応を」、写真やポスターやイラストなども例示して、表現豊かに描写している姿でもあったのである＊85。

けれども占領政策で日本の封建制度が打破され、女性に参政権が与えられて男女平等になり、女性の地位が大きく変わっていったとはいえ、その反面、占領軍相手の売春婦、戦争未亡人、多くの適齢期の男性の戦死で結婚相手を失った未婚女性など、女性が抱えた問題も深刻なものであった。

こうした敗戦後の状況のなかで、たしかに多くの女性が占領軍の将兵と接する機会が増えていったが、それはごく普通の家庭の子女に限られることなく、たとえば「占領下の鹿鳴館時代」とも呼ばれたように、占領軍高官相手の接待外交のパーティーなどで活躍する、旧華族出身の女性や、支配層および富裕層の女性にもひろく機会が与えられていたのである。なかでも楢橋パーティーは、ＧＨＱ高官と不倫の恋に陥った旧子爵夫人のエピソードでもひろく知られているが、良家の夫人や令嬢や女優などがパーティー外交の前面で活躍する舞台裏で、占領軍高官のご機嫌とりや情報収集など、それぞれの思惑で暗躍する政治家、官僚、実業家など要人の姿があった。

一方それに対して、「マダム篠田の家」で知られる横浜山手のサロンは、進駐軍の第一次占領地区となった神奈川県横浜市に、楢橋パーティーなどが発足する以前、マッカーサーが日本に上陸してからわずか二週間後にいちはやく生まれ、その美貌と社交的才能に恵まれた女主人公のマダム篠田に魅せられて集まってきた占領軍の高級将校たちを相手に、まさにマダム篠田は、絶大な権力によって占領行政を遂行してゆく占領軍と、それへの対応に苦慮する日本政府や地方自治体との間に入って、一種の水先案内人としての役割を担い、側面から占領軍統治の円滑な運営に少なからぬ貢献を果たし、その意味で日本で敗戦後よく「戦後、女と靴下が強くなった」と言われたが、その強くなった女性の元祖のように、異彩を放った存在でもあったのである*86。

占領軍最高司令官としてマッカーサー元帥は、占領政策の執行という崇高な権限が自分にあると確信して遺憾なく指導者性を発揮し、五大改革に代表される民主改革を推進していったが、とりわけ農地改革と婦人解放には強い関心を抱いていたと言われている*87。マッカーサーは回顧録で、「婦人が家庭での地位を犠牲にすることなく、急速に社会問題に影響力を発揮しはじめたことは、日本歴史を通じてのまことに大きい出来事である。かつて法の下にほとんど個性を認められず、ただ伝統的な家庭での仕事にしばりつけられていた日本の婦人は、いまや政治の動向に対する主権者としての責任を男子と平等に担っている。これほど高遠で劇的な変化は、他に類がない。」*88と述べ、「占領軍が日本でおこなった改革の中で、この婦人の地位の向上ほど私にとって心あたたまる出来事はなかった。」*89と述懐している。

それにしても占領軍最高司令官としてマッカーサーは毀誉褒貶相半ばする人物として知られているが*90、かれの強烈な自負心はその回顧録においても遺憾なく表明されているのである。亡くなる三年ほど前から執筆に取りかかったという回顧録は、高齢のためか勘違いや不正確な個所がかなりあると指摘されてもいるが、じっさい読み進めてゆくと、誇張と自己正当化が目立ち、自画自賛の印象を受けるのは否めない。

とりわけ日本における婦人の地位の向上については、思い入れが強かっただけに、かれがその成果に対して十分な満足感を抱いていることが伺えるのである*91。

もっともマッカーサーは上院の軍事・外交合同委員会で、日本と同じ敗戦国であるドイツ人が、アングロ・サクソンと同じくらい成熟した民族であると認めながら、「現代文明をもって測定するなら、われわれの四十五歳の年齢と比べると、日本人は十二歳の少年のようなものである」*92と述べたことでも知られているが、かれのこうした発言にも伺えるように、白人優越主義という人種への意識が、占領政策の遂行の根底にあったと思われなくもないのである。ジョン・ダワーも指摘しているように、マッカーサーという征服者に捧げた日本人の畏敬と賞讃と尊敬の念は、征服者が白人のアメリカ人であったからという人種問題に深くかかわっているのであり、じっさい占領下日本でマッカーサー司令部は、日本のすべてのメディアに公然たる検閲を行ない、情報管制を徹底化し、いっさいの批判を受け付けることなく、いわば拘束された民主主義を遂行していったのである*93。

ところでジョン・ガンサーによれば、マッカーサーはいくつかの帽子を被っているとされている。すなわち、連合国の総司令官、アメリカ極東軍最高司令官、アメリカ極東陸軍司令官、国連軍の司令官、そして国家元首ではないが、国家元首としてのいくつかの権限を行使する、いわば日本国家の一種のお守り役という帽子である*94。そして別の研究書では、占領軍に敗者からの贈物として慰安婦を提供しようとした日本政府の行動に対し、マッカーサーが健康な若者である兵士に性を禁ずるのは自然に反すると、性に対して理解を示す一方で、行き過ぎた性の解放に直面して、売春を抑圧し、将兵を性病から守らなければならないという、占領（連合国）軍最高司令官に求められている責任、こうした矛盾する二つの立場が、やはりマッカーサーが被らなければならない「二つの帽子」として表現されている*95。

戦争は憎しみを生み、平和は人間愛、なかんずく男女間の愛を生むと言われている。じっさい戦時中、

「いざ来い　ニミッツ　マッカーサー、出て来りゃ　地獄へ逆落とし」[96]とまで歌われた、「鬼畜米英」の憎き代表としてのマッカーサーが、敗戦、そして軍事占領に直面した日本国民から、およそ五〇万通もの熱烈な投書が寄せられた、「慈悲深い」敬愛する元帥閣下になったのは、そのひとつの好例とも言えるであろう[97]。

すでに言及したように、占領軍最高司令官としてマッカーサーは、なによりも婦人解放に熱意を示したと言われているが、それだけに戦争による長い抑圧から解放され、平和進駐した占領軍将兵にも、またかれらを受け入れた日本の女性にも、その反動からときに規律の欠如、自由の履き違えが目立ったのは誤算であったかもしれない。じっさい進駐軍兵士による強姦、掠奪、暴行など眼にあまる横暴、そして日本女性を相手に性の行き過ぎなど、しばしば公に報道されるところともなったのである[98]。

日本で民主主義を確立するには、なによりも婦人の解放が不可欠であると唱道するマッカーサーの高邁な理想は、じっさい性の解放という現実を前にして揺れ動いてゆかざるをえなかったのである。たとえば、「征服者への接待」[99]として日本政府によって設けられた、公的売春制度である特殊慰安施設協会（Ｒ・Ａ・Ａ）については、ジョン・ダワー[100]、マーク・ゲイン[101]、セオドア・コーエン[102]など外国人の眼を通して、批判的かつ皮肉に取り上げられているが、なかでもジョン・ダワーは、占領下日本の混乱と絶望の虚脱状態のなかで、売春、闇市、カストリ文化の三つのサブカルチャーが互いに重なり合って敗北の文化を形成していったと指摘し、占領軍兵士を歓迎して抱きしめる売春婦の世界を、Ｒ・Ａ・Ａの設立経緯や実態に触れながら、具体的にかなり詳しく紹介している。

とはいえＲ・Ａ・Ａは、開設されてから一年も経たずに廃止に追い込まれている。このＲ・Ａ・Ａに関しては、本国のアメリカ政府も正確な情報を把握していたようである。さらにＲ・Ａ・Ａの施設がある建物の外で長い列を作って順番を待っている米兵、ゲイシャとジルバを踊る米兵、そして日本娘との濃厚な交歓に興ずる米兵などのニュース写真が、本国アメリカで新聞に掲載されると、夫や息子の帰国を待つ妻や母親たちは大きな衝撃を受け、婦人団体や宗教団体や地方政治家などを通してGHQに対して抗議活動を行なうことにもなった。そしてなによりもR・A・Aを廃止に追い込んだ決定的な理由となったのが、占領軍内部における性病の蔓延であった。R・A・Aの女性の九〇パーセントが性病検査で陽性となり、日本へ進駐した占領軍第八軍のうち部隊によっては、兵士の七〇パーセントが梅毒、五〇パーセントが淋病に感染していると報告されている*103。それに、もともとR・A・A自体が、政府の肝煎りで緊急に設立された各業界寄合い世帯の組織でもあったため、自浄能力やその責任を期待すべくもなかったのである*104。

GHQにはワシントンから米兵の風紀に関する苦情がたびたび寄せられるようになり、GHQとしても日本の売春制度の検討をせざるをえなくなった。その結果、GHQは日本政府に対して公娼廃止の準備をするよう要求し、一九四六（昭和二一）年一月二一日、日本における公娼の存続はデモクラシーの理想に違反し、かつすべての国民において個人の自由発達に相反するものであるとして、「日本に於ける公娼廃止に関する件」の覚書を発したのである。これに基づきR・A・Aは、同年三月にはすべての占領軍用慰安所を閉鎖したが、最盛時におよそ七万人、閉鎖時におよそ五万五千人いたR・A・Aの女性たちは、解散によって退職金もなく追い出されてしまったのである*105。

むろん公的売春制度の終わりは、売春そのものの終わりを意味しはしない。むしろ売春はより密かに行なわれるようになっただけである。占領軍兵士たちは日本人向けの慰安施設に出入りすることができたし、そしてR・A・Aの女性たちも多くが、街娼やパンパンやオンリーや赤線の女など、いわゆる私娼として生きぬいてゆかざるをえなかったのである。それだけに、裸電球が点った、ある慰安施設の外に立ち、施設の壁に掛けられた星条旗の前で、両腕を高く上げバンザイをして公娼廃止を喜ぶものの、なんら将来の保証もない吉原の娼妓たちの写真*106、そしてR・A・Aによる「新日本女性」募集の広告につられ、お国に奉仕するために集まった素人の女性たちの証言、なかにはR・A・Aに入ってはじめて働いた初日に、二三人の米兵の相手をさせられた素人の女性もいて、そうでなくても推定によれば、R・A・Aの女性は一日に一五人から六〇人も米兵の相手を強いられ、精神に異常をきたしたり、自殺に追い込まれた女性もいたという驚くべき証言などもあり、残されている記録に接するだけでも、なんとも不憫に思わざるをえないのである*107。

ともあれ男女間の本能的な愛慾の表現である性愛行為が、一片の覚書や通達でなくなるはずもない。それだけにマッカーサーは、米軍将兵の性道徳の乱れには頭を痛め、「日本婦人との醜交を戒む」として、米国将兵の自重を要望する書翰を従軍牧師に送っている。それによると、「余は占領軍将兵がいかゞはしい性質の日本婦人と出たらめな交際を續けてゐるとの報道に深い遺憾の情を表はした手紙を米の家庭から受け取った。」とはいえ将兵の性に関しては、「軍事史を通じて例外なく占領軍が當面せねばならなかった問題」であり、それゆえいたずらに「日本人との一切の社交に対する禁止令を発しても無駄であり、また個性を重んずる米軍将兵に強制しても出來ない」だけに、「軍隊の根底に横たはる道義力が弱化しない様、占領軍隊の道義心を強力且つ直接的に指導せねばならない」ことは、「部隊指揮官と密接に協力しつゝある従軍牧師の責任である」として、占領軍将兵の風紀の問題に対処するため、従軍牧師にさらなる協力を求めている*108。

連合国軍総司令部による公娼廃止令は、一九四六年一月二五日付の新聞紙上でも報道されているが*109、その後もいっこうに占領軍将兵の風紀の問題は解決される見通しのないまま、同年四月二日には、前述の書翰が従軍牧師宛に送られ*110、そして同年五月一日には、「進駐軍相手の桃色交驩、犯せば日本人も厳罰」という告示が発せられ*111、さらに翌一九四七年一月二四日には、この部門でマッカーサーを支えてきた、ＧＨＱ公衆衛生福祉局長Ｃ・Ｆ・サムス大佐（のち准将）が、街の女をなくすため、若い女性の更生に関して民間団体に協力を求める談話を発表している*112。

ところでアメリカ側の資料では、日本占領（The Allied Occupation of Japan, or The Allied Control of Japan）は、その対象が「日本本土」、そして期間が「一九四五年〜一九五二年」とされている。とはいえ日本占領をもっと広くトータルに解釈するならば、一九七二年に沖縄が返還されたものの、北方領土問題がまだ解決されていないかぎり、戦後七〇年が経過する今日でも、日本占領はまだ完全には終わっていないとする見解もある*113。そして、たとえば“Occupation Forces in Tokyo, 1945-52”は、文字通り日本語に訳せば、「占領軍と東京、一九四五〜五二年」、もしくは「占領下の東京、一九四五〜五二年」となるのに、なぜか「占領軍」を「進駐軍」と、そして「敗戦」を「終戦」と言い換え、まるで太平洋戦争が無事に終了したかのような印象を与え、しかも当時の国家指導者たちは、戦争責任の問題に真剣に立ち向かうことを回避し、「全国民の総懺悔」という単に言葉のレトリックによって、きわめて曖昧で無責任な形で戦争を解消しようとしたのは、まさに日本固有の政治風土のしからしめるところと言ってよいのかもしれない*114。

すでに述べたように、日本にとって敗戦、そして被占領は初めての経験であっただけに、占領軍の日本進駐に対して人びとの不安には計り知れないものがあり、それだけに政府、各自治体、警察、消防など各関係機関の対策には過剰なほどの配慮がなされていたのである。とはいえ、懸念された進駐軍兵士による婦女暴行や略奪や窃盗など不法事件は現実に発生し、とりわけ婦女暴行事件に関しては、被害を受けた女性の痛ましい事例が数多く記録として残されているが*115、総じて言えば、占領行政を担当したアメリカ側の文官たちや軍人の努力、それに受け入れ側の日本の関係各機関の十分な事前準備もあり、進駐前に伝えられていた風聞、たとえば占領軍は「恐ろしい獣」といったイメージも進駐直後には払拭され、婦女暴行などの犯罪も予想に反して意外に少なく、むしろ好感をもって占領軍を受け入れるようになったと言ってよいであろう。それになによりもGHQによる占領行政下、占領軍には軍律の厳しさが求められ、そして友愛関係（fraternization）推進政策が採られていったこともあり、占領者と被占領者との間には緊張の緩和がもたらされ、友好協力関係が維持されていったのである*116。

一九五八（昭和三三）年、売春防止法が実施され、敗戦後R・A・Aに始まる国家公認の売春時代は終わったとはいえ、むろん私的売春までもがなくなったわけではない。それは今日まで綿々と密かに続いている。戦争や占領に関係なく、そして人種にも関係なく、いかなる状況にあっても出合いがあれば、男女の間、つまり占領軍将兵と被占領国の女性との間には恋が芽生える。ましてや占領行政の一環としてフラタニゼーション（友愛関係）政策が推進されていったこともあり、その副産物として、占領軍将兵と日本人女性との間に生まれた混血児、そして占領軍将兵と結ばれ、夫の帰国によって故国日本を後にした戦争花嫁の問題が生じたのも、いわば当然のことと言ってよいのかもしれない。

占領の落とし児として残された混血児たちには、日米それぞれの政府ではなく、民間人が手を差し延べていったのである。米軍施設が多くあった神奈川県では、激増した捨て子の混血児を養育するため、一九四六（昭和二一）年、横浜山手に「聖母愛児園」が設けられ、さらに初代国連大使夫人の沢田美喜が私財を投じて、一九四八（昭和二三）年、大磯に「エリザベス・サンダース・ホーム」を設立している。その多くが外国人の父親に認知されることはなく、そして日本人からも例外なく白眼視された混血児の問題は、占領が生んだ悲哀の物語のひとつと言ってもよいであろう。そして戦争花嫁たちに関しても、彼女たちのほとんどが幸せに胸をふくらませて故国を後に海を渡っていったのであるが、これまでに公表されてきた数多くの記録や資料に眼を通してゆくかぎり、その後の人生はまさに悲喜こもごも、いまや国際結婚がなんら珍しいものではなくなっただけに、やはり敗戦そして占領の残像を、彼女たちの人生それぞれに感じざるをえないのである*117。

三、海を渡った戦争花嫁

敵対するそれぞれの国が対戦相手国に対する人びとの無知につけいり、人種主義、および相手国への敵意や憎悪を継続して煽動してゆけば、容易に人種偏見が生まれる。ひとつにはこうしたことが日米摩擦の底流となって、太平洋戦争を導いてゆくことになったと言ってもよいであろう。一方で殺人、略奪、暴行などに対する恐怖や不安、他方で陰惨な敵意や憎悪などが予想されながら、占領軍による進駐が始まったのである*118。

それだけに、占領軍の友愛関係推進政策の効果もあってか、占領米軍の兵士たちの態度や行動が一般的に言って良好であり、かれらが日本列島の隅々にまで陽気にこだわりなく入ってゆき、煙草やキャンディやチューインガムを日本の大人や子どもたちに与えたことで、日米間の緊張や不安が解消するとともに、いっそう友好関係が深まっていったと言ってもよいであろう。とりわけ日本の若い未婚の女性たちは、日本の男性と異なり、占領軍の将兵が示す紳士的で親切な振舞いや好意に応えていったのである。そして戦場で長い間、女性に接していなかった占領軍の将兵たちにとっても、小柄で、華奢で、優雅で、やさしい日本女性たちの友好的な素振りは魅力的なものに感じられ、恋が芽生えるのにさほど時間はかからなかったのである*119。

日本の若い未婚の女性たちと言っても、一般家庭出身の女性はもちろんのこと、高学歴で良家の出の女性、そしてなかには本気で事務員になれると思って入った、R・A・A（特殊慰安施設協会）出身の女性もいたようであるが*120、多くは占領軍関係の施設で働き、将兵たちと出合ったムース（日本娘）たちであった*121。そして恋の相手の占領軍将兵が除隊となり帰国することになると、日本娘（ムース）との関係も終息するかりそめの恋がほとんどであったが、恋人となったムースと結婚してアメリカへ連れて帰りたいと真剣に希望するアメリカ兵（GI）も大勢いたのである。

けれども一九二四年の移民法、いわゆる「排日移民法」によって、日本人は永住目的でアメリカへ入国することは禁止されていた。同法によれば、帰化資格のある者だけが移住者としてアメリカへ入国することができるとされていたが、日本人女性はかりに米軍将兵の妻になっても、帰化不能外国人とみなされたため、ムースたちをアメリカへ連れ帰ることは認められなかったのである。

この法律の壁に立ち向かっていったのが、米軍将兵およびムースたちの国際結婚を望む熱意であった。そして日系アメリカ人市民協会（JACL）も新たな法律の制定をめざして、アメリカ議会で活発に支援活動を行なっていった結果、一九四六（昭和二一）年六月二九日、議会は「外国人である婚約者またはアメリカ軍兵士の婚約者のアメリカ入国を可能にする」ことを目的とした公法四七一号、通称GI婚約者法（G.I. Fiancées of Act of 1946）を承認したのである。同法案によって、第二次世界大戦に従軍したGIの外国人婚約者は、結婚の意図をきちんと証明するものを日本駐在のアメリカ領事に提示すれば、三ヵ月の期間にかぎり、移住を目的としない一時的訪問者としてアメリカへの入国が認められる訪問者ビザをもらうことができるようになり、そして入国後三ヵ月以内に法的に有効な結婚手続きをすれば、永住外国人としてアメリカに住むことが認められることになった。このGI婚約者法は、時限立法であったため、最初は一九四八（昭和二三）年一二月三一日で有効期間が切れることになっていたが、GIたちの強い要望で、一九四九（昭和二四）年四月一日にまで延期され、そして一九五〇（昭和二五）年八月一九日にはさらに緩和され、一九五二（昭和二七）年三月一九日以前に結婚したばあいに限り、米軍在勤者の配偶者と未成年の子どもであれば、人種に関係なく割当て外としてアメリカへ入国し、永住することが認められるようになったのである*122。

第二次世界大戦後ようやくアメリカで、差別的な移民と帰化に関するそれまでの法律の多くが修正されるようになった。アメリカ移民法の歴史において人種的不寛容が到達した極点と言ってもよい、一九二四年の移民法から二八年が経過して制定された、一九五二年のマッカラン・ウォルター法（移民帰化法）により、アジアからの移民を排除していた政策に終止符が打たれ、法律において人種規制がはじめて全般的に緩和されることになった。もっとも同法により、すべての人種がアメリカに帰化できるようになったとはいえ、たとえば日本からの移民枠が年に一八五名とされたように、アジアからの移民に対する割当てがすべて撤廃されたわけではなく、その意味では、アジアからの移民に対しては差別の壁が完全には取り除かれないまま、一九六五年の移民帰化法が制定されたことによって、ようやくアジア諸国に対して移民枠がすべて払拭されることになったのである*123。

海を渡った日本人女性の戦争花嫁の人数の総計については、戦争花嫁の定義および計測基準をどこに置いているかなどで、資料によって違いはあるが、控え目に見積っても十万人を超え、アメリカ移民局年間リポート一九四七―一九七七年によれば、この間にアメリカ市民の妻としてアメリカに移住した日本人女性の総計は六九、六九九人とされている*124。敗戦後七〇年もの歳月が流れ、いまや戦争花嫁と呼ばれた日本人女性も、多くが鬼籍に入るほど高年齢になっている。

私がボルティモア市の教育界で仕事をしていた一九八五（昭和六〇）年、同市およびその近郊に住む日系人女性の間で回し読みされていた『花嫁のアメリカ』（一九八〇年）は、一九七八年から七九年にかけて、江成常夫がアメリカに永住する一〇〇人余りの日本人花嫁を訪ね、そのうち八六人の花嫁の軌跡を写真とともに紹介しているフォト・ドキュメントである。彼女たちとの初めての出合いから二〇年が経ち、一九九七年から九八年にかけて著者は花嫁たちとの再会を期し、再びアメリカを訪れ、彼女たちがたどったそ

語りかけてくる旅でもあった。

歳月の風景一九七八〜一九九八』(二〇〇〇年)を刊行している*126。そして花嫁たちのその後二〇年の歳月をたどった旅はまた、何人かの花嫁や花嫁の夫の訃報に接する旅ともなり、年輪を重ねた夫婦の愛と喜びの表情、成長した子どもたちや孫の顔、家族との別離や死など、歳月の風景が人間の生の本質を率直に語りかけてくる旅でもあった。

一九五二(昭和二七)年三月八日付の『毎日新聞』に、「海渡る戦争花嫁」という見出しをつけて、米兵に嫁いだ日本の戦争花嫁九〇人が、横浜港から集団渡米してゆく記事が写真入りで掲載されている。花嫁と言ってもほとんどが子ども連れで、船のデッキで花嫁本人や夫が子どもを抱き、軍服姿の夫に寄り添い、見送る肉親との別れを惜しむ写真である。まだ飛行機が一般化していなかった時代、戦争花嫁が渡米したときの様子は、私がアメリカで知り合った戦争花嫁の誰もが言っていたように、この写真の光景とほぼ同じであったようである*126。

二〇〇〇(平成一二)年七月二日付の『読売新聞』に、「戦後混乱期、海越えた愛」という見出しをつけて、最初の戦争花嫁であるカズエ(一枝)・ナガイ(永井)・カッツさんの死亡記事が掲載されている。享年八〇歳であった。一九四八(昭和二三)年一月四日、最初の戦争花嫁四〇人が渡米。一九四六(昭和二一)年四月二八日、日本で結婚したカズエさんが、夫のフレデリックとともに二人の娘を連れて渡米したのは、一九四八年一〇月と言われている。

結婚二五周年になる一九七一(昭和四六)年四月二八日、カズエさんは夫から、「多くのアメリカ人が望みながら得られない幸せな家庭。それを僕に与えてくれたのが、この美しく小柄な女性だった。」という手紙を贈られ感激したのも束の間、夫は三日後に心臓発作で他界。それからの二九年間、彼女は夫の遺言となった手紙の言葉を心の支えに、アメリカで生きぬいていったのである。移住したサンフランシスコでも、日本人花嫁にとって人種差別は避けて通れなかったとはいえ、「母はいつでも顔をきりっと上げて、絶対に負けなかった。愚痴を言うことは一度もなかった」と次女が話しているように、日本食レストランでウェートレスなどをして五人の子どもを育てながら、三味線や民謡、そして生け花などに精を出し、地元の人たちに披露したりしていた。そして長女が「母は時代に流されることのない、とても自立した女性でした。」と話しているように、「最初の戦争花嫁として日米の橋渡し役を務めたことに、誇りを持っていた」のである*127。

議論の多い歴史問題は、とりわけ戦争が主題になると、歴史にまつわる記憶の操作が意図的に行なわれることがあると言われているが、現に歴史を生きた当事者としての個人にとって、どうしても忘れたり無視したりすることのできない記憶が甦ることもまた事実である*128。戦争花嫁第一号のカズエさんが海を渡って七〇年近くが経過するが、戦争花嫁はひとつの歴史的用語として定着し、国際結婚がなんら珍しいものではなくなった今日でも、風化してゆく過去の記憶としてではなく、時代の今を端的に表現するものとして甦ってくる*129。

たとえば二〇一四（平成二六）年一二月一九日付の『朝日新聞』の声欄に、『戦争花嫁』の蔑視された痛み」という標題で、今は日本に住んでいるが、米国の小さな町に住んでいた一五年前、戦争花嫁といわれる日本人女性と友だちとなった一女性が、日本で今まさに問題となっている、在日コリアンの人たちを貶める「ヘイト・スピーチ」について批判する意見が掲載されている。そのなかで投稿者は、友だちとなった戦争花嫁が渡米し、住み始めた六五年前の米国では、日本人に対して「ジャップ」という蔑称が普通に投げつけられていて、頼りの夫は四〇代の若さで亡くなり、夫の両親にも受け入れてもらえず、「ジャップの子」と言われながら、三人の子どもを育て上げたものの、ひとから蔑まれるたびに、どんなに心細く、悲しく、絶望的な思いをしたか、戦争花嫁として負った心の大きな傷を例証として挙げながら、「ヘイト・スピーチ」がどんなにか心の痛みをもたらすものであるか、読者に注意を喚起している。

一九四八（昭和二三）年一月四日、最初の戦争花嫁四〇人が渡米して四年が経過した一九五二（昭和二七）年、『毎日新聞』は「アメリカへ渡った花嫁さんのその後」という見出しで、日本娘が夢に憧れた夫の国アメリカのニューヨークに来てどんな家庭生活を営んでいるか、戦争花嫁の明暗両面の生活の実態を報告する記事を掲載している。

アメリカへ渡ってからわずか四年の歳月しか経過していないし、しかもニューヨークという広大なアメリカの一地域に限定された報告ということを考慮に入れなければならないとしても、記事によれば、相手が白人であれ黒人であれ、夫や夫の家族の優しさに包まれて暮らし、たとえば日本食料品店で夫に豆腐や醤油を買わせ、「人情はどこも同じよ」と言えるほど自信にみち、幸せで明るいアメリカ生活を享受している女性たちのケース、その一方で、日本で夢に見た豊かなアメリカ生活どころか、場末の想像を絶する貧困で不自由な生活に夢も消え、行方不明になってしまった女性、文化の違いに精神を病み、夫とは別居している女性、そして夫の暴力に悩み、苦痛に耐えている女性など、不幸で暗いアメリカ生活を送っている女性たちのケース、まさに戦争花嫁の明暗両面の生活の実態が紹介されていて、風俗、習慣、言葉などが違う国アメリカ、そして映画や写真で憧れたアメリカとは異なるアメリカの現実を自覚しないかぎり、思わぬ「嘆きの花嫁」になるかもしれないと警鐘が鳴らされている*130。

最初の戦争花嫁が渡米してから一六年が経過した一九六四年、アメリカで公民権法が成立している。公民権諸法が成立した一九六〇年代、アメリカは経済的に豊かさを実現し、そして人種差別も克服し、「豊かで差別のない国アメリカ」に誇りを抱いてもよいはずであった。けれども黒人たちに豊かさの恩恵が及ぶことはなく、それどころか黒人たちは警察官によって差別的に扱われ続けていたこともあり、全米で大規模な黒人暴動が繰り返されるようになっていったのである*131。

二〇一四（平成二六）年八月、米ミズーリ州にある人口二万一千人の町で、黒人青年が白人警察官に射殺されたことに反発して抗議運動が起こり、デモは全米規模に拡がっていった。そして日本のテレビでも報道されたが、二〇一五（平成二七）年四月一二日、ボルティモア市で黒人青年が警察に逮捕され、拘束されたまま一週間後に死亡した事件で、警察に対する黒人たちの根深い不信から抗議デモが発生し、デモは暴徒化した黒人住民などによる略奪や放火へとエスカレートしてゆき、予定されていた大リーグの試合も大リーグ史上はじめて無観客のまま行なわれ、そして事件に対する抗議デモはニューヨークにも及び、マンハッタンでも数千人規模の抗議活動が行なわれたのである。さらに二〇一五年六月一七日夜、サウスカロライナ州チャールストンで、一八九一年に建立され、アメリカ南部でもっとも歴史があると言われている黒人が集う教会で、祈りの集会中に発砲事件があり、信者九人が殺害されたと報道され、黒人に対するヘイトクライム（憎悪犯罪）は止まる様子がないようである*132。

このように、警察に対する黒人たちの根深い不信がきっかけとなって暴徒化してゆく事件の背景にあるのは、いぜんとして根深く残る人種の壁、そしてそれに重なるように生まれている経済的な格差、つまり黒人社会に拡がっている人種偏見と貧困の現実であると言われてきている。一九六〇年代アメリカから半世紀が経過する二〇一〇年代アメリカになった今日でも、人種問題が解決されていないかぎり、わたしたちは「歴史の進歩とは何か」と問われ続けていると言ってもよいのかもしれない。

理神論、理性論の立場から超自然を強く否定する啓蒙主義思想家ヴォルテールは、人間の眼には違いがあるように思えても、世界の創造者の眼から見ればなんら変わるところのない、人間それぞれの状態、それらの間にあるささやかな相違、そして人間と呼ばれる微小な存在に区別をつけている一切のささやかな微妙な差が、憎悪と迫害を生むきっかけとなる、と述べている*133。

私はボルティモア市に長期滞在していた一九八五年、戦争花嫁と思われる多くの日本人女性と知り合いになったが、彼女たちの間に、夫となっているアメリカ人の肌の色の違いで微妙な意識のズレがあり、また交友関係にも差別があるのが感じられた。あるとき、白人のアメリカ人と結婚しているひとりの日本人女性が、二〇年も前、つまり一九六〇年代に、黒人を夫に持つ友人の日本人女性と一緒にレストランに入ったとき、黒人の妻というだけで、「あなたが坐る椅子はない。キッチンで食べてくれ。」と言われ、彼女も怒ってその友人の女性と一緒にキッチンで食事をしたときの悔しさを語っていたことが、当時のわたしの日記に記されている。

長期滞在中の夏、勤務していた私立女学校の校長に水泳に誘われ、市郊外にある公営プールに行ったとき、かなり混雑していたが、黒人がひとりもいないのに驚いたことを、三〇年も経った今でも鮮明に憶えている。また、別の公共施設であったが、水飲み場に「黒人専用」(Colored Only) と記された文字がそのまま残っているのをじっさいに見て、やはり驚きを感じざるをえなかった。公民権法が成立する以前のアメリカでは、バスに乗って坐る場所でも人種隔離が当然のこととされていたということは、すでに学んで知識としては知っていたが、公共施設における露骨な人種差別をおそらくはじめて経験したと思われる、黒人兵と結婚して海を渡った戦争花嫁の胸中を思うと、やはり複雑な気持ちにならざるをえなかった*134。

敗戦後、日本の混乱期に、米軍の軍服を身につけ、颯爽と街を闊歩し、ジープを乗り回す黒人兵の恰好の良い姿に、日本女性の多くが魅力を感じたとしても、それを非難することはできまい。その当時、黒人兵たちのアメリカ社会における生活の実態を、いったい彼女たちの誰が知っていたであろうか。アメリカが厳然とした人種差別社会であるということを、いったい彼女たちの誰が知っていたであろうか。そして黒人兵たちにとっても、日本で占領軍兵士として暮らしていた時代は、給料や住まいなど生活、そして自由と平等が保証された、生涯における栄華の絶頂期だったのではないだろうか。そうした黒人兵と結婚して海を渡った日本人戦争花嫁にとって、夫となった黒人兵が再びアメリカ社会に戻って、得意の絶頂から失意の境遇に陥った姿を見るのは、日本にいたときには想像すらできなかっただけに、驚きでもあり、絶望でもあり、それはまたすべての夢が破れ、冷酷にも彼女たちに突き付けられた現実の姿でもあった。

ところで有吉佐和子は小説『非色』で、アメリカにおける人種問題の内実、さらに類として人間の心の奥底に潜む差別意識の実相を、こうして戦争花嫁として海を渡り、アメリカで生活することになった日本人女性の生活の実態を通して冷静に描いている、と言ってもよいであろう。『非色』のなかで、「人間は誰でも自分よりなんらかの形で以下のものを設定し、それによって自分をより優れていると思いたいのではないか。それでなければ落着かない、それでなければ生きて行けないのではないか。」*135と述べられている文言は、人間社会において容易に偏見や差別を生んでゆく人間感情を的確に言い当てているように思われる。じっさい人間社会において、差別や憎悪は根深い問題であり、差別する側がいつでもどこででも、容易に差別される側になることを免れることはできないであろう。それだけに、人間社会で生きてゆくかぎり喜怒哀楽など、さまざまな人間感情が消えてなくなることはないにしても、たとえば偏見、憎悪、怨恨、差別などの悪感情が、しばしば誹謗中傷、罵詈雑言、いやがらせ、示威運動、暴力など、具体的行動に転化しがちな人間社会を生きぬいてゆくには、それなりの覚悟が必要とされるにちがいない。そしてまさにその覚悟の程度の差によって、ときにひとの生は明か暗か、いずれかに分かれてゆくことになるかもしれないのである。それはたとえば『非色』において、戦争花嫁として笑子と麗子の二人がたどる人生に、こうした生の明暗の典型を見ることができるのではないだろうか。

笑子が海を渡って再会した夫は、戦勝国アメリカの兵士として光り輝いていた、東京時代の夫とはまったく別人になったかのように、穴倉のようなハーレムの地下室で無気力な生活を送っていたが、彼女はアメリカ社会の現実に絶望することなく、進んで苦労を身に負い、自らの強い意志で黒人社会のなかで生きてゆこうと決意するひとりの戦争花嫁として、その生は明と考えてよいであろう*136。

麗子は良家のお嬢さんとして育ち、結婚相手となるプエルト・リコ人の夫が、アメリカ社会では黒人より劣る人種であることなど、まったく知らないままアメリカへ渡り、最下層のもっとも惨めな境遇に身を置くことになっても、その現実を故郷の日本には伝えることができないまま、夢と見栄に支えられながら、辛うじて虚偽の生活を続けていったものの、妊娠という冷厳な事実を突き付けられ、自ら命を絶たなければならなかったひとりの戦争花嫁として、その生は暗と考えてよいであろう＊137。

このように二人の戦争花嫁の生活実態は明と暗に分かれてゆくが、笑子の生きることへの意欲には、さらに人間の生の本質へと迫る勢いが感じられ、そこにまた『非色』の核心があると言ってもよいのではあるまいか。笑子はもはや自分が日本人ではなく、黒人になったことに気づき、ハーレムのなかで黒人のひとりとなって、黒人の夫を力づけ、黒人の子どもを育ててゆかなければならないと自覚したとき、彼女の「躰の中から不思議な力が湧き出して来るのを感じた」＊138のである。笑子のまさにこうした生きることへの意欲こそ、肌の色の違いなどによる人種差別を超えて、人間存在の本質を言明するものとなっている、と言ってもけっして言い過ぎではないであろう。そしてそこにはまた、部落民である自らの出自を隠して生きてゆかなければならないという、父の遺戒を守ってきた自らのそれまでの生涯が虚偽であったと悟って、破戒を決意し、新天地を求めてアメリカへと旅立ってゆく、島崎藤村の小説『破戒』の主人公である、瀬川丑松の生きることへの意欲に通底するものがある、と考えられないであろうか＊139。

太平洋戦争、朝鮮戦争、ヴェトナム戦争などに召集され、日本に駐留したアメリカ軍の兵士や軍属と結婚し、海を渡った戦争花嫁は十万人を超えると言われているが、アメリカでの結婚生活は、相手となった夫の肌の色に関係なく、幸あるいは不幸、それこそ様々であった。敗戦後、廃墟と化した日本で、働きたくても職がなく、生きてゆくためには占領軍関係の施設で働かなければならなかった時代、アメリカ兵と普通に恋愛し、結婚したものの、そのことだけでしばしば夜の女と誤解され、差別や侮辱の眼で見られた女性もいたのである。

海を渡ったアメリカでも、夢にまで見た楽しい生活が待っていたわけではなかった。けれども多くの戦争花嫁たちは言葉の壁、文化や生活習慣の違い、夫の家族との軋轢などを乗り越え、夫に仕え、子どもを育て、家庭を切り盛りしながら、懸命に生きていったのである。そして異国のアメリカでの生活でなによりもつらかったのは孤独であり、頼れるのは夫ただひとり、それでも寂しさを隠し、故郷の肉親に出す手紙には、ひと言「幸せです」と書かざるをえなかったのである。しかもこうしたアメリカ生活で、貧困や失業や家族間の不和などによるほか、たとえば朝鮮戦争やヴェトナム戦争など戦地から帰還し、アルコール、麻薬、ギャンブルなどの中毒になった夫による家庭内暴力などが原因で、病気、発狂、離婚、行方不明、死亡など、不幸な人生を辿らざるをえなかった戦争花嫁もまた多くいたのである*140。

ところで、戦争花嫁たちが苦境に立ったとき、彼女たちの多くが祝福されてアメリカへと旅立ったわけではなく、なかには石もて追われるように故郷の家を後にした女性もいたと言われているが、そうした時代にアメリカで、彼女たちに救いの手が差し伸べられるようなことがあったのだろうか。

およそ一年間ボルティモア市で生活していたとき、私は知り合いになった戦争花嫁たちが、困ったときにアメリカ創価学会に生きる力を与えてもらった、と話すのを何度か聞いた。じっさいある晩、私はある戦争花嫁と彼女の息子たちに連れられ、首都ワシントンの郊外にあるアメリカ創価学会の会館（Community Center）にゆき、アメリカ日蓮正宗の祈祷の様子を見学させてもらったことがある。老若男女、日本人、アジア人、白人、黒人など人種に関係なく、狭い部屋で一緒になって力強く、一心不乱にお題目を唱える、一時間ほどの祈祷には力溢れるものがあり、現世における実践に徹する（Keep practicing）という教えは、既存の宗教とは異なり、苦難に立ち向かって生きてゆかなければならなかった戦争花嫁たちに、生きる力と希望を与え、彼女たちの心の支えになったにちがいないと思った。さらに、別の戦争花嫁には、アメリカ創価学会が発行している英字新聞 *World Tribune* の責任者から彼女宛に送られてきた手紙を見せてもらったことがあるが、その手紙は、頼るひともなく、ひとり苦難と格闘している日本人女性に対して励ましの言葉をかけ、頼れる仲間の会員を紹介する内容であったが、その手紙によっていかに希望と勇気を与えられたか、と彼女は述懐していた。

アメリカ創価学会のほかに、戦争花嫁たちにとって心の支えとなっていたのが、当時アメリカで暮らす日本人相互の交流を深める組織であった。たとえば「さくら会」という名称の組織は、会の責任者からの手紙によると、一九五〇年代の初めにボルティモア市にあるＹＷＣＡのなかに設立され、アメリカ軍兵士と結婚し、戦争花嫁としてボルティモア市およびその近郊に住むことになったものの、なかには夫の家族に歓迎されず、どうしてよいかわからないまま孤独な生活を送っている日本人女性もいることに気づき、そうした女性に経済的、精神的な援助の手を差し延べ、アメリカ社会に適応して生きてゆけるように、できるかぎり力になっていった、と述べられている。じっさいある日系一世の女性はあるとき私に、精神に異常をきたし、みすぼらしい恰好をして、奇声を発しながらボルティモア市の繁華街を歩いていた戦争花嫁の日本人女性が、「さくら会」に保護されていった経緯を話してくれたことがある。

ほかにもアメリカに住む日系人の親睦団体として、一九六八年にワシントンに本部を置いて発足した「日米交友会」がある。そこで発行されている「会報」（**Newsletter**）のひとつに、アメリカに駐在している『毎日新聞』の記者が寄稿しているが、それによると、アメリカ人と結婚した日本人女性が事件を起こし、留置所まで取材にいったところ、すでに「日米交友会」の会長が差し入れを持ってきていて、異国で留置所に入れられた日本人女性にとって、こうした配慮がどんなにか心の支えになったかと、記されている*141。もっとも「さくら会」は一九七四年に解散し、「日米交友会」の会長も一九八三年頃に引退したと伝えられているが、会が存続していた間、それぞれ一定の役割を果たしていったと考えてよいのではなかろうか。
戦争花嫁としてアメリカへ渡り、夢から一転して厳しい現実に投げ出され、それでも強い意志と努力で懸命に生きていったとしても、ときに個人の力ではどうにもならないような状況に追い込まれ、不幸な人生を送らざるをえなかった戦争花嫁も多くいたはずである。そうした彼女たちに、もしもこのような救いの手が差し延べられていたならば、彼女たちにまた別の違った人生が待っていたかもしれないのである。

戦争花嫁たちの生活史（life history）については、これまで数多くの資料が公刊されてきている*[142]。そして海を渡って四〇年、さらに五〇年が経過し、年齢も五〇代、そして六〇代となった戦争花嫁たちの生活史については、たとえば一九八八年一〇月三〇日、ワシントン州オリンピア市で開催された「戦争花嫁渡米四〇周年記念大会」*[143]および一九九九年一〇月二三日、ロサンゼルスで開催された「第三回国際結婚世界大会」*[144]などをきっかけに、関係者から寄稿された記事や手記に眼を通してゆくと、苦節四〇年、そして五〇年と言われている、戦争花嫁たちの実像を読みとることができるのである。

それはまさに多くの戦争花嫁たちが、ときに望郷の念にかられながらも風雪に耐え、いつしか子どもたちも成長し、社会人として立派に社会の各方面で活躍するようになり、そして自らも良きアメリカ市民として生きてゆくために、少しでもアメリカに日本の伝統文化を伝え、米、醤油、寿司、天ぷらなど日本食品の普及にも貢献し、国際結婚の先駆者として、二つの国の架け橋となって、逞しく、ポジティブに、自分たちの人生を歩んできたという自負、つまり自分の人生は自分の手で切り開いてきたという生き方にほかならないのである*[145]。

最初に戦争花嫁が渡米してからおよそ七〇年近くが経過しようとしているが、すでに鬼籍に入り、アメリカの土になった戦争花嫁も多いと思われる。けれども多くの戦争花嫁たちの、こうした逞しくもポジティブな生き方は、しばしばアメリカにおいて、いかに風が強く吹いても、いかに雪がたくさん降り積もっても、けっして倒れることなく、圧倒的な力に抵抗してときに地面に伏して身を守りながらも、しなやかに強く生きぬいてゆく「竹」(bamboo)にたとえられているように、日本人女性史のなかにおいても確固たる存在として、それこそ「竹」のごとく永く語り継がれてゆくにちがいない*146。

＊

1　岩本茂樹『戦後アメリカニゼーションの原風景――『ブロンディ』と投影されたアメリカ像――』(ハーベスト社、二〇〇二年)、ジョン・ダワー、前掲『敗北を抱きしめて』(上)三二二～三二四頁、参照。

2　横浜国際関係史研究会・横浜開港資料館編『ドン・ブラウンと昭和の日本――コレクションで見る戦時・占領政策――』(有隣堂、二〇〇五年)、安島太佳由『写真集　日本戦跡』(窓社、二〇〇二年)、『東京人――開港一五〇年、横浜の歩き方――』(都市出版、二〇〇九年)、横浜マリタイムミュージアム『横浜港の一四〇年』(帆船日本丸記念財団、一九九九年)、高村直助『都市横浜の半世紀――震災復興から高度成長まで』〈有隣新書〉(有隣堂、二〇〇六年)七五～九一頁、赤塚行雄、前掲書、一一七～一二四頁、ほか。

3　前掲『川崎市史』資料編四上、四七二～四七三頁、同上書、通史編四上、二八六頁、佐藤洋一『図説　占領下の東京』(河出書房新社、二〇〇六年)七二頁、多川精一『焼跡のグラフィズム――『FRONT』から『週刊サンニュース』へ』〈平凡社新書〉(平凡社、二〇〇五年)一八九～一九一頁。

4　太平洋戦争研究会編『図説　アメリカ軍が撮影した占領下の日本』(河出書房新社、一九九五年)、『写真と地図で読む！　知られざる占領下の東京』(洋泉社、二〇〇六年)、伊藤正直・新田太郎監修『ビジュアルNIPPON昭和の時代』(小学館、二〇〇五年)、「特集　昭和と私」『文藝春秋』〈平成十七年八月臨時増刊号〉(文藝春秋、二〇〇五年)、神田文人『マンガイラスト　昭和の歴史――敗戦から独立へ――』第五巻(講談社、一九八四年)、『決定版　昭和史――空襲・敗戦・占領　昭和二〇年――』第一二巻(毎日新聞社、一九八三年)、袖井林二郎『図説　昭和の歴史9――占領時代――』(集英社、一九八〇年)、カール・マイダンス、シェリー・スミス・マイダンス『カール・マイダンス写真集　マッカーサーの日本』石井信平訳〈講談社、一九九五年〉、原田弘『MPのジープから見た占領下の東京――同乗警察官の観察記――』（草思社、一九九四年）、三根生久大『記録写真　終戦直後』（上）（下）〈カッパ・ブックス〉（光文社、一九七四年）ほか。

5　Michael Harrington, *The Other America :Poverty in the United States*, Macmillan,1962.『もう一つのアメリカ――合衆国の貧困――』内田満・青山保訳（日本評論社、一九六五年）。

6　吉浜精一郎編著、前掲『アメリカ公教育の課題と展望』、参照。

7　小堺正記『演歌は国境を越えた――黒人歌手ジェロ　家族三代の物語』（岩波書店、二〇一一年）八～一五頁。

8　同上書、一七一頁。

9　セネカ「トロイアの女たち」高橋宏幸訳『セネカ悲劇集1』〈西洋古典叢書〉（京都大学学術出版会、一九九七年）一〇四～一〇五頁。

10　同上書、一六五、一七〇頁。

11　アイスキュロス、前掲『アガメムノーン』四一、四四頁。

12　吉本隆明、前掲『マチウ書試論・転向論』六一頁、参照。

13　吉本隆明、同上書、七七～九一頁、秦剛平『聖書と殺戮の歴史――ヨシュアと士師の時代』〈学術選書〉（京都大学学術出版会、二〇一一年）、参照。

14　田川建三、前掲『書物としての新約聖書』一四五、一七一～一八四、一六八～一六九、二八六～二九三、三三六～三四〇、四五一～四五二頁。

15　堀田善衛「至福千年」『聖者の行進』（筑摩書房、一九八六年）二一～五〇頁。

16　アイスキュロス、前掲書、訳注、一四四頁、吉本隆明、前掲書、五七～一四〇頁、参照。

17　ジャレド・ダイアモンド、前掲書㊦、一一八～一二五頁。

18　堀田善衛、前掲『ゴヤⅢ――巨人の影に――』一五一～一五五、一七六～一八四頁。

19　同上書、一八〇頁。

20　竹下修子「戦争花嫁に関する一考察」歴史民俗学研究会編『歴史民俗学』No.13（批評社、一九九九年）一〇二～一一七頁。なお、M・ヒルシュフェルト『戦争と性』〈世界性学全集五〉高山洋吉訳（河出書房、一九五六年）、参照。
21　Elfrieda Berthiaume Shukert and Barbara Smith Scibetta, *War Brides of World War* II, Penguin Books, 1988, pp.1-4., John W. Connor, *A Study of the Marital Stability of Japanese War Brides,* R And E Research Associates, 1976, pp. iii-v .
22　スタウト梅津和子「まえがき」植木武編『「戦争花嫁」五十年を語る――草の根の親善大使――』（勉誠出版、二〇〇二年）ⅰ～ⅲ頁。
23　酒井順子「『戦争花嫁』のライフ・ストーリー――イギリスに渡った女性達の沈黙について――」歴史科学協議会編集『歴史評論』六四八（校倉書房、二〇〇四年）五三～六三頁。
24　安富成良「『戦争花嫁』と日系コミュニティ（Ⅰ）――ステレオタイプに基づく排斥から受容へ――」『嘉悦女子短期大学研究論集』第七八号(二〇〇〇年)一八〇頁、竹下修子、前掲「戦争花嫁に関する一考察」一〇三頁、ほか。
25　スタウト梅津和子、前掲「まえがき」。
26　山本健吉『俳句とは何か』〈角川ソフィア文庫〉（角川書店、二〇〇〇年）一四～一五、二二、六五、九一、九四頁、川村蘭太『しづ子――娼婦と呼ばれた俳人を追って――』（新潮社、二〇一一年）五三～五四頁。
27　復本一郎『俳句とエロス』〈講談社現代新書〉（講談社、二〇〇五年）、江国滋『俳句とあそぶ法』〈朝日文庫〉（朝日新聞社、一九八七年）、勝目梓『俳句の森を散歩する』（小学館、二〇〇四年）、ほか。
28　マルホ株式会社創業七十年記念事業係編『昭和二〇年八月一五日を詠う　昭和万葉俳句前書集』（マルホ株式会社、一九八八年）二二六、二三七、二四三、二七四、二七七、三四八、五八一、五九三、五九四、六三一、八九〇、八九七頁。
29　山本健吉、前掲書、七一～九五頁。
30　マルホ株式会社創業七十年記念事業係編、前掲書、四九、三八七、四九八、八二六、八八七、八九七、八九九頁。

31 澤地久枝『昭和・遠い日　近いひと』（株式会社文藝春秋、一九九七年）一四五〜一七三頁。
32 鈴木しづ子『夏みかん酸っぱしいまさら純潔など――句集「春雷」「指輪」――』（河出書房新社、二〇〇九年）七八頁。
33 『鈴木しづ子――生誕九〇年　伝説の女性俳人を追って――』〈KAWADE道の手帖〉（河出書房新社、二〇〇九年）一七九頁、正津勉「鈴木しづ子というひと」鈴木しづ子、前掲書、一六三頁。
34 前掲『鈴木しづ子――生誕九〇年　伝説の女性俳人を追って――』一八〇〜一九一頁。
35 同上書、一七九頁。なお、川村蘭太「鈴木しづ子追跡――シナリオ取材ノートより――」同上書、七二〜一四一頁、矢澤尾上「鈴木しづ子とその回想」同上書、五九〜七一頁、正津勉「鈴木しづ子というひと」前掲『夏みかん酸っぱしいまさら純潔など――句集「春雷」「指輪」――』一四八〜一六五頁、参照。
36 鈴木しづ子、前掲書、一四七頁。
37 早乙女勝元、前掲『東京大空襲――昭和20年3月10日の記録――』一六〜二二頁。
38 たとえば、マイラ・マクファーソン、前掲『ロング・タイム・パッシング――ベトナムを越えて生きる人々――』三九七〜四三七頁、など。
39 『樹海』掲載句、および師の松村巨湫に送られた投稿句は、前掲『鈴木しづ子――生誕九〇年　伝説の女性俳人を追って――』資料、一八〇〜一九一頁に掲載されている。なお、川村蘭太、前掲書、石田郷子「やさしく吹けば」角川学芸出版編『激動の時代を詠う』〈鑑賞　女性俳句の世界　第三巻〉（角川学芸出版、二〇〇八年）三〇一〜三一二頁、参照。
40 E・H・カー、前掲『歴史とは何か』一〜四〇頁。
41 ニーチェ『反時代的考察』（ニーチェ全集4）小倉志祥訳〈ちくま学芸文庫〉（筑摩書房、一九九三年）一四〇頁。
42 E・H・カー、前掲書、一六一〜一九八頁、テッサ・モーリス＝スズキ『過去は死なない』田代泰子訳〈岩波現代文庫〉（岩波書店、二〇一四年）一〜四二、二九九〜三二一頁、高橋源一郎「記憶の主人になるために」『朝日新聞』二〇一四年一一月二七日付。

43 袖井林二郎、前掲『図説　昭和の歴史9――占領時代――』四一～六四頁。
44 重光葵、前掲『続 重光葵手記』二七五～二七六頁。
45 大佛次郎『終戦日記』〈文春文庫〉（文藝春秋、二〇〇七年）四一〇～四一一頁。
46 高見順『敗戦日記』〈中公文庫〉（中央公論新社、二〇〇五年）四二六～四二七頁。
47 孫崎享、前掲書、四〇～四二頁。
48 半藤一利『昭和史――戦後編一九四五―一九八九――』（平凡社、二〇〇六年）一四～二一頁。
49 西清子編著『占領下の日本婦人政策――その歴史と証言――』（ドメス出版、一九八五年）三四～三六頁。なお、ジョン・ダワー、前掲『敗北を抱きしめて』増補版(上)、一四一～一四二頁、袖井林二郎、前掲書、三八～四〇頁、参照。
50 いのうえせつこ『占領軍慰安所――国家による売春施設――』（新評論、一九九五年）一一～三五頁、鏑木清一『秘録　進駐軍慰安作戦』（番町書房、一九七二年）一一～二二頁、五島勉『黒い春――米軍、パンパン、女たちの戦後――』〈空洞の戦後叢書2〉（倒語社、一九八五年）四三～五二頁、小林大治郎、村瀬明『国家売春命令』（雄山閣出版、一九九二年）三～三七頁、白川充『昭和平成ニッポン性風俗史――売買春の60年』（展望社、二〇〇七年）八～五六頁、原田弘、前掲書、一六五～一七〇頁、など参照。
51 『朝日新聞』一九四五年八月二九日、三〇日、三一日付。
52 いのうえせつこ、前掲書、二一～二三頁、ジョン・ダワー、前掲書、一四五頁。ほかにドウス昌代『マッカーサーの二つの帽子――特殊慰安施設RAAをめぐる占領史の側面――』〈講談社文庫〉（講談社、一九八五年）、鏑木清一、前掲書、五島勉、前掲書、小林大治郎、村瀬明、前掲書、参照。
53 西清子編著、前掲書、三六頁。
54 細川護貞『細川日記』(下)〈中公文庫〉（中央公論新社、一九七九年）四三四頁。
55 孫崎享、前掲書、四一頁、鏑木清一、前掲書、一一頁、いのうえせつこ、前掲書、一九四～二二二頁、ドウス昌代、前掲書、解説、三三二頁。

56 ドウス昌代、前掲書、三二四～三二五頁。
57 同著者『敗者の贈物――国策慰安婦をめぐる占領下秘史――』（講談社、一九七九年）。
58 いのうえせつこ、前掲書、二二二頁。
59 神奈川県警察史編さん委員会『神奈川県警察史』下巻（神奈川県警察本部、一九七四年）一六頁。
60 同上書、一四～二七、五二～六一頁、『図説　神奈川県の歴史』（下）（有隣堂、一九八六年）二六一～二六九頁。
61 前掲『神奈川県警察史』下巻、三四六頁。
62 同上書、二〇頁。
63 同上書、六八頁。
64 同上書、三四六～三四七頁。
65 同上書、三四七頁。
66 西清子編著、前掲書、三六頁。
67 細川護貞、前掲書、四三四頁。
68 横浜市総務局市史編集室『横浜市史Ⅱ』第二巻(上)（横浜市、一九九九年）一二九頁、『朝日新聞』昭和二十年八月二十三日付。
69 同上書、一二四～一二五頁。
70 前掲『川崎市史』通史編4上、二三〇～二三三頁、同上書、資料編4上、三一九～三二〇頁。なお、江藤淳編『占領史録』（上）（下）（講談社、一九九五年）、参照。
71 前掲『川崎市史』通史編4上、二三三頁。
72 前掲『横浜市史Ⅱ』一三一頁。
73 前掲『川崎市史』資料編4上、三一九頁。
74 前掲『神奈川県警察史』六八～六九頁。
75 同上書、三四八頁、『反骨七十七年、内山岩太郎の人生』（神奈川新聞社、一九六八年）一六〇～一六三頁、いのう

えせつこ、前掲書、五六～六一頁、前掲『川崎市史』通史編４上、二八五～二八六頁。
76 永井荷風『摘録　断腸亭日乗』（下）磯田光一編〈岩波文庫〉（岩波書店、一九八七年）二七八頁。
77 徳川夢声、前掲『夢声戦争日記　抄――敗戦の記――』三〇八～三〇九頁。
78 『朝日新聞』昭和二十一年一月三十日、三十一日付、など。
79 吉村昭、前掲『東京の戦争』一六七頁。
80 山本明、前掲『戦後風俗史』九〇～九三頁。
81 太平洋戦争研究会編、前掲書、佐藤洋一、前掲書、原田弘、前掲書、山崎洋子『天使はブルースを歌う――横浜アウトサイド・ストーリー――』（毎日新聞社、一九九九年）、高村直助、前掲書、前掲『写真と地図で読む！　知られざる占領下の東京』、三根生久大、前掲書（上）など、参照。
82 佐藤洋一、前掲書、九四～一〇九頁。
83 袖井林二郎、前掲書、五七～五八頁、前掲『図説　アメリカ軍が撮影した占領下の日本』八～九頁、前掲『川崎市史』通史編４上、二八四～二八八頁。
84 山本明、前掲書、八五～九七頁、前掲『図説　アメリカ軍が撮影した占領下の日本』、前掲『決定版　昭和史――空襲、敗戦、占領　昭和20年――』、佐藤洋一、前掲書など。
85 ジョン・ダワー、前掲『敗北を抱きしめて』増補版（上）、日本の読者へ、ｘⅰ～ｘⅴⅲ、一三五～一九五頁、同上書（下）、三浦陽一、高杉忠明、田代泰子訳、訳者あとがき、四五三～四五五頁。
一方マーク・ゲインは、ジョン・ダワーとは異なり、冷静かつ客観的に、たとえば面従腹背の役人などを、ジャーナリストの眼でいささかシニカルに占領下日本の現実を記録していて興味深い〔『ニッポン日記』井本威夫訳〈ちくま学芸文庫〉（筑摩書房、一九九八年）〕。
86 赤塚行雄『マダム篠田の家――YOKOHAMA 1945-50――』（第三文明社、一九八九年）、同著者、前掲『昭和二十年の青空――横浜の空襲、そして占領の街――』一一七～一二四頁、神田文人、前掲書、五七～六六頁。
87 アラン・リックス編『日本占領の日々――マクマホン・ボール日記――』竹前栄治、菊池努訳（岩波書店、一九九二年）、日記解題、Xⅴⅲ頁、袖井林二郎『マッカーサーの二千日』〈中公文庫〉（中央公論新社、一九七六年）二二六頁。

88 ダグラス・マッカーサー『マッカーサー大戦回顧録』（下）津島一夫訳〈中公文庫〉（中央公論新社、二〇〇三年）二四六頁。

89 同上書、二四五頁。

90 袖井林二郎、前掲『マッカーサーの二千日』三五九、三九五～三九六頁、アラン・リックス編、前掲書、一一一～一一二、一四二、一四九．一八七～一九〇、二〇二頁、マイケル・シャラー『マッカーサーの時代』豊島哲訳（恒文社、一九九六年）一八五～二〇五、三六八～三六九頁、ジョン・ガンサー『マッカーサーの謎』木下秀夫、安保長春訳（時事通信社、一九五一年）一一～一二八頁、セオドア・コーエン『日本占領革命――GHQからの証言――』（上）大前正臣訳（TBSブリタニカ、一九八三年）二三一～二二〇頁。

91 ダグラス・マッカーサー、前掲書、一八五～一八七、二四六～二四七、解説、三〇四頁、袖井林二郎、前掲『マッカーサーの二千日』一一八、三九五頁。

92 マイケル・シャラー、前掲書、一九二頁、袖井林二郎、前掲『マッカーサーの二千日』三九一～三九三頁。

93 袖井林二郎『拝啓マッカーサー元帥様――占領下の日本人の手紙――』〈岩波現代文庫〉（岩波書店、二〇〇二年）、ジョン・ダワー「解説」四二一～四三七頁、ジョン・ダワー『昭和――戦争と平和の日本――』明田川融監訳（みすず書房、二〇一〇年）一九九～二二五頁。

94 ジョン・ガンサー、前掲書、三一～三三頁。

95 ドウス昌代、前掲『マッカーサーの二つの帽子――特殊慰安施設RAAをめぐる占領史の側面――』一四〇～一四一頁。

96 西条八十作詞、古関祐而作曲「比島決戦の歌」。

97 袖井林二郎、前掲『拝啓マッカーサー元帥様――占領下の日本人の手紙――』一一～一三、七〇頁。

98 同上書、七〇～七二頁、ドウス昌代、前掲『マッカーサーの二つの帽子』一四二～一四三頁、『朝日新聞』一九四

五年八月一九日、一月三〇日、三一日、一九四六年一月二五日、四月三日、五月九日、一九四七年一月二五日、三月七日付。

99 ジョン・ダワー、前掲『敗北を抱きしめて』増補版（上）一三七頁。

100 同上書、一三五～一五八頁。

101 マーク・ゲイン、前掲書、三六一～三六五頁。

102 セオドア・コーエン、前掲書、九六～九七、一九九～二〇二頁。

103 ジョン・ダワー、前掲『敗北を抱きしめて』増補版（上）一三七～一四八頁、セオドア・コーエン、前掲書、二〇〇頁、いのうえせつこ、前掲書、二九～三三頁、ドウス昌代、前掲『マッカーサーの二つの帽子』一三一～一四一頁、アラン・リックス編、前掲書、七九、八七頁、鏑木清一、前掲書、二五六～二五九頁。

104 鏑木清一、前掲書、二六〇頁。

105 西清子、前掲書、三六～四〇頁、いのうえせつこ、前掲書、二六～三五頁、ドウス昌代、前掲書、二五一～三〇六頁、ジョン・ダワー、前掲『敗北を抱きしめて』増補版（上）一四七～一四八頁、鏑木清一、前掲書、二六〇頁。

106 ジョン・ダワー、前掲『敗北を抱きしめて』増補版（上）一四七頁、袖井林二郎、前掲『図説　昭和の歴史9―占領時代―』五九頁、いのうえせつこ、前掲書、三四、六一～六三頁、鏑木清一、前掲書、二六〇頁。

107 ジョン・ダワー、前掲『敗北を抱きしめて』増補版（上）一四五頁、鏑木清一、前掲書、二六〇頁、いのうえせつこ、前掲書、三四～三五頁。

108 『朝日新聞』一九四六年四月三日付。

109 『朝日新聞』一九四六年一月二五日付。

110 『朝日新聞』一九四六年四月三日付。

111 『朝日新聞』一九四六年五月九日付。

112 『朝日新聞』一九四七年一月二五日付。なお、竹前栄治「ＧＨＱ論――その組織と改革者たち――」中村政則他編『占領と改革』〈戦後日本　占領と戦後改革　第２巻〉（岩波書店、一九九五年）三三一～七七頁、参照。

113 竹前栄治『占領戦後史』〈岩波現代文庫〉（岩波書店、二〇〇二年）一～五七頁、百瀬孝『事典 昭和戦後期の日本――占領と改革――』（吉川弘文館、一九九五年）一～一二六頁。

114 三根生久大、前掲書、二〇三～二〇五頁。

115 水野浩編、前掲書、白川充、前掲書、五島勉、前掲書、など。

116 竹前栄治、前掲論文、四八～五〇頁。

117 前掲『図説 神奈川県の歴史』（下）二六八頁、竹前栄治、前掲論文、五〇頁、白川充、前掲書、九四～一〇一、一四七頁、神田文人、前掲書、六〇頁、ジョン・ダワー、前掲『敗北を抱きしめて』増補版（上）二六〇～二六一頁。なお、沢田美喜『黒い肌と白い心――サンダース・ホームへの道』（日本経済新聞社、一九六三年）、大南勝彦『エリザベス・サンダース物語――日・英 それぞれの愛に生きた人々――』（ノーベル書房、一九九七年）、参照。

118 ジョン・ダワー、前掲『人種偏見――太平洋戦争に見る日米摩擦の底流――』、参照。

119 フランク・F・チューマン、前掲書（下）、四六四～四六五頁。

120 赤塚行雄「激流の飛沫を浴びて」神奈川新聞編集局『激流――かながわ昭和史の断面――』（神奈川新聞出版局、一九八二年）一八〇～一八一頁。

121 フランク・F・チューマン、前掲書（下）、四六五頁。

122 フランク・F・チューマン、同上書、四六三～四六七頁、ハルミ・ベフ編、前掲書、一二四～一二五頁、林かおり・田村恵子・高津文美子『戦争花嫁――国境を越えた女たちの半世紀――』（芙蓉書房出版、二〇〇二年）二四～二五頁、R・ウィルソン、B・ホソカワ、前掲書、二九三～二九六頁、アメリカ学会訳編『原典アメリカ史――現代アメリカの形成 下――』第五巻（岩波書店、一九五七年）三九七～四〇七頁。

123 フランク・F・チューマン、同上書、四六九～四八五頁、ハルミ・ベフ編、同上書、一二四～一二五頁。

124 林かおり・田村恵子・高津文美子、前掲書、一八一頁、フランク・F・チューマン、同上書、四六七頁、植木武編、前掲書、六一頁。

125 江成常夫「花嫁のアメリカ――ドキュメント・太平洋を結ぶ愛――」『アサヒカメラ』12月増刊号（朝日新聞社、

一九八〇年）、本書の文庫版として『花嫁のアメリカ』〈講談社文庫〉（講談社、一九八四年）、同著者『花嫁のアメリカ　歳月の風景一九七八―一九九八』（集英社、二〇〇〇年）。

126 中区制五〇周年記念事業実行委員会編『横浜・中区史』（横浜市中区役所、一九八五年）一〇五二頁、前掲『図説神奈川県の歴史』（下）二六八頁、参照。

127 『讀賣新聞』二〇〇〇年七月二日付。なお、林かおり、田村恵子、高津文美子、前掲書、二五～二八頁、植木武編、前掲書、八八頁、参照。

128 ジョン・W・ダワー、前掲『忘却のしかた、記憶のしかた――日本・アメリカ・戦争』ⅴ～ⅹⅱ、一～一三頁、参照。

129 林かおり、田村恵子、高津文美子、前掲書、一六七～一七三頁、参照。

130 『毎日新聞』一九五二年四月一三日付。

131 上杉忍『アメリカ黒人の歴史――奴隷貿易からオバマ大統領まで――』〈中公新書〉（中央公論新社、二〇一三年）二三六～二三八、一四五～一四八頁。

132 『朝日新聞』二〇一四年八月二一日、二〇一五年六月一九日、七月一日付、同夕刊、二〇一五年五月二日、八月一一日付、『讀賣新聞』二〇一五年四月三〇日付、『東京新聞』二〇一五年四月三〇日、同夕刊、二〇一五年四月三〇日付。

133 ヴォルテール『寛容論』〈中公文庫〉（中央公論新社、二〇一一年）一六四～一六六頁。

134 上杉忍、前掲書、六三～六五、一一一～一四四頁、岡田信子『貧しいアメリカ』（主婦の友社、一九八〇年）一九～二三三頁、参照。

135 有吉佐和子『非色』〈角川文庫〉（角川書店、一九六七年）一五五～一五六、二三五～二三七、三二一～三二三頁。

136 同上書、一五五～一五六、二三五～二三七頁。

137 同上書、一〇八、三〇〇～三二六頁。

138 同上書、四〇六～四〇七頁。なお、日沼倫太郎、巻末解説、四一〇～四一五頁、本田創造『『非色』の世界』有吉佐和子選集8〈月報5〉（新潮社、一九七〇年）一～四頁、林かおり、田村恵子、高津文美子、前掲書、三五頁、

かとむゆりこ『遥かな理想郷――在米四十七年――』（蒼洋社、一九九九年）一二八～一三三頁、参照。
139 島崎藤村『破戒』〈日本文学全集 8〉（筑摩書房、一九七〇年）一七二～一七四頁。なお、山室静、巻末解説「人と文学」五二七頁、参照。
140 植木武編、前掲書、九八頁、岡田信子、前掲書、八六～一〇三頁。
141 "Japan/United States Friendship Association, Inc."
142 これまでに引例した文献のほかに、本多勝一『アメリカ合州国』〈朝日文庫〉（朝日新聞社、一九八一年）、本田靖春『新・ニューヨークの日本人』〈講談社文庫〉（講談社、一九八七年）、創価学会青年部反戦出版委員会編『基地の街を生きぬいて』〈戦争を知らない世代へ36 神奈川編〉（第三文明社、一九七七年）、創価学会婦人平和委員会編『サヨナラ・ベースの街』〈平和への願いを込めて6 基地の街（神奈川）編〉（第三文明社、一九八二年）、同上編『祖国はるかなり』〈平和への願いを込めて20 外地編〉（第三文明社、一九九一年）、松本清張『黒地の絵』〈新潮文庫〉（新潮社、一九六五年）、吉目木晴彦『寂寥郊野』（講談社、一九九三年）、大谷勲『ロサンゼルス市日本人町――四人の女の物語――』（角川書店、一九八四年）、など。
143 *The New York Nichibei*,『ニューヨーク日米新聞』, November 17,1988.
144 コーバー月子「はるかなる虹の彼方の国」、スタウト和子「異国の土になるまで――日系国際結婚親睦会の歴史――」植木武編、前掲書、四〇～六二、八六～一一八頁。
145 フランク・F・チューマン、前掲書（下）、四六七頁、植木武編、前掲書、六一～六二、二八五頁。
146 Debbie Storrs, " Like a Bamboo : Representations of a Japanese War Bride, " *op.cit.*, ed. by Linda Trinh Vo and others, pp.93-123. フランク・F・チューマン、前掲書（下）、四八五頁、植木武編、前掲書、二八六頁。

第四章 ❖ 二つの祖国を生きて

二〇〇九年一月二〇日、アメリカで初の黒人大統領に選出されたオバマ大統領の就任式が首都ワシントンで行なわれ、ワシントン・モニュメントの周りは二〇〇万人の群衆で埋めつくされた。初の黒人大統領の誕生に期待する人びとの熱狂を伝える就任式の模様は日本でもテレビで放映され、今でも耳の奥に残る「そうです、私たちはできるのです。」("Yes, we can.") という言葉とともに、強い印象を与えた*1。年老いた黒人の男性や女性が頬に涙を流しながら、感極まった表情を浮かべて新大統領の演説に聞き入っている姿がテレビの画面に映し出されるのを見て、私は一九八〇年代にボルティモア市で生活していたとき親しくなった黒人の友人たち、そして黒人と結婚しボルティモア市およびその近郊で暮らしている日本人女性たちのことを思い浮かべた。

ボルティモア市があるメリーランド州は、アメリカの北部と南部の中間地点に位置しているが、基本的には南部に属し、州議会そしてボルティモア市議会も民主党が多数派を形成していた*2。私が長期滞在していた一九八五—八六年はレーガン大統領の共和党政権（一九八一～八九年）時代であったが、私の交友範囲では民主党支持者が圧倒的に多かった。

ボルティモア市は、一九八一年の統計によれば、一九八〇年に人口数で第一〇位の全米十大都市に入り、そして全人口七八万七千人の内五四・八パーセントが黒人であり、黒人の人口数ではデトロイトの六三・一パーセントについで第二位となっている*3。「ボルティモア市は市民の六〇パーセントが黒人だよ」と、親しくなったアメリカ人たちがよく言っていたが、たとえば市の西地区に密集している黒人居住区など、人種による住み分けがあるのは感じていたにしても、すでに述べたように、市民プールでの体験は別にして、街に出かけても人種を意識したことはまずなかった。

それでも私が人種を意識せざるをえなかったのは、任期の後半に勤務した学校現場においてであった。アメリカ東部の名門校と称されている私立男子校、および同じく私立女子高、そして市の公立校では最優秀校と言われている公立女子高校の三校で教壇に立ったが、私立校では教職員は全員が白人で、生徒は一〇パーセント強のアジア系（主として韓国系と記憶している）を別にすれば、たまに黒人の生徒を見かけると不思議に思うほど圧倒的に白人であった。それに対して公立女子高校は、教職員は様々な人種で構成され、そして生徒のおよそ七〇パーセントは黒人であった。ちなみに私が担当したクラスでは、ひとりの中国系の生徒を除いては、生徒全員が黒人であった。

ボルティモア市では、すでに述べた教育センター、公立および私立の三校以外にも、要請があれば市内の公立小中学校および高校に単発で訪問し、日本の事情や文化を紹介することもした。公立校と私立校との間に貧富の差が認められるのは仕方ないとしても、同じ公立校でも市内のどの地区に位置しているかによって、学校の雰囲気に著しい差が感じられた。じっさい学校現場で表面だけを見ているかぎり、人種の違いを意識せざるをえないとしても、少なくとも政治的には人種差別は撤廃されていたとはいえ、背後に貧富の差が見え隠れし、現実問題として貧困という形で黒人問題はアメリカ社会のなかで構造化されているのではないかと思った＊4。ある意味で、昼食時のキャフテリアの光景がこのことを如実に物語っていた。見たところ公立校と私立校との間で食事内容に相違があるとは感じられなかったが、公立校では、順番に並んでいた生徒たちの最後に、フード・スタンプ（food stamp, 食料割引券）をそっと差し出す生徒の姿が見かけられた。

滞在中にできるかぎり克明に記録しておいた当時の日記を読み返してみると、いずれの学校現場でも、ドロップ・アウト（drop-out、中途退学）、麻薬、暴力、十代の妊娠（teen-ager's pregnancy）、家庭崩壊など多くの難問をかかえ、常勤のカウンセラーの教職員はいつも悪戦苦闘していたようであった。たしか私立男子校のラウンジには、麻薬に対して注意を喚起する文書が置かれてあったことが思い出される。また一九八四年には、黒人の出産の二〇パーセントが十代の母親による出産によって占められていて、白人のばあいの一一・一パーセントと比べると、二倍近く高い数字になっている*5。じっさいに私はボルティモア市にある、妊娠した生徒専用の公立学校に二度も招かれ、教職員や生徒たちと話し合ったことがある。出産する生徒の母親、つまり祖母が児童手当をもらって、ベビー・シッターとして生まれてくる子どもの面倒をみるということであったが、そこにはやはり家庭崩壊の現実があるように思われた。

私がボルティモア市に滞在していた一九八〇年代は、アメリカがパクス・アメリカーナ（Pax Americana, アメリカの力によって維持される世界の平和）を誇っていた時代にもかかげりがみえ、財政赤字に苦しむアメリカが債務国に転落した時代でもあった*6。すでに触れたが、むろん日米関係も悪化していた。もともと港町として発展していったボルティモアは、活気はあったが、無法者たちがのさばる荒っぽい都市として知られ、たとえば一八九六年にボルティモアの記者によって書かれた記事「ブタの町」によれば、「いまわしい町、いまわしい住民、いまわしい安宿、いまわしい空気にみちて」いる都市とされ、一九一五年になっても、まだ公共の下水施設がなく、およそ不衛生という点で、アメリカ合衆国でも最悪の都市であった。そして人種差別、貧困、暴力、売春、ホームレスなど、およそ社会悪のほとんどが集約的に現出していた都市でもあった*7。

ケネディ大統領（John F. Kennedy）暗殺（一九六三年）、公民権法成立（一九六四年）、人種暴動、マルコムX（Malcolm X）暗殺（一九六五年）、ヴェトナム戦争（一九六五年）、ヴェトナム反戦運動（一九六七年）、キング牧師（Martin Luther, Jr. King）暗殺（一九六八年）など、大きな政治的事件で揺れ動いた一九六〇年代を境に、アメリカ社会は著しい変貌を遂げていったと言われている。一九八五年から八六年にかけて、私がボルティモア市に滞在中、よく耳にした二つの言葉がある。ひとつが meaningless、つまりヴェトナム戦争が「意味のない」戦争であったということであり、そしていまひとつが meism、つまり一九六〇年代、人びとが政治的変革を求めていったあまりアメリカ社会が混乱に陥り、その後一九七〇年代になって人びとは一挙に内向化し、「自己中心主義」がアメリカ社会で目立つようになったということである*8。

一九五〇年代から六〇年代の黒人の反乱は、不意に起こったものではなく、その背景には、奴隷制や人種差別やリンチや人種的屈辱などにまつわる、けっして拭い去ることのできない、抑圧された黒人たちの記憶があったのであり、それはまた単なる記憶としてあるだけではなく、今も続く黒人たちの日常生活の現実の一部でもあった。そして抑圧された黒人たちの記憶は、しばしば詩や音楽など芸術の分野でみごとに甦る。ブルースは、いかに感傷的であっても、怒りをうちに秘めていた。ジャズは、いかに陽気であっても、反乱を予言していた。詩は忌まわしい記憶を、ときに暗喩によって、ときに直截に言語によって、表現していたのである*9。

たとえば、アラバマ州で九人の黒人青年が、二人の白人少女を暴行したかどで、証拠もあやふやなまま白人だけの陪審員によって有罪とされた事件、すなわち一九三一年のスコッツボロ事件に関連して、カウンティ・カレン（Countee Cullen）は、おそらくアメリカの黒人たちのすべてに共通していると思われる、少年時代の屈辱的な思い出を呼び起こす「事件」という詩を書いている。

心も、頭も、喜びに満ちて、

懐かしのボルティモアを車で旅したとき、
じっと私を見つめている
一人のボルティモアっ子を見つけた

そのとき、私は八歳で、たいへん小さかった、
その子も大して変わらなかった、
そこで私は微笑みかけた、しかし、その子は、
舌を突き出し、私を、黒ん坊と呼んだ

五月から十二月まで
私は、ボルティモアのすみずみを見た、
そこでおこったあらゆることのそのなかで
私が覚えているのは、あのことだけ＊10

これはまさに、言語によって詩に昇華された、黒人の少年時代の屈辱的な心情にほかならない、と言ってよいのではなかろうか。

一九一五年にボルティモアで生まれたビリー・ホリデイ（Billie Holiday）は、ジャズ史上で最高の女性歌手として高く評価されているが、人種差別、貧困、売春婦、麻薬など、その人生は苦渋に満ち、一九五九年に四四歳の若さで他界している。

ビリー・ホリデイは「南部の木に奇妙な果実がなっている　葉には血が　根元にも血が　黒い死体が南

部の風に揺らいでいる　奇妙な果実がポプラの木に吊り下がっている」*11と歌われる、彼女が一九三九年に吹き込んだ「奇妙な果実」という曲で、アメリカ南部を象徴するひとつの光景、すなわち黒人がリンチに遭い「奇妙な果実」のように木から吊るされているという、露骨で残虐な人種差別を象徴的に物語っている光景に対する悲しみ、そして怒りを、情感を込めて切々と歌い上げている。それはまさに人種差別と偏見が、容易にリンチや惨殺になって表現されることに対する戦慄にほかならないのである。そしてそれはまた、三五〇年以上にもわたって、アメリカの地で奴隷制や露骨な人種差別のもとで育まれ、受け継がれてきたアフリカ系アメリカ人、つまり黒人の忌まわしい記憶の表現でもあったのである*12。

ところで一九六〇年代、すでに黒人社会の内部で階層の分化が起こっていて、七〇年代に入ると、中産階級や富裕階級、そして貧困階級へと、分極化への傾向がますます進んでゆくようになり、そしてレーガン大統領の一九八〇年代、貧富の差がいっそう拡大していったと言われている。じっさい一九六四年に公民権法が成立して以降、一九七〇年代そして八〇年代、専門職や管理職に就く中産階級の黒人の数は増加し、さらに富裕な黒人の政界進出も注目され、連邦や州の下院議員、そして市長および市議会議員など、黒人公職者の数は急増していったのである*13。

私が任期前半に勤務した市の教育センターでは、所長は黒人男性、そして私が所属していた外国語科の科長は黒人女性であったが、二人とも頭脳明晰で有能な管理職であった。そして任期後半に勤務した公立女子高校では、外国語科の科長は黒人女性であった。明るくてじつに包容力のある親分肌のボスで、彼女の部屋に私のデスクが置かれ仕事をしたが、終始なにかと気を遣ってもらい、嫌な気分になったことは一度もなく、日本語および日本文化を教えることよりも、むしろ私の方がひろくアメリカについて学ぶ良い機会となった。

たしかにアメリカでは、公民権運動の勝利によって活動舞台が開かれたアフリカ系アメリカ人たちも多くいたが、その一方ではるか彼方に取り残された人びともいて、一九八〇年代に入って黒人の貧困化はいっそう進行していったのである*14。私が滞在していた八〇年代当時、ボルティモア市の商業地域（downtown）を歩いていて一歩脇道に入ると、そこに建っているビルの側面の壁が黒く燃えた跡そのままになっているのを見かけることがあった。アメリカの知人に事情を尋ねると、都市暴動の痕跡が残っているとのことであった。

ボルティモア市は港町として知られ、一般に港町がそうであるように、売春あり、バー街あり、喧嘩ありで、犯罪が頻繁に発生する危険な都市でもあった。ところが一九五六年、連邦の事業として都市再開発が始められ、「ボルティモア・ルネサンス」（Baltimore's Renaissance）とも言われたように、多くの観光客が集まる一大観光都市へと発展していったのである*15。インナー・ハーバー（Inner Harbor）と総称されている波止場地区（waterfront）には、巨大なショッピング・センター、ホテル、水族館（National Aquarium）、科学館（Maryland Science Center）、世界貿易センター（World Trade Center）など諸施設が建ち並び、終日活況を呈していた。そして歴史的記念建造物として、アメリカ国歌（Star-Spangled Banner）の発祥地として知られるマッケンリー砦（Fort McHenry）、ボルティモアで生涯を閉じたポー（Edgar Allan Poe）の家、ボルティモアで生まれたベーブ・ルース（Babe Ruth）の家、ボルティモア＝オハイオ鉄道博物館（B & O Railroad Museum）、動物園（Baltimore Zoo）、レキシントン市場（Lexington Market）など、とても二、三日では廻りきれないほど、観光名所が数多くあることでも知られている*16。また、数々の娯楽施設もあり退屈することはなかったが、食べ物ではソフト・クラブ（soft crab）といって、甲羅が軟らかい蟹を茹でた（boiled）料理が、忘れられない味として今でも舌に残っている。

もっとも、これまですでに述べてきたように、インナー・ハーバーから少し離れて裏の方面へと行くと、窓ガラスが割れ閉鎖されている工場、出入り口にシャッターが降ろされている建物などもあり、人っ子ひとり見かけない、汚れて淋しい区域もあった。そしてボルティモアからニューヨークへはアムトラ（Amtrak）、日本で言えばＪＲの列車でおよそ二時間もあれば行くことができるが、その当時、列車がニューヨークへ近づくと、八〇年代のアメリカ経済を象徴していたのであろうか、車窓から廃墟と化した工場がいくつか見えたことも忘れられない。

本章で私は、敗戦を契機に海を渡り、アメリカで生きぬいていった戦争花嫁たちが直面せざるをえなかった、アメリカ社会が抱えていた現実、たとえば貧困や人種や麻薬などの問題、さらにヴェトナム戦争などについてまず検討し、そののち、これまで言及してきたボルティモア市でずっと生活してきた日本人女性の生活記録の一端を取り上げ、日米関係の断面を検討していってみたい。

一、もうひとつのアメリカ

貧困

一九八五（昭和六〇）年、交換教員としてボルティモア市に赴任することが決まったとき、私は外国人英語指導助手として川崎市教育研究所（当時）に勤務していたアメリカ人女性から、赴任する前にぜひ読むようにと一冊の本を紹介された。それは、*The Other America : Poverty in the United States*, by Michael Harrington（1962）という書物で、幸いすでに日本語に翻訳され、『もう一つのアメリカ』（一九六五年）という書名で出版されていた。なにはさておき急いで買い求め通読し、書名の副題として記されているように、アメリカにおける貧困の実態を知り、強い衝撃を受けたことを憶えている。当時、私は一英語教師であり、それに大学における専攻学科が異なっていたこともあり、とくにアメリカについて興味と関心をもって研究していたわけではなかった。それだけに、もし出発前に紹介された書物を読むことなくアメリカへ赴任していたら、なんら問題意識を持たないまま、おそらく表面は光り輝いて見えたアメリカの良いところだけを見て、帰国していたかもしれない。

人間にはもちろんのこと、動態として国家にも光と陰の部分がある。二一世紀に入って、総体的に力の衰えを隠せなくなってきているアメリカであるとはいえ、国家として日本は敗戦後、大きく豊かで光り輝く覇権国家アメリカの影響のもとに発展してきたと言ってよい。ましてや少年時代からアメリカ文化の洗礼を受けながら大人へと成長していった私は、たとえば安保闘争やヴェトナム戦争などについてマスコミによる報道に眼をとめることはあっても、自ら深くかかわることはなく、アメリカのいわば光の部分だけを見て、それまで過ごしてきたのであった。それだけに、与えられたせっかくの機会を有効に活用するためにも、滞在中は日系アメリカ人との交流のほか、なるべく先入観にとらわれないでアメリカ社会の現実を見てみようとできるかぎり努めていったが、やはり『もう一つのアメリカ』で言及されているような貧困の現実にじっさいに直面すると、強い衝撃を受けざるをえなかった。

アメリカでの生活に慣れてゆくにしたがって私の行動範囲も拡がり、ボルティモアのほか、よく休日を利用してホテルに宿泊しながら、ボストン、ニューヨーク、フィラデルフィア、ワシントンなど、主として東部の大都市を見て回った。その際に驚いたことをすべて列挙していってもあまり意味はないし、それに、なによりも私自身の個人的な体験だけに一般化することはむろんできないが、とくに心に深く刻印された体験として、三つだけは記しておきたい。

第一に、熱い真夏の夜、黒人居住区に並んで建つ三階建ての集合住宅（row house）の屋内に入ると、各階段を上がった所の狭い踊り場にもベッドが置かれていて、部屋は狭く汚れていてみすぼらしく、どの家も大家族なだけに暑さに耐えられず、夜遅くなっても家の外や路上で、人びとが談笑していたり歩いているのを見たとき。

第二に、首都ワシントンのスミソニアン博物館が並んで建っている通りで、汚れた帽子を手に持ったひとりのみすぼらしい身なりをした老女に、硬貨を恵んでくれないかと声をかけられたとき。

第三に、真冬のニューヨーク・マンハッタンで、雪が積もっている道路に面して建ち並ぶビルの脇にうずくまっている、ホームレスの姿をホテルの窓から見たとき。いずれの場合も私は、本当にこれが「ゆたかな社会」で見られる真の姿なのかと、全身に電流が走ったように、強い衝撃を受けたことを今でも忘れることができない。

ところでガルブレイス（J・K・Galbraith）は一九五八年に出版した『ゆたかな社会』で、「人類の歴史を通じて大部分の国民は貧困であった」*17 とはいえ、そしてまた「貧困が世界の到るところにみられても、われわれが貧困でないことは明らかだ」*18 と述べ、第二次世界大戦が終結し、そののち経済的にもっとも繁栄した一九五〇年代のアメリカ社会の豊かさを確信している。けれども同時にガルブレイスは、「ゆたかな社会は、同時にまた同情心と合理性をもっていさえすれば、品位と慰安に必要最小限の所得を、必要とする人に与えることができる筈である」*19 が、「われわれは、ゆたかさとともに、その便益および文化から排除された人びとを安易に無視して平気でいる、という危険がある」*20 とも述べている。そしてじっさい「アメリカでは、貧困がまだ残っていることは注目すべきことである」*21 どころか、「現代のアメリカでは、貧困は面倒な問題ではなくて、恥辱である」*22 だけに、「ゆたかな社会における貧困の除去を社会的・政治的な日程に強力に載せようではないか。」*23 と提言して、自著である『ゆたかな社会』を締め括っている。

第二次世界大戦後、たしかに表向きアメリカ社会は、少なくとも七〇年代の終わり頃までは、経済成長によって繁栄がもたらされた、豊かな社会であったと言われている。けれどもその後は、世界的な貿易自由化の進展、東西冷戦の終結、経済活動における自由競争および市場原理の席捲、ＩＴ産業のめざましい発達、経済のマネーゲーム化などによって著しく変貌を遂げてゆくとともに、アメリカ社会において貧富の格差がいっそう拡がり、そして社会一般の傾向として、ますます保守化が進んでいったのである*24。

二一世紀を目前にして、たとえば一九八七年から一九九三年にかけて、地球上で推定一三億人が一日一ドル以下で生き延びていると報告されている。そして『世界開発報告　二〇〇〇／二〇〇一』によれば、この一日一ドル以下で生活する貧困人口は、二一世紀に入っても、世界人口六〇億人のうち、五分の一にあたる一二億人にもなると報告されている*25。そして豊かな先進国とされている日本の今、子どもの貧困率が一六・三パーセント、つまり六人に一人が貧困であるという*26。

じっさいM・ハリントンも述べているように、これまでもアメリカは豊富のなかに飢えが存在する社会であったが、貧困が一般的であった時代と異なり、一九六〇年代の貧困は目に見えず、新しい性格のものであった。つまり、社会が豊かになればなるほど、貧困が見えにくくなっているということである。じっさい一九六〇年代、「アメリカ社会の発展自体が、貧困に対するあらたな種類の盲目を生みだしている」のであり、「貧民は、ますます一般国民の生活体験や意識からすべり落ちつつある」*27。しかも「貧民は政治的にも目に見えない。先進国における社会生活のもっとも残酷な皮肉の一つなのだが、社会の底辺にいる零落した人びとは、自分の意見を述べることも不可能なのである。（略）集団として、彼らは原子化されている。彼らは顔もなく、声もない」*28のである。

このようにアメリカで眼に見えなくなっている貧民は、全人口のおよそ二五パーセントを占め、四〇〇〇万人から五〇〇〇万人にも及ぶとされている。アメリカにおける貧民の多くは白人であるが、たとえばハーレムや南部農村に住む黒人など、非白人の少数者集団はとりわけ強烈で集中化した窮乏化に苦しめられ、さらに非白人少数者集団には入らないとしても、老齢者、母子家庭、季節労働者、技術革新から取り残された人びと、ボヘミアン生活者、麻薬常習者など、不利益を蒙っている人たちも多くいるのである*29。

ヴェトナムへの大規模な軍事介入政策に起因する政治的挫折についてはここでは言及しないことにして、ジョンソン大統領は一九六四年、「貧困との戦い」を唱えて貧困対策法案を成立させ、そして一九六五年、「偉大な社会」というスローガンを掲げて福祉政策を推進してゆくなど、積極的に貧困対策に取り組んでいったが、人種偏見や差別があるかぎり貧困はなくならないとしても、一九六〇年代のアメリカは、最高の生活水準を享受する豊かな国という顔とは別に、豊かな社会のなかに飢餓が存在する貧困文化を抱える国という、もうひとつの顔を持っていたのである*30。

ジョンソン大統領時代の「貧困との戦い」にもかかわらず、七〇年代そして八〇年代に入って、アメリカにおいて貧困はいっそう深刻な問題になっていった。ハーバード大学の医師J・L・ブラウンと医事評論家H・F・パイザーを中心に、全米各地から集まった著名な医師たちによって構成されたハーバード医師調査団は、一九七〇年代後半から八〇年代にかけて、アメリカにおける飢餓の実態を究明するために、一九八一年および一九八四年、二回にわたって飢餓調査を行なっている*31。

一九八五年二月、「二千万人のアメリカ人は飢えている」という、ハーバード医師調査団による調査報告が全国テレビで放映されると、全米に大きな衝撃を与えることになったのである。世界一の豊かさを誇るアメリカで、深南部のみならず、ニューイングランド地方、アパラチア山系と大西洋沿岸地帯、サンベルト地帯、穀倉地帯である南西部など、全米各地で飢餓と貧困が同居し、多くの人びとが苦しんでいる数多くの実態が報告され、しかもそれが、たとえば軍事費の拡大、政府の政策の失敗、行政の怠慢などに起因する人為的飢餓であると告発しているのである*32。

たとえば調査報告では、わずか六〇ドルの食糧切符（フードスタンプ）だけで、五歳の子どもと生まれてくる胎児をかかえて暮らす女性*33、「一人でも口減らしができれば事態は良くなるでしょう」と、母親に書き置きを残して首を吊って自殺した一三歳の少年*34など、おそらくアフリカの貧困によるほどには強烈な衝撃を受けないにしても、アメリカの飢餓の真実を示す光景として、およそ信じられないような事例が数多く紹介され、人為的飢餓の実態が明らかにされているのである*35。

さらに調査報告によれば、国民のもっとも豊かな五分の一の層が国の全収入の約四四パーセントを取得している一方、もっとも貧しい人びとの五分の一の層は国の全収入の約五パーセントしか得ていないという。そして一九八〇年以降、米国の所得不均衡の悪化はさらに進んでいるとも指摘されている*36。

一九八〇年代のレーガン政権の時代、減税が富裕層に重点が置かれた結果、貧富の格差がいっそう拡大し、多くの人びとが繁栄と富と豊かな生活を手に入れる一方で、貧困暮らしをするアメリカ人の数が急激に増えたと指摘され、じっさいアメリカの子どもの四人に一人が貧困生活を送っていて、幼児死亡率はほかの工業国一七ヵ国を上回り、さらにホームレスの数も倍増したとも指摘されているのである。じっさいM・ハリントンが実証したように、富裕層と貧困層とに分かれた一九六〇年代アメリカを象徴する「二つの国」は解消されるどころか、八〇年代に入って格差はいっそう深刻化し、H・ジョンソンの所説によれば、富裕階級と貧困階級によって構成される、まったく異なるアメリカ社会の図柄となってより鮮明化していったのである*37。

一九四八年以降、多くの日本人女性が戦争花嫁として海を渡り、アメリカ社会の現実を生きぬいて、すでに鬼籍に入っている女性もいるが、二一世紀の今日にまで至っている。多くが貧困に起因すると思われる人間の精神的荒廃は、しばしばアルコールや麻薬やギャンブルへの依存、暴力、犯罪などへと向かうが、ときに男性の加虐性が、身近にいる弱い存在、つまり妻や子どもたちへの虐待となって発揮されることがある。海を渡った日本人戦争花嫁が、アメリカ人である夫の暴力に苦しんだ事例は、これまで記録や証言などを通して少なからず報告されてきている。私自身ボルティモア市に滞在していたとき、警察官の夫による暴行で死亡した、ある日本人妻の記事を地元紙で読み、それまでそうした事件に疎かっただけに、暗然としたことを憶えている*38。

それだけに、敗戦後の日本を離れ、留学生としてアメリカへ渡り、結婚して主婦、母親、アメリカ市民、福祉ワーカー、そして「いのちの電話」の相談係として、アメリカ社会に内在する豊かさのなかの貧しさ、貧しさのなかの豊かさをつぶさに見てきたひとりの日本人女性による、「いのちの電話相談係」、「虐待される妻たち」、「自動犯罪機」など、いくつかのルポ（報告）は、現世に生き、置かれた状況によっては誰にでも起こりうる人間の精神の荒廃の生々しい実例を伝えていて、ボルティモア市に住むひとりの日本人女性に勧められて一読したとき、人間社会の実相を観察する私自身の姿勢に再考を迫られたのである*39。

すでに言及してきたように、戦争花嫁として海を渡り、アメリカで生活することになった日本人女性のその後の生活はそれこそ様々であったが、統計資料に眼を通すかぎり、アメリカが、ガルブレイスのいわゆる「ゆたかな社会」とは異なり、貧富の格差が歴然として存在する社会であったことは否定のしようがなかったのである。基本的にはハーバード医師調査団による調査報告に記されている所得格差を示す数字と比べても、たとえば大統領経済諮問委員会による一九四八年度の調査報告も*40、そして米国労働総同盟産別会議（AFL-CIO）による一九五八年の調査報告も*41、国民の最富裕の五分の一の層が国の全収入の約四四パーセントを取得している一方で、最貧困の五分の一の層は約五パーセントしか取得できず、残りのおよそ五〇パーセントをそのほかの層の国民が分けあっているという、所得の不均衡を示す統計の数字にそれほど大きな差はない。そして貧困線以下で生活する人びとの比率を人種別に比較した数字を見てみると、たとえば日本人女性の戦争花嫁たちが懸命に生きぬいていった時代を一〇年ごとに、すなわち一九六〇年、七〇年、八〇年の数字を例として取り上げれば、アメリカ人全体としては六〇年（二二・二パーセント、以下同じ）、七〇年（一二・六）、八〇年（一三・〇）、そして白人が六〇年（一七・八）、七〇年（九・九）、八〇年（一〇・二）に対して、黒人およびそのほかの人種が六〇年（五六・四）、七〇年（三一

・六）、八〇年（二九・九）となり、非白人は白人のおよそ三倍程度になっている*42。ともあれ一九四八年以降、海を渡ってアメリカで生活することになった彼女たちは、なんとしてもアメリカの格差社会を生きぬいてゆかなければならなかったのである。

ちなみに、渡米後およそ一〇年が経ち、彼女たちが子育てに追われていた頃と思われる、一九五八年における全世帯所得の分配状況は、最低所得層（四・七パーセント、一四六〇ドル）、下から二番目の層（一一・一パーセント、三四八〇ドル）、下から三番目の層（一六・三パーセント、五一一〇ドル）、下から四番目の層（二二・四パーセント、七〇二〇ドル）、最高所得層（四五・五パーセント、一四二五〇ドル）となっている*43。

家族を日本に残して、単身アメリカで生活している中年の私に対する同情やら心配やらで、滞在中に私は、アメリカ人を夫に持つ何人かの日本人女性にしばしば朝食や夕食に招かれ、そして週末になるとよく家にも泊めてもらうことがあった。それぞれの家庭の経済状態がどの程度かはわからなかったが、少なくとも最高所得層に属する家庭ではなかったかもしれないし、また住んでいる家もけっして大邸宅ではなかったとはいえ、いずれの家庭も総じて堅実かつ温かい雰囲気に包まれていて、居心地がとてもよかった。

「ひとはパンのみにて生くる者にあらず」と言われているが、パンなしに生きることができないのもまた事実である。ひとが生きてゆくための糧であるパンを得られない人びとに対して、社会はどのように応えていったらよいのか、いまだに正解はない。というのも、こうした課題を意識することに社会福祉への配慮が芽生えるにしても、基本的に社会福祉は、それぞれの社会に固有の社会関係を反映しながら、時代のなかで形成されてゆくだけに、きわめて流動的なものになりがちになるからである。たとえば、カーネギー・ホールで知られるアメリカのアンドゥルー・カーネギー（Andrew Carnegie, 1835-1919）の年収は、普通のアメリカ人労働者の約二万倍と言われたが、多くの公共事業に、当時の金額でおよそ三億五千万ドルにものぼる資金を提供したとも言われている*44。けれども、社会福祉の歴史的展開を単純化して言えば、「慈恵から権利へ」、そして「救貧法から社会保障へ」と表現されているように、基本的に社会福祉は国家が担う課題であり、資産家個人の篤志に頼るものではない*45。

一九六〇年代、そして七〇年代と、アメリカ政府による社会福祉に対する政策の遅れはつとに指摘されてきている*46。一九八〇年代に入り、レーガン政権のいわゆる新自由主義革命は、規制緩和や産業のグローバル化を推し進め、アメリカ資本の国際競争力を高めるための政策であったが、結果として、社会において基礎・基本をなす人間の生命にかかわる、健康および福祉予算の大幅な削減をもたらし、著しい社会的格差を顕在化させることになった。一部の特権的な階層を除き、非白人や移民を底辺とする労働者階級は、福祉予算の大幅な削減のほか、団結権も侵害され、労働者の多くがワーキングプア層に転落し、社会的荒廃と犯罪の増加を招くことになっていったのである*47。

アメリカは長い冷戦期間を通して、ソ連と同じに国家安全保障第一の国になったが、国家安全保障のもうひとつの側面、すなわち経済活動の改善、教育水準の向上、平和産業の育成、飢えや貧困や病気への対策などには二次的配慮しか払ってこなかった。そしてしばしば戦闘状態を招いて世界を揺るがし、覇権国家としてアメリカも対処を迫られざるをえなかった、国外の民族的、人種的、宗教的問題の危機の多くが解決されないまま、一九九〇年代が過ぎて二一世紀に入り、今日に至っているのである*48。

二〇〇一年九月一一日に起こった同時多発テロを契機に、アメリカにおいて新自由主義政策は一気に推し進められ、人びとの生命、安全、暮らし、教育など、国民に直接に責任を負うべき国家の中枢機能が民営化され、しかも社会的弱者を守るはずの社会保障費が削減されていったため、ますます貧困が拡大し、アメリカ社会は二極化した格差社会へと構造化されていった。そして民営化という旗印のもと、たとえば医産複合体、軍産複合体、刑産複合体、食産複合体、教産複合体など、過激な市場原理で経済的弱者を食いものにする、政府と癒着した企業による貧困ビジネスが社会を席捲し、いまや格差社会への勢いを止めることができないほどまでに、新自由主義的改革が浸透している。さらにグローバリゼーションと技術革命によって、企業は国境を超え多国籍化し、無国籍で顔のない一パーセント、そして残余の九九パーセントという、二極化が世界中で拡がり、ポスト資本主義という新しい枠組みが形成されようとしている、と言われている*49。

二〇〇八年九月一五日のリーマン・ショック以来、アメリカの貧困率と失業者の数は増え続けている。四人家族で年収二万三三一四ドル（約二三〇万円）という、国が定める貧困ライン以下で暮らす国民はおよそ四六〇〇万人、内一六〇〇万人が子どもと報告されている。『世界開発報告　二〇〇〇／二〇〇一』が示す数字のように、一日一ドル以下の生活ではないにしても、一人一日一五ドル（約一五〇〇円）強であるから、豊かな生活からは程遠いと言ってもよいであろう*50。

経済協力開発機構（ＯＥＣＤ）による、二〇一三年の加盟国三四ヵ国の所得格差に関する報告書によれば、人口の上位一〇パーセントの富裕層と、下位一〇パーセントの貧困層の所得を比べると、平均で九・六倍、その内アメリカが一八・八倍の所得格差がある、と報告されている*51。

人間社会であるかぎり、ひとが他者より少しでも多く得ようとする、また少しでも上位になろうとする競争は、たえずつきまとう動力となって働く。その結果、いかなる社会においても、つねに社会的な境界線が引かれるのは避けることができないであろう。所得の格差、貧富の差を単純に否定しさえすれば、すべて問題が解決されるわけのものでもない。むしろ問題とされなければならないのは、その程度であり、求められなければならないのは、富裕者の多少の倫理観であろう。というのも、社会全体への配慮が欠如すれば、社会の構成分子それぞれが影響を蒙ることになるであろうし、また社会の構成分子それ自体たえず変動し、つねに不動であることは期待できないからでもある。そのため、こうした社会全体への配慮こそ、国家が担わなければならない、そしてまた国民の一人ひとりが自らの問題として考えなければならない、国として最重要な課題であると言わなければならないのではなかろうか＊52。

アメリカと戦争

雪粉粉麻薬に狂ふ漢の眼
一瞬や麻薬に狂れし眼と認む＊53

すでに第三章で論及したが、「娼婦と呼ばれた俳人」鈴木しづ子の俳句である。同棲していた黒人兵ケリーが、麻薬中毒になって朝鮮戦争から帰還し再会したものの、麻薬に犯された漢（おとこ）の眼であることに気づき、互いの運命を予感し、愕然とする感情が表現されていると読み取れないであろうか。

太平洋戦争に勝利を収め（一九四五年）、日本に進駐したアメリカ軍であったが、しばらくして朝鮮戦争が起こり（一九五〇〜五三年）、さらにその後、主な戦争だけでもヴェトナム戦争（一九七五年に終結）、湾岸戦争（一九九一年）、アフガニスタン戦争（二〇〇一年）、イラク戦争（二〇〇三年）と続き、これまでアメリカは覇権国家として多くの戦争にかかわってきたのである。

イギリスの詩人ジョン・メースフィールド（John Masefield, 1878-1967）は、自作の詩「神に捧ぐ」で以下に引例する（一部）詩句を綴り、土や泥や埃や砂にまみれ、雨と寒さに手足を失い、倒れ、盲いた兵たちを讃えている＊54。

傷だらけの軍にあって死ぬまで戦う者たち、
戦場の埃と轟音と絶叫に茫然と立ちつくす者たち、
頭を割られ、目に流れ込む血をぬぐうこともできぬ者たち。

胸に勲章を飾った将軍たちは王に愛でられ、
意気揚々と馬にまたがり、高らかにらっぱを鳴らして行進する。
その陰で、泥にまみれて城を攻め、無名のまま死んでゆく若者たち。

すでに第一章「記憶のなかの太平洋戦争」で論述したが、なによりもゴヤの版画『戦争の惨禍』が雄弁に物語っているように、つねに安全圏に身を置く権力者とは異なり、人間の肉の焼け焦げる臭いを嗅ぎ、体から噴き出す血や臓物を浴びながら、それでも阿鼻叫喚と化した戦場で、不安と恐怖におののきながら戦い続けなければならない兵士たち。こうした際限もなく残虐性が発揮される、戦争に固有の不条理な世界に身を置かざるをえなかった兵士たちのなかに、まるで壊れた人形のように、体も精神も壊れ、戦争で受けた傷痕をいつまでも引きずったまま、心的外傷後ストレス障害（ＰＴＳＤ）に苦しむ帰還兵が少なくないのも事実である。というのも、戦争における真実とは、隣にいる戦友を大事にすることに尽きるが、戦争後の真実とは、ひとは自分ひとりで生きてゆかなければならないからである*55。

人間は本来、同類である人間を殺すことに大きな抵抗感を抱くはずである。たしかに殺すか殺されるかが戦場の現実であっても、自らの体に浴びた殺した相手の血飛沫、銃で打ち砕かれた相手の頭から飛び散って、自分の軍服や靴にこびりついた脳みそ、殺した相手の断末魔の叫びなどがいつまでも心の底に焼きつき*56、ましてや非戦闘員である女性や子どもを殺したり、相手の男性を妻子の見ている前で殺すようなことでもあれば、兵士は良心の呵責に苛まれ、それがトラウマ（精神的外傷）となって、除隊しても平和な日常生活に適応できないまま、何年も引きずって生きてゆかなければならないのである*57。じっさい帰還兵の証言によれば、日常生活に戻っても、何かのきっかけで、原形をとどめぬ死体が続々と現われる悪夢にうなされることがあり、かりに何年かかっても戦場での殺戮行為を合理化し受容することができなければ、いずれ精神障害を引き起こすことは避けられなくなるにちがいない。アメリカで、ヴェトナム戦争によって心的外傷後ストレス障害（ＰＴＳＤ）に苦しむ帰還兵が一五〇万人もいると報告されているように、帰還兵の多くが戦場での殺戮行為を合理化し受容するプロセスに失敗し、自責の念から戦場での自らの行為を否認し続け、心的外傷後ストレス障害（ＰＴＳＤ）を起こし、アルコール依存症、薬物乱用、離婚、ホームレス、自殺、殺人など、悲劇に追い込まれてゆく事例があとを絶たなかったのである*58。

普通の人間社会において犯罪とされている殺人という行為が、戦場では国家権力によって善とされる戦争は、人間がかかわりうるもっとも恐ろしいトラウマ的行為であり、生来の攻撃的社会病質者でもないかぎり、兵士が精神に変調をきたさざるをえなくなるのは無理もないであろう*59。アメリカ軍において、殺人の神聖視は朝鮮戦争で高まり、そしてヴェトナム戦争で完全に制度化され、殺人に対する抵抗感を克服するために、たとえばパブロフによる犬の条件反射の実験の技術が、アメリカ陸軍や海兵隊の兵士の訓練に応用されていったとされている*60。そしてヴェトナム戦争において殺人の神聖視、つまり暴力の観念化が制度化されていったことともに、前線の兵士を強化するために、史上はじめて戦争で現代の薬学の力が応用されていったのである*61。

いわば例外状況にほかならないリアルな戦争の現実とは無縁に、つねに自らは安全圏にいる権力者は別格として、そして敵兵を殺すことは命じても、自らは殺人に直接には関与しない将校、爆撃機の乗組員、海軍将校など、至近距離で殺害行為にかかわったり、直視したりしない戦闘員を除けば、阿鼻叫喚と化した戦場において、飛び散る血を浴び、人肉の焦げる臭いを吸い込み、この世の終末を思わせる声や音を耳にし、土や埃にまみれて、残虐行為にかかわらざるをえなかった前線の兵士たちが精神に変調をきたし、いつまでも殺人の罪悪感に苛まれ、精神的戦闘犠牲者になってゆく確率が、敵兵によって殺される確率よりはるかに高いとされているのも当然と言ってよいであろう。

何百万というアメリカの青年が、兵士として生き残るために、強力な抵抗感を覚える殺人という行為を実行できるよう、じっさいに銃を手にして身体的訓練を受けたり、そしてビデオゲームやシミュレーションで殺戮に慣れるなどして、事前にいくら条件づけられたりしても、いざ前線に送り出されれば、生身に迫ってくる戦場に固有の残酷なリアリティーに耐えることができなくなり、体も精神も壊れてゆくのは無理もないのである*62。ヴェトナム戦争やイラク戦争などからの帰還兵たちの心が破綻してゆく過程を赤裸々に綴った記録*63に眼を通してゆくと、戦争が終って何年経っても、心はそのまま戦場に残って戦闘を続けている、苦痛に満ちた帰還兵の姿、そしてその傍らにいてどうすることもできない家族の無力感が読む者に伝わってくる。ともあれ、改めてヴェトナム戦争やイラク戦争の帰還兵たち、およびその家族の悲痛な証言の記録に眼を通してゆくと、国家による戦争で傷ついた名もなき国民に通底する、いつまでも癒されることのない心痛がきまって思い浮かんでくるのである。

ヴェトナム戦争が終結してすでに一〇年が経過していた一九八五年、私はボルティモア市の教育現場で日本語教育の仕事に携わっていたが、じつにしばしば、いかにヴェトナム戦争が「意味のない」戦争であったか、ということを耳にした。それは、世界最強国家という「アメリカ神話」の崩壊から生じた自信喪失による、ヴェトナム・シンドローム（ヴェトナム戦争症候群）が、アメリカ社会からまだ完全には払拭されていなかったことをなによりも意味していたのである*64。じっさいヴェトナム戦争の特異性についてはこれまで、①多くの十代の若者の戦争、②汚い戦争、③逃げ場のない戦争、④孤独な戦争、⑤初めての薬物戦争、⑥浄められなかった帰還兵、⑦敗戦の帰還兵、⑧歓迎されなかった帰還兵、悼まれなかった戦没者、⑨孤独な帰還兵、⑩非難された帰還兵、といった文言によって批判されてきているのである*65。

ヴェトナム戦争に関しては、ジョンソン大統領のいわゆる「偉大な社会」計画の一環として、一九六六年に「一〇万人特別徴兵計画」が策定されたが、その対象者の多くは黒人や貧しい南部の若者たちで、かれらは貧困からの脱却を信じて、ヴェトナム戦争の前線へと駆り出されていったのである*66。とはいえ「大義なき戦争」と言われたヴェトナム戦争こそは、たとえば当時の国防長官ロバート・マクナマラこそがその典型的人物と言われているが、自由と民主主義の確立というアメリカ帝国主義の大義のもとに、自らは安全圏に身を置きながら、野心や自己欺瞞のため、栄光と興奮に憑かれて星条旗を泥沼に陥れた、ひとにぎりの超エリートたちによって遂行されていった戦争という国家公認の暴力にほかならなかったのである*67。

ところでヴェトナム戦争に関して特記されなければならないことは、政府が策定したいわゆる「一〇万人特別徴兵計画」が、アメリカのヴェトナム戦争政策のもっとも恥ずべき側面のひとつとして指摘されているということである。当時、労働長官代理であったパトリック・モイニハンは、政府のこの計画を「貧困を根絶する」ための政策として評価し、それまで兵役に不合格となった貧しい黒人や若者たちを敗者復活させるために徴兵することは、国内の失業者を減らすことになるばかりか、かれらに能力と自信を与えることになり、かれらにとっても大きな利益になると公言している*68。さらに国防長官ロバート・マクナマラは、「一〇万人特別徴兵計画」の対象者を「地下に住む貧乏人」*69と呼び、そして対象者の多くは、軍事的利用価値がなくなると、再び「どん底の貧困」にもどっていったのである。兵士たちは、ヴェトナムで展開されていった過酷な戦場において、森や林、粗末な民家に潜むヴェトナムのゲリラ兵に対する恐怖にたえずおののき、あたりに飛んでいる小さな鳥や虫、そして木々の葉ずれの音にさえ脅え、神経を病み、アルコールや麻薬によって心身ともに蝕まれ、しかも戦争が終わってもアメリカ国民に歓迎されることなく、負け犬として帰還し、そのためかれらの多くが心的外傷後ストレス障害（ＰＴＳＤ）に病み、アメリカ社会で不適応行動を起こしていったのである*70。

さらにヴェトナム戦争に関して指摘されなければならないことは、アメリカ社会において麻薬の浸透を加速させていったということである。軍隊で麻薬を検出する尿検査が制度化されたのは一九七一年になってからのことであり、じっさいヴェトナム戦争で、麻薬の影響を受けないで帰還した戦闘員は一人としていなかったとも言われていて、多くがなんとか麻薬障害を隠して帰還したものの、帰国後の生活で中毒から立ち直ることができないまま、麻薬を買うために犯罪に手を染め、刑務所に収監されることになった帰還兵も多くいたのである。じっさい一九七〇年代初め、二〇〇〇人いた連邦刑務所の服役囚の一五パーセントが、ヴェトナム戦争の帰還兵であったと記録されている*71。そしてヴェトナム戦争とそれに対する反戦運動を契機に、一九六〇年および七〇年代、ニューレフト運動、公民権運動、大学紛争、ウーマンリブ運動など反体制運動を通して、あらゆる種類の麻薬がアメリカ社会を席捲していったのである*72。

ヴェトナム戦争の負の側面については、「大義なき戦争」と言われただけに、すでに様々な視点から指摘されてきているが、「一〇万人特別徴兵計画」のなかの「極めて貧しい者たち」を構成しているのが、圧倒的に黒人であったということは、人種問題が解決されることのないアメリカ社会に特有の問題であるとはいえ、看過されてはならないと言ってよいであろう。一九七〇年の国防総省の調査によれば、「一〇万人特別徴兵計画」によって、軍隊に組み込まれた者の四一パーセントが黒人で、これは軍隊全体の一二パーセントにあたるという。そして一九六一年から六六年にかけての戦死者のうち、黒人は一六パーセントを占め、一九六五年の報告では、戦死した陸軍下士官のうち、じつに二三・五パーセントが黒人であったとされているのである*73。

最後に、ヴェトナム戦争に関してあえて言わなければならないことは、帰還戦士にとって公的な顕彰と承認は絶対に必要なことであり、このことはまた、兵士を戦場に送り出した国家や社会の道義的責任でもあるということである*74。たしかに帰還兵にとって人生最高の瞬間と思われるのは、紙吹雪の舞う凱旋パレードで、何万という市民の喝采を浴びながら、頭を昂然と上げ、胸を反らし、家族や友人や共同体や国家に尊敬され、誇りを抱いて行進することであるにちがいない。人間を変えてしまう戦争から無事に帰還した戦闘員のためには、こうした凱旋パレードのように、なんらかの浄めの儀式がどうしても必要不可欠であろう。戦場での戦闘行為を合理化し受容するには、個人の能力を超えるものがあり、たとえば凱旋パレードのほか、勲章、冷却期間ともなる時間をかけての海路での帰還、記念建造物、地域の人びとの歓迎や称讃などが、合理化のプロセスで果たす役割には大きなものがあると言ってよいのである*75。

国家によって徴兵され、訓練を受け、戦場に送られ、ただ命じられるまま戦闘行為に加担したにすぎなかったのに、無事に帰国した帰還兵を待っていたのが、歓迎パレードではなく、それどころかマス・メディアの糾弾であり、反戦のデモ行進であり、そして人びとの冷ややかな目であったとすれば、帰還兵たちの精神が壊れてしまうのも無理はないであろう。そもそも帰還兵にとって、社会に復帰するために絶対に欠くことのできない、いわば通過儀礼でもある帰還歓迎パレードが行なわれなかったことが、「大義なき」ヴェトナム戦争の特異性をなによりも雄弁に物語っていると言ってよいのかもしれないのである*76。

むろん戦死者を公的に顕彰する仕方などについては様々な意見があると思われるが、戦死者およびその遺族、そして帰還兵およびその家族にとっては、いかにヴェトナム戦争が「大義なき」、「意味のない」戦争であり、しかも勝利することができなかった戦争であったとしても、国家によって戦争に駆り出され、過酷な戦闘を強いられてきたにもかかわらず、なぜ戦闘員たちは国家によって顕彰も承認もされないどころか、人びとに誤解され、非難され、侮辱されなければならないのか、こうした屈辱にひたすら耐えなければならなかった、長くてつらい年月であったと思われる。

一九八二年一一月、アメリカの首都ワシントンで、ヴェトナム戦没者記念碑の除幕式典が挙行された。もともとヴェトナム戦争は、南北ヴェトナムという分断国家間の統一をめぐる闘いであったが、基本的には南ヴェトナムの内戦から始まったとされている。一九六二年、ケネディ政権は、サイゴンに米軍事援助司令部を発足させ、さらにアメリカの軍事顧問がサイゴン政権軍を指揮し支援する体制を確立させたことにより、「アメリカが支援するサイゴン政権」と「北ヴェトナムが支援する解放戦線」との武力対決が、南の戦場で展開されることになったのである*77。

二〇年遅れでようやく建立されたヴェトナム戦争犠牲者の記念碑は、そもそもは一九七九年、ワシントン地域に住む二人の帰還兵によって計画されたのである。二人は、ヴェトナム帰還兵たちに対する国を挙げての愛国主義的賞讃を望んだわけではなく、帰還しても国に裏切られ、無視された仲間の帰還兵たちが、アメリカ社会において、少なくとも戦闘で果たした役割を再評価され、認知されることだけを望んだのである。こうした二人の、そして二人の意図に賛同した多くの帰還兵たちの心情こそが、国家に対する義務感からではなく、なによりも戦死した自分たちの仲間に対する義務感から、仲間の戦友たちの生きた証を示す記念碑の建立の実現へと向かわせたのである*78。

とはいえ、二〇年遅れでようやく建立された記念碑は、帰還兵たちが帰還してからも長らく耐え忍んできたのとまったく同じに、その実現への過程において、公的な顕彰記念となるものが計画されるばあいにしばしば見られることではあるが、多様な利害関係や様々な政治的思惑が赤裸々に表出され、当初はただ戦没者の名前が刻み込まれただけの「黒い壁」、つまり単に「黒い恥辱の傷あと」とされるところであったが、帰還兵たちの長く苦しい戦いを経て、ようやく記念碑に彫像を取り付け、アメリカ国旗をたてることができるようになったのである*79。このように紆余曲折を経て建立された、五万七九三九名の戦死者および行方不明者の名前が刻まれた黒い御影石のヴェトナム戦没者記念碑は、「嘆きの壁」とも称され、兵士の勇敢さや国家の栄光ではなく、むしろ戦争にまつわる人間的苦悩や悲哀をなによりも表現するものとなったのである*80。

一九八二年一一月一三日、ヴェトナム戦没者記念碑の除幕式の前に、帰還兵たちの大規模なパレードが二〇年遅れで催された。人びとは、「嘆きの壁」を前にして多くの帰還兵が涙を流し、頬を涙で濡らしながらパレードで行進する姿を見て、それまでほとんどのアメリカ人が気づかなかった帰還兵たちの心の悲しみや苦しみをようやく知ることとなり、アメリカ社会を覆っていたヴェトナム・シンドロームからの脱却の機会ともなったのである。そしてこれがきっかけとなって、全米各地にヴェトナム戦争戦没者記念碑が数多く建造されることになり、さらには、やはり建造するために関係者の様々な価値観や思惑を否定することはできないが、「嘆きの壁」に対抗して、「三人の兵士像」が一九八四年に建造され、そして一九九三年には「ヴェトナム従軍女性記念碑」が、それぞれ「嘆きの壁」からさほど離れていない場所に建造されたのである*81。ともあれヴェトナム戦没者記念碑は、「過ぎ去った遠くの昔」(Long Time Passing)*82の視覚化された記憶として、間違いなく今日でも、アメリカ社会の「癒し」の場となっていると言ってよいであろう*83。

一九八六年二月、私はボルティモア市で知り合いとなった何人かの戦争花嫁に誘われ、首都ワシントンにあるアーリントン墓地とヴェトナム戦没者記念碑を訪れた。それぞれ夫や息子を戦争で亡くしていて、同じような境遇にある女性たちであった。アーリントン墓地では、故人の墓前に花を供え、額ずく女性、そしてヴェトナム戦没者記念碑では、「嘆きの壁」の前に立ち、戦死した肉親の名前が刻まれている壁に添えるように、死者を悼む花を置き、刻まれた名前を手でなで、頬ずりして涙を流している女性。わずかな時が流れたにすぎなかったが、生者と戦死者の魂とが交流する永遠の時の流れを感じ、深い感動を覚えた。

ヴェトナム戦争は、誤った発想に基づく誤った助言を得て、誤った筋書きで進められた悲劇にほかならなかったと言われている*84。およそ戦争にかかわったことのない国家の存在を、世界の歴史に求めるのは困難であるとはいえ、アメリカの歴史ほど戦争の歴史に重なる国家もまた珍しいのではなかろうか。ひとつの戦争が終焉すると、時を経てまた軍国主義が頭をもたげ、基本的には国家の安全のためという、きわめて抽象的な理由で多くの若者を、ときに中世の十字軍の現代版を思わせるような戦争へと向けて駆り出すのは誤りと言ってよいであろう。このことはまた、なによりもヴェトナム戦争の教訓でもあったはずである*85。

ヴェトナム戦没者記念碑を訪れ、戦死した夫や息子の名前が刻まれた「歎きの壁」の前で、花や思い出の品や手紙や写真などを供え、両頬に涙を流しながら祈りを捧げているアメリカ人の姿を眼にすると、太平洋戦争において、アメリカ軍による日本各地への空襲、そして広島、長崎への原子爆弾の投下など、残酷なジェノサイド（大量虐殺）によって、言語を絶する被害を蒙った多くの日本人、さらにはヴェトナム戦争において、アメリカ軍による枯葉剤作戦の後遺症に病む多くのヴェトナム人被害者たちのことが思い浮かび、洋の東西を問わず、戦争においては真の勝者もいなければ敗者もいないし、ただあるのは消えることなくいつまでも続く、戦争の傷痕だけではないのかと思わざるをえなかった*86。

二、変わりゆくアメリカ社会を生きた日系人女性

ヒト、モノ、カネ、そしてあまたの情報が行き交う今日とは異なり、敗戦後の日本で進駐軍兵士と結婚して海を渡った戦争花嫁たちにとって、住んでいる人たちも生活習慣も日本とはまったく異なるアメリカは、まさに異文化の世界であった。すでに第三章で言及したように、彼女たちのほとんどが、日本の家族によって喜ばれて見送られ、海を渡ったわけではなかった。それでも、たとえば有吉佐和子が『非色』で描いた笑子と麗子がその典型像と言ってもよいであろうが、異文化の国アメリカで生きてゆかざるをえなかった彼女たちのその後の人生は、異文化に溶け込み、生きることへの意欲に燃え、積極的に生きぬいて

いった笑子、そしていつまでも日本に住む家族から精神的に離脱できないまま、夢破れたアメリカでの生活に疲れ、自ら命を絶った麗子に象徴されるように、明と暗とに別れていったのである。

不幸を求めて生きてゆくひとなど誰もいないであろう。誰もが必死に幸せを求めて生きてゆくのであるが、結果としてその幸せが誰にでも保証されるわけのものではない。ところで、その幸せが得られるひとつの条件として考えられるのは、いかなる生活環境におかれても、ひとは周囲の人たちとなにか精神的に共通するものを見出し、そしてどこかで通じ合うものを見出すことができれば、生きてゆくことへの意欲が湧いてくるということではなかろうか。むろんそれは待っていて与えられるものではなく、自ら積極的に働きかけてゆかないかぎり、けっして得られるものでないのは当然のことと言えよう。それはまた、すでに第一章で言及したが、例えばアウシュヴィッツ収容所に囚われ、絶望的状況のなかにあっても、好奇心や想像力を失うことなく、奇跡的に生還することができた、人間の生への意欲の実例*87に底流で通じるものがあると言ってもよいのかもしれない。

本節で私は、社会が激しく変貌していった異文化の国アメリカで、生きぬいてゆく意欲を生む要因となるものを見出し、それを獲得することに成功したと思える日系人女性三人の体験談をまとめ、彼女たちの生活の実相の一端として記しておきたい。三人とは、私がボルティモア市に滞在中に知己となり、アメリカ社会で意欲的に生きている彼女たちの姿に接し、なにか異文化のなかで積極的に生きてゆく契機となるものがそれまでにあったのか尋ねたところ、その回答ともなる話をしてもらえたが、いずれの女性も、生きてゆくのに必死で、振り返ってひとに話せるようなことをしてきたわけではないと言っていたのが印象的であった。

とはいえ、すでに述べたように、敗戦後すでに七〇年余が過ぎ、日系アメリカ人の生活記録については、たとえばすでに挙げた『花嫁のアメリカ』『アメリカ合衆国』『新・ニューヨークの日本人』など優れた業績があり、今ここで改めて取り上げる意味があるのか、私自身も疑問なしとはしないが、激しく変貌していったアメリカ社会で、文化や習慣の相違に起因する、予想された国際結婚の葛藤を乗り越えて生きぬいていった、日系人女性の命の綱となったものが、もしあったとすれば何であったのか、ということに焦点を定め、ごく手短に彼女たちの体験談をまとめ記しておこうと思う。むろんプライバシーも尊重しなければならないため、名前や出身地は省略し、そのほか個人情報にかかわるものはすべて、内容を損なうことにならないかぎり、一般化するか省略してあることを断わっておきたい。

演歌、生きぬく力

人種問題、貧困、暴力、麻薬など、混乱と頽廃が色濃く反映されて、深刻な社会問題が解決されることなく経過していったアメリカの七〇年代は、六〇年代に端を発したヴェトナム戦争の泥沼から脱け出すこともできず、古き良き偉大なアメリカ社会の夢と言ってよい、「アメリカン・ドリーム」（american dream）の終焉を迎えていったのである。

まず最初に、その戦争でアルコールと麻薬の中毒になって帰還した夫との生活に地獄の苦しみを味わった、ひとりの日系人女性の体験談の概略を記しておこう。

米軍関係の仕事で知り合ったアメリカ陸軍兵士と結婚し、夫とともに米国カリフォルニアへ移住。夫の母親は日本人嫌いの白人女性で、よく「私の大事な息子をジャップの女に取られてしまった！」と言っては、つらくあたってきた。

その後、陸軍に勤める夫とはいくつか内外の米軍基地を転々として暮らしていたが、夫が前線に派遣され、アルコールや麻薬によって体も精神も蝕まれて帰国してからは、生活も一変してしまった。それでも姑との葛藤に耐え、夫の暴力に苦しみながらも、アルコールも麻薬も完全には絶つことができなかった夫を立ち直らせようと、献身的に尽くしていった。あるとき、夫婦喧嘩がきっかけで夫が錯乱状態になり、「殺してやる！」と叫んで、鉄パイプを握って暴れ出したので、ガラスが粉々に砕かれた車に急いで飛び乗って逃げ、子ども二人を残したまま、二度と家にはもどらなかった。

夫とは別居、そして離婚。あるときなによりも大切にしていた物を取りに家に立ち寄ったところ、逆上した夫が銃を手にして現れ、そのとき娘が「ママ危ない！　逃げて！」と叫んだので、急いで車のアクセルを踏んで逃げげた。背後から何発か銃弾が撃ち込まれ、バック・ミラーが砕け散ったが、なんとか車を走らせて逃げ、どうにか命は助かった。

子どもの親権問題など、離婚するにしてもいろいろ面倒な法律上の手続きで時間がかかったが、最終的に二人の子どもを引き取ることができた。早朝から夜遅くまで職場をかけ持ちして働き、子どもへの愛情と責任を糧に娘と息子を育てあげ、なんとか安定した生活が送れるようになった。この間、夫は拳銃自殺。連絡を受け、急いで病院に駆けつけたが、夫の亡骸はすでに片付けられていて、涙も出なかった。

その後、西海岸のカリフォルニアを離れ、白人のアメリカ人の良き伴侶にもめぐり合い、互いに再婚、東海岸のボルティモア市で幸せな生活を送ってきた。むろん市民権も取っていて、このままアメリカの土になろうと決めている。日本のことを忘れはしないが、帰ろうとは思わない。

私は彼女の体験談を聞きながら、彼女が逆境を生きぬいてゆくことができたのは、二人の子どもに対する母親としての深い愛情であったように思えた。そして彼女自身も話していたが、海を渡ってアメリカで生活することになって孤独を紛らせてくれたのは、第二次大戦後に「黄金時代」を迎えていたカントリー・ミュージックであり、そしてその後アメリカ西海岸でも容易に手に入るようになった、カセット・テープに吹き込まれた日本の演歌であり、いずれもメロディといい歌詞といい、あきらめそして見捨てられ、それでもなにかにすがってひとり強く生きてゆく、孤独で悲しく、せつない思いや望郷の念にあふれ、こうした思いが、ひとり異国で生きぬいてゆかなければならなかった日系人女性の孤独な心情に寄り添う「歌の力」＊88として、彼女の命の綱となったのではなかったかと思えた。彼女が、「いまでもカセット・テープやＣＤで、その頃聴いていたカントリーやウェスタンの曲、そして演歌に耳を傾けては、つらく苦しかった当時を思い出し、今の幸せな生活に感謝している」と言っていたのが、妙に印象深く耳に残っている。

黒人霊歌、生きぬく意欲

つぎに取り上げる日系人女性は、米軍の黒人兵と結婚し、海を渡った戦争花嫁である。公民権法成立（一九六四年）以前の時代を生きぬいていっただけに、彼女の体験談には、語り尽くせない重い過去を背負っているように見受けられた。

日本が無条件降伏した一九四五年、女学校の四年生であったが、学徒動員で工場で働かされた記憶しかない。日本人の若い男性はほとんど戦場へ駆り出され、残っていたのは老人と子ども、それに体が弱く、兵士にもなれない軟弱な男ばっかりであったから、厚木の飛行場に降り立ったマッカーサー元帥の生き生きした姿を新聞の写真で見て素敵だと思った。

翌年、女学校を卒業。空襲で丸焼け状態の都会に働く所はなく、そうかといって親がけっこう厳しく、パンパン・ガールになるわけにもゆかなかった。そこで小さい頃に習っていた日本舞踊の特技をいかして、米軍基地を巡回する歌舞団の踊り子になった。東北地方を巡業していたとき、ひとりの黒人兵にプロポーズされた。ちょうどその頃、歌舞団の団長に「舞台でストリップをやれ」と言われたので退団し、黒人兵と結婚。そして程なく夫に帰国命令が出て帰国したため、後を追うようにひとり横浜港から軍用船に乗ってアメリカへ。アメリカ兵といっても黒人だったので、とうとう実家には連れてゆかなかった。日本を離れるとき、ひとり姉だけが見送りに来てくれた。

進駐軍兵士は背が高く、栄養もよく、それに金離れもよかったので、アメリカへ行けば夢のような良い暮らしができると思っていた。白人と黒人の住む場所が違うことなど、日本にいたときは思ってもみなかった。サンフランシスコに迎えに来ていた夫と、車で何日かかけて東海岸のボルティモア市へ。夫の家に着いて、それこそ腰が抜けるほどびっくりした。そこは市のウェスト・サイドに密集している黒人居住区で、街全体が暗く薄汚れていて、独特の臭いがしていた。ロー・ハウスと言って、間口が狭く、地下室付きの三階建ての低所得者用の集合住宅が軒を連ねて建っていた。見かけるのは黒人ばかり。家のなかは日も当たらなかったから、大人や子どもが路上によく出ていた。

当時は黒人に対する差別もひどく、除隊してもまともな職はなく、夫は工場の警備員になっていた。子どもも産まれ、家計を助けるためにレストランで皿洗いの仕事をした。黒人の女たちにはよく「ジャップ！」と言われ、けっこう意地悪された。自分の子どもが学校でいじめられると、先生によく怒鳴りにいった。白人に差別されている黒人が、自分より弱い立場にあるアジア人を差別するという、人間の悲しい性なのか、それに負けずに頑張ってゆくしかなかった。同じ戦争花嫁のなかには、自殺したり、気が狂ったり、自分の亭主を撃ち殺したりしたのもいたが、彼女たちを責めることは出来ない。誰もが紙一重の差で明暗が分かれ、同じ境遇になったかもしれないからである。

ボルティモア市に住むようになってから、毎日たえずラジオの英語に耳を傾け、新聞の英語を読む習慣を身につけたためか、そのうち誰にも頼らずに英語で暮らせるようになった。そして働きに出てから、コミュニティ・カレッジに通って正式に英語やアメリカのことを学び、市民権を取ったら、周りの人たちの態度もすっかり変わった。

夫は飲んだくれで、子どもたちの面倒をみようとしなかったので、あるとき包丁を持ってぶっ殺してやろうとしたところ、そのものすごい剣幕にびっくりしたのか、それがきっかけとなって夫は酒もやめ、生活態度もすっかり変わった。

黒人街に住み、黒人の仲間たちと一緒に生活しているうちに、自分もいつの間にか肌の色が黒くなってきたみたいで、つらい奴隷の歴史を生きてきた人間のひとりになったのかもしれない。日本を離れ、一度は日本に帰ったことがあるが、親も亡くなってしまったし、もう帰る気はない。ボルティモアが永住の地で、このアメリカで土に還る日を待っている。

彼女の体験談を聞いて、やはり私は子どもに対する強い母親の愛情を感じ、それが逆境を生きぬく力となって彼女を支えていったにちがいないと思った。彼女はきっぷのいい、姐御肌の女性で、私は黒人居住区にある彼女の家にはよく訪れ、彼女の夫ともすぐに親しくなった。彼女はやはり黒人居住区に住む同じ戦争花嫁の日系人女性二人とはとりわけ仲が良く、しばしば行動を共にしていた。三人の日系人女性にはよく食事やボウリングに誘われ、そして団体バス旅行でニュージャージー州のアトランティック・シティ（Atlantic City）のカジノ賭博場へ一緒に行き、スロット・マシンに興じたこともある。

滞在中、私はボルティモア市および市近郊に住んでいる日系人女性の多くと知り合いになった。公民権法が成立してすでに二〇年余が経過していたとはいえ、彼女たちの交友関係が、配偶者が白人か黒人かではっきり別れていたのには理解に苦しんだことを憶えている。

すでに第三章で触れたが、彼女とは仲のよい、夫が白人のアメリカ人である日系人女性のひとりが、私に話してくれたことがある。あるとき昼食を食べようと一緒にレストランに入ったら、黒人を夫にしている彼女だけ席に坐って食事することを許されず、裏のキッチンで立って食べるように言われ、怒ったその女性も、彼女と一緒にキッチンで立って食事をしたという。まだ公民権法が成立していなかった頃と言っていたが、アメリカの歴史や事情についてまだ十分には知らなかったと思われ、それだけに露骨な人種差別にいかばかり屈辱を受けたか、想像に難くない。

それだけに私は、むろん子どもへの母親としての愛情はさることながら、彼女が人種差別の激しい、それにけっして豊かとはいえないアメリカでの家庭生活を生きぬいてゆく支えとなってきたものがきっとなにかあるにちがいないと、いろいろ考えを巡らすようになった。

彼女の夫は日曜日、よく私を同じ黒人街にある古びた教会、サザン・バプティスト教会（Southern Baptist Church）へ連れていってくれた。黒人の牧師が正装して集まっている会衆に、まるで催眠でもかけるかのように、節をつけながら、情感あふれ、ときに激しく感情を昂揚させて語りかける説教。そしてゴスペル・ソングの合唱。その間、間髪を入れず発せられる信者たちの掛け声。「イエーメン」、「イエス・マー・ロード」、「グローリー・ハレルヤ」、「サンキュー・ジーザス」、「マーシー・オー・マー・ロード」「テル・イット・トゥ・ジーザス」など、オルガンの伴奏に拍子をとり、体を震わせ、手を打ち、足で床を踏みならし、涙を流し、救世主に声高く呼びかけ、しだいに陶酔し、キリストと一体化しながら、黒人たちがこの世のつらさからひとときでも解放されようとするかに思えた礼拝。誘われるまま私も、涙を流し、顔をくしゃくしゃにしながら、魂の底から歌っている、黒人の熟年男女と輪になって手をつなぎ、信者でもないのに礼拝に加わり、すっかり感動したことをつい昨日のように憶えている。

姐御肌ではあったが、けっして多くを語る女性ではなかった彼女が、あるとき私に話してくれたことがある。夫の両親、つまり舅と姑が人柄がよく、なにかと彼女をやさしくいたわってくれたことが、まるで文化が異なる国に来て、生きてゆかねばならなかったとき、なにより力になってくれたということ。そして信者ではなかったが、家族と一緒に教会へ行き、たまたまゴスペルソングや黒人霊歌を聴いたとき、よくはわからなかったが、深く感動し、「これからずっとこの街で生きてゆくんだ」と思ったということ。

私はこうした彼女の話を聞いて、夫はもとより、夫の家族からも受け入れられているという家族や肉親の愛情は、人間はじめ、およそ生きものすべてに共通していると言ってよいが、安心感を与え、さらに幸せに満足して生きる力を与えるものとなり、そしてそれぞれの民族に固有の、たとえば演歌、カントリー・ミュージック、ブルース、ファド、フラメンコなど民衆歌謡は、ひとが生きてゆく人生において、「歌の力」として計り知れない働きを発揮するものとなるということを、改めて知ることになった。

すでに何度か述べたが、ボルティモア市で生活する以前、私はとくにアメリカの歴史や社会事情を専門的に学んでいたわけではなかった。帰国後、いずれ滞在生活のことをまとめてみようと、多忙のなか時間を見つけては文献や資料に眼を通してきたが、退職後ようやく時間に余裕が生まれ、老学生として改めて近くの大学で日本近現代史、そして公民権運動はじめアメリカの近現代史について正式に学び、広くも深くもないが多少は知見を得てきたと思っている。

なかでも在米中には考えも及ばなかったが、黒人霊歌を聴くと、黒人たちが抱えてきた悲しみや苦しみなど、様々な問題について改めて学ぶことが多くあることがわかった。たとえば黒人霊歌の『深い河』は、『旧約聖書』のヨルダン河であると同時に、アフリカから奴隷船で死ぬ思いでアメリカへ連れてこられ、プランテーションで働かされた奴隷の多くが、逃亡奴隷としてクェーカー教徒などの地下組織に助けられ逃げるとき、彼ら南部奴隷たちが北部自由州へ自由を求めて渡らなければならなかったオハイオ河でもあったということ。

さらに黒人霊歌の『嵐の中にいた』、『誰も知らない私の悩み』、『ときには母のない子のように』、『もうすぐ終る』や、彼らが奴隷として働くときよくいっせいに歌った労働歌など、奴隷たちの悲しくつらい生活から生まれた心情がみごとに歌として表現されていると思う。たとえば南部アメリカ農園が、奴隷たちにとって道徳的で居心地がよい家父長制どころか、農園主と女主人による鞭とリンチが支配する恐怖の世界であったということ。奴隷の女たちは家事や子守や農作業や家畜の世話などで、息づく間もなく働き通しの一生であったということ。奴隷たちにとって、夫婦や親子が別々に離されて、鞭で打たれながら売られてゆく家族の分離売買ほど、屈辱と悲しみを与えられものはなかったということ。面と向かって奴隷主に抵抗できなかった奴隷の男たちは、ときに奴隷主の白人が喜ぶように、従順で愚かな黒人（サンボ）を装って、自分たちの家族の安全を守ってゆかなければならなかったということ。そして奴隷たちはけっして全面的に服従していたわけではなく、農園主に、本心からではなかったとはいえ、お世辞のひとつも言ったり、苦しい労働のなかで、できるかぎり気持ちを明るくするために、農作業のときはいつも同じ仲間の奴隷である歌のリーダーの采配のもと、いっせいに労働歌を歌っていたことなど、例を挙げれば際限がないと言ってよいであろう。

とはいえ、黒人たちはただ悲しみやつらい生活を紛らわすために歌っていたのではなかった。たとえば『エリコの戦い』がひとつの典型的な例と言ってよいが、奴隷主によって虐げられ、鞭打たれながら働かされていた黒人たちにとって、聖書の物語はかれらが抵抗する精神的支柱となっていたのでないだろうか。この曲のなかで歌われているように、神の加護を得て奇跡を起こし、敵を倒したヨシュアは、エジプトで奴隷として苦役を強いられていたイスラエルの民を救出した英雄として、奴隷たちも自分たちの身に置き換えて、その活躍に喝采を送ったのではないだろうか。奴隷たちは、いつかは自由の身になる日を夢見て、歌うことに救いを求め、自分たちの魂を鼓舞していたのである。

このように黒人霊歌は単なる歌ではなく、神が虐げられた人たちと共にいるという信念、そして神の前では人間は平等であるという確信に基づいて、「いつも希望、いつも愛、そしていつも喜び」が歌われる、黒人たちの心の表現にほかならない。黒人奴隷たちがアメリカに連れてこられて教えられた聖書や讃美歌が、いつしかかれらの心のなかに根づいていって、かれらがアフリカから持ち込んだリズムと旋律が白人たちの讃美歌の節と溶け合い、宗教的情熱となって溢れ出て、黒人霊歌となったのである。奴隷たちは、不幸なときほどよく歌い、その歌声は大きく、長く、低い発声で歌われる祈りであり、耐えがたい苦しみを抑えることの出来ない魂の訴えでもあったのである。

帰国して改めて黒人霊歌をじっくり聴き、文献などにも眼を通して理解を深めてゆくにつれ、すでに三〇年余が経過したが、ボルティモア市滞在中に彼女の夫が連れていってくれた、古びた教会のことが鮮明に記憶に甦ってくる。教会は今どうなっているのだろうか。たしかあのとき、彼は私に若い人たちが礼拝に来ないと嘆いていた。たしかに会堂には老年や中年の男女がいるだけで、青少年の男女はまず見かけなかった。また彼は教会の管理運営を担当するひとりでもあったが、平日は教会は鍵をかけ、閉めたままであり、牧師も常住していないので、よく鍵が壊され、教会内にある調度品や飾り物が盗まれると嘆いていた。

それでも私は、ときに彼女が教会の礼拝に加わり、黒人の仲間たちと一緒になって黒人霊歌に耳を傾け、その固有のリズムや旋律や歌詞が彼女の琴線に触れ、それがまた「歌の力」となって、彼女が黒人たちに囲まれ、力強く生きぬいてゆくことができた「命の綱」となったのではなかったかと思ったのである＊89。

ブルース、生きぬくばね

一九世紀後半から二〇世紀前半にかけて、産業社会の勃興とともにひたすら富の追求に邁進していったアメリカが信じて疑わなかった黄金の六〇年代の始まりは、同時にアメリカの夢の終焉でもあった。このことはケネディ兄弟、そしてキング牧師の非業の死が、なによりも雄弁に物語っていると言ってもよいであろう。それはまた、大学紛争、公民権運動、ヒッピー・カルチャー、黒人暴動、ウーマンリブ運動、性革命、エコロジー運動、ドラッグ・カルチャーなど、沈黙する世代と呼ばれていた若者たちによって強行されていった、あらゆるラディカルな運動が、その怒りと抗議の焦点をヴェトナム戦争に収斂させていった「燃えるアメリカ」の時代でもあった*90。

敗戦後アメリカへ渡り、六〇年代を境に激しく変貌していったアメリカ社会に生き、時代の激しい動きを冷静に観察してきたと思われるひとりの日系人女性の体験談を手短にまとめ、三人目の日系人女性の生活記録の一端を示すものとして記しておこう。

敗戦後、旧制女学校を卒業。東京の専門学校で英会話と英文タイプを学び、米軍関係の施設で働く。進駐軍のパーティでユダヤ系アメリカ人将校と知り合い、求婚され渡米。ニューヨークで結婚生活を始めたが、夫は息苦しくなるほど独占欲が強く、そのためアメリカでの生活に幸せを感じる余裕はなかった。娘が産まれたが離婚を決意。ひとり娘は夫の側に引き取られ、爾来三十数年、ニューヨークを離れ、一度も娘に会うことも出来ないまま、ひとりで生活してきた。離婚後、日本には帰らず、アメリカで自立して生きてゆくことをめざし、大学に入学。障害児教育の教員資格を取得。幸いボルティモア市公立学校で教職に就き、ずっと自閉症の子どもたちの教育を担当してきた。勤務校には障害児専門の学級が三クラスあるが、主として低学年のクラスを受け持ち、助手のアメリカ人女性の協力を得ながら自閉症児童の面倒をみてきた。

朝教室に来てから一日中ずっと壁に向かってぶつぶつ言いながら坐っている子ども。いつも薄笑いしている子ども。ちっともじっとしていないで動き回っている子ども。一日中ただ床を叩き続けている子どもなど。とにかく社会性がまったくなく、たったひとり自分だけの世界に閉じこもっている子どもたちといつも一緒で、そして排尿や排便の面倒をみなければならないこともあり、毎日気を緩める余裕などない大変な重労働である。それでもいつも教室で一緒に過ごしていると、ときどき体をくっつけてきて、顔を手でなでたり、尻や胸を触ったりする子どももいれば、そしてこちらが抱きしめても嫌がらない子どももいれば、体を寄せて眠ってしまう子どももいて、それぞれ障害を持って生まれてきているだけに不憫に思うし、またそれだけいっそう可愛く思える。

ラディカルな反体制運動で社会が揺れ動いていた時代に、アメリカの大学で学び、黒人暴動やフェミニズム運動などの実態をじっさいに見てきたが、人間としての尊厳とか権利とかを重んじなければならないという点では、障害児教育も公民権運動や女性解放運動と同じに考えなければならないのではないか。アメリカは民主主義の国の代表のように言われているが、たしかに政治制度としては素晴らしいかもしれないが、それだけでは良い社会になるわけではない。悲しいけど人間は、自分に誰も逆らえないような強い力があると思うと差別意識が芽生え、自分の思うように周りの者を従わせたくなる権力者みたいになってしまうのではないのか。どの国に住んでいても、人間から相手に差をつけたいという意識がなくならないかぎり、とくに人種差別や性差別など理屈ではないからずっと続くし、社会に差別のあるなしは政治制度に関係なく、要は住んでいる社会の集団心理や個人の資質によるのではないのか。

それだけに、一日数時間ではあるが、教室で共に過ごしている障害児たちが、現実としては無理かもしれないが、いつかは他人の力に頼らずに生きてゆければとひたすら願いながら、自身も毎日、とにかくこのアメリカで強く生きてゆかねばならないと覚悟して暮らしている。家族もなくたったひとり、いずれこのアメリカでアメリカの土になる自分を感じながら、退職するまで数年しか残されていないが、障害児たちの面倒をみることを自分に課せられたなによりの使命と思っている。

ボルティモア市に赴任して間もなく、ボルティモア市およびその近郊に住む日系人の親睦団体である

「日米親善協会」の定例会合に特別会員として招かれたとき、私ははじめて彼女に会い、同じく市の公立学校に勤務していることもわかり、それ以後しばしば親しく話をするようになった。そして彼女が市の行政側の組織「川崎姉妹都市委員会」による行事には、いわゆるバイリンガルとして通訳を一手に引き受けていたこともあり、会う機会も多かった。彼女はボルティモア・オリオールズの専用球場（旧）に近いロー・ハウスに黒い大型犬と一緒に住んでいた。私はたびたび食事に招かれては、市の教育界の事情をはじめ、アメリカ全般に関してじつに多くの教えを受けた。このことが、私がアメリカについてもっと体系的に学んでゆく意欲を持つきっかけとなったと言ってもよいかもしれない。

彼女は、大学時代にラディカルな反体制運動を目撃していたこともあってか、アメリカ社会を全面的に肯定するわけではなく、むしろ批判的に見ているように思えた。彼女の仕事は、子ども全員が黒人の障害児の教育であり、そして住んでいるロー・ハウスの両隣りも黒人家族であった。交友関係はいわゆる知識階級に属するひとが多く、大学教授夫人の日系人女性はじめ、医師、芸術家といったアメリカ人たちであった。

本節では、「歌の力」をキー・ワードに、激動のアメリカ社会を生きていった日系人女性を取り上げてきたが、彼女のばあいはブルースと言ってよいかもしれない。「日米親善協会」の集まりがあると、私も何度か招待されたが、きまって最後にカラオケとなり、日系人女性の多くが演歌を歌っていた。彼女は演歌の詞や曲がブルースに似ていると言ったことがある。すでに述べたが、戦後アメリカのジャズ音楽の洗礼を浴びて大人に成長していった私であったが、とくに演歌にもジャズにも詳しいわけではなかったし、帰国してはじめてブルースや黒人霊歌や演歌などに関する文献を読んだていどである。そして改めて思ったことは、演歌、ファド、フラメンコ、ブルースなどいわゆる民衆歌謡が、つらい境遇にある人間の悲しみなどを歌や曲に表現することによって、負の感情を昇華するものとなるからこそ、人びとの心の奥底に訴え、そして人びとの命の綱として「歌の力」を発揮するものとなってきたのではないだろうかということである。

帰国してから薦められるまま通読した『アメリカ黒人女性解放史』＊91には学ぶところが多かった。黒人女性が奴隷制時代から現在までずっと、人種差別と性差別という二つの差別と闘ってきた歴史を実証的に検証し、一読してブルースの背景を理解することができた。それは、「私たちはセックス人形ではない」と主張したウーマン・リブの白人女性たちに対抗して、新たな奴隷を再生産する「子産み器」として、人種差別と性差別を象徴する「この世のラバ」から解放されなければならないという、黒人女性たちの切実な叫びでもあった。

たしかにブルースは、メロディーとフレーズが糸を引くようにつぎのセッションへとつながってゆき、それがときに倦怠感を感じさせながら、メランコリーなリズムを醸し出し、黒人霊歌とも味が違う、黒人特有の歌にちがいない。けれどもブルースは、黒人奴隷たちが過酷な労働のつらさを忘れるために口ずさんだり、生産をはかどらせるために皆で歌ったりする労働歌とも違い、またこの世からの救済を来世に乞い願う宗教歌とも違い、ほとんどが人種差別や性差別による身辺のトラブルや悩みから黒人たちを解放する、ひとりで口ずさむ癒しの曲だけに、黒人たちの心の奥にストンと落ちていったと言ってよいのではなかろうか。

たとえば『星の流れに』＊92や『東京ブルース』＊93など日本の演歌には、そのメロディーがブルースに似て、メランコリーなリズムを響かせている曲がある。その詞も、男や女の、望み通りゆかない、せつない思いを歌ったものが多い。じっさいブルースにも演歌にも、どこか心の底で共鳴するところがあるのかもしれない。それはまた、人間の悲しみや喜びに国境や人種や文化の違いがないことを示している民衆歌謡の精神と言ってよいのかもしれない。

とはいえ私は、今や帰国後三〇年余が経過するボルティモア市滞在を振り返り、彼女が思わず口にした言葉を思い出すと、彼女が演歌やブルースに共鳴しながらも、それを乗り越えて生きてゆかなければならない彼女の強い決意を再認識するのである。女性に対する露骨な性差別の歌が多いブルース、そして男に捨てられ、それでもじっと耐えて、捨てていった男をいつまでも待つなど、女性を蔑視しているとしか思えない歌が多い演歌を耳にしながら、強く生きてゆかなければならないという彼女の生活の背後にも「歌の力」を感じることができるのである。彼女にとってブルースも演歌もただの歌であり、人種差別や性差別と闘わなければならないという、女性解放運動家たちの姿に彼女自身を重ね合わせていたにちがいないと思えるのである。

今年（二〇一六年）三月二五日付『朝日新聞』の耕論欄で、アメリカ黒人の今と大統領選について取り上げられている。それによると、今年アメリカ音楽の最高峰を決めるグラミー賞に、黒人差別を抗議するラップの曲が選ばれ、そして本章でも引例したが、ビリー・ホリディが七〇年以上も前に歌った曲「奇妙な果実」が、今でもニューヨークのハーレムにあるジャズバーで流されているという。公民権運動から五〇年以上が経っても、また黒人大統領が誕生しても、黒人が置かれている状況はなんら変わることなく、むしろより悪くなっているという。

近代民主主義の源流として、たとえばホッブズ、ロック、ルソーなどの所説である社会契約説がこれまでしばしば引例されてきているが、中世以来の有機体的社会に基盤を置くヨーロッパの国家とは異なり、そもそも移民の集団から出発したアメリカ合衆国は、もっぱら政治的説明原理として、一貫して論理的に展開される契約社会から出発している。国家の徴表としての論理と、民族や人種の徴表としての文化や習俗などとは乖離し、いわゆる崇高なタテマエ（論理的理性社会）と直情的なホンネ（情念的感性社会）との間には著しい落差が生じ、人種問題など、解決困難な課題としてこれからもずっと問われ続けてゆくのではないだろうか*94。

三、二つの祖国、そして土に還る日

政治システムとして民主主義は、その源流を古代ギリシアに求められる。一七七六年七月四日、アメリカは一三州独立宣言にあたり、「われわれは、自明の真理として、すべての人は平等に造られ、造物主によって、一定の奪いがたい天賦の権利を付与され、そのなかに生命、自由および幸福の追求の含まれることを信ずる。」*95という独立宣言の理念を掲げ、民主主義の盟主国となるべき自負心を表明している。

ところで一八三一年から三二年にかけてじっさいにアメリカ諸州を視察し、独立後のアメリカ民主政治の本質および実態を探究していったトクヴィル（Alexis de Tocqueville）は、その成果とされている著作『アメリカの民主政治』の冒頭で、地位の平等という基本的事実が、アメリカ社会の母体となっている民主政治の根幹であると指摘している*96。そして自由という理念ほど、個人として国民としてアメリカ人の自己意識にとって根本的に重要なものはないとされ、政治的民主主義はアメリカの自由の本質的な属性であり、国としてアメリカは、地方それぞれの自治コミュニティによって支えられ、公的な事柄に参加する権利としての政治的自由、個人が権力に抗して主張しうる権利としての市民的自由、宗教的ないし倫理的基準に則って行動できる自由、どのような経済的関係が労働の場で個人に自由を保障するかという経済的自由など、自由はすべての人間に与えられた権利であるという理念に基づいて形成されている国家として、たとえば社会契約説など古典的な国家理論を国家形成の説明原理として適用することもなく、具体的にはもっぱら独立宣言および合衆国憲法、つまり基本法の力だけを国家の構成原理として、存在しているのである*97。

もっとも高邁な理念や理想が、ときに現実を隠蔽する働きをすることは否定できないとしても、しばしば理念や理想が現実から乖離するのは避けることができないであろう。アメリカ人であれば誰もが、生命および幸福の追求に対する権利を平等に持っていると謳われている理想が、すでにこれまで言及してきたように、人種差別や貧困に悩む多くのアメリカに住む人びとの生活の実態を省みると、いかに虚しいものであるかということを否定することができないのである。

じっさい自由はすべての人間に与えられた権利であるという前提のもとに建国されたアメリカ合衆国、そしてその政治システムとしての民主主義は、アメリカの歴史をたどってゆくと、人種的マイノリティ、女性、労働者、新移民の集団など多くの人びとから、自由を露骨に奪ってきたことを示しているのである。つまりアメリカ合衆国の共通文化として自由の原理は、現実には自由の享受に境界線を引き、人種、ジェンダー、階級などによっては、自由を享受する恩恵から人びとを執拗に排除するという、平等ではなく、むしろ差異化の上に構築されてきたとも言えるのである＊98。そしてこのことはまた、政治システムとして民主主義が、それを形成している人びとの意志や資質より以上に良いものになるわけではないということを、なによりも雄弁に物語っているのである＊99。具体的には、たとえば第二章で取り上げたように、民主主義というアメリカ合衆国の政治システムのもとで、第二次世界大戦中、強制収容所に隔離された日系人（一世）および日系アメリカ人（二世）の自由が奪われたということは、このことを例証するひとつの典型的な歴史的事実として、記憶に留めておかなければならないと言ってよいのである。

その一方で、アメリカにおいて民主主義という政治システムのもとで、自由は抵抗の理念として効果的に機能してきたということも、否定することができないのである。奴隷制の廃止を求める闘い、女性の権利を獲得するための運動、人種的マイノリティや移民集団の自由と平等を求める闘争、ラディカルな体制批判など、アメリカ的自由の要件である権利を長年にわたって奪われてきた人びとによる自由を享受するための闘いが、政治体制を覆すことなく、政治システムとしての民主主義のもとで、単に境界における闘いを超えて、すべてのアメリカ人にとって自由の意味を拡大するものとなっていったのである。いわば体制転換なき革命として、こうした闘いが、人びとの内面化や価値観をも決定的に変えてしまう、文化運動の側面も担っていたのである*100。

たとえば一九六〇年代を境として激しく変容していったアメリカ社会における精神的危機については、アラン・ブルームが詳しく論じている*101。ヴェトナム反戦運動、ニューレフト運動、公民権獲得運動、ウーマンリブ運動、大学紛争などラディカルな反体制運動の結果、アメリカ社会に多くの社会的病理現象が生じていったことは否定できないとしても、こうしたラディカルな運動が、自由の意味を変化させ、そして深化させ、さらには本来意図されていなかった領域にまで拡大し、アメリカはもっとも自由に息のできる国として、そして解放の理念として、その役割を果たしていったと言ってもよいのではなかろうか*102。

すでに第三章でギリシア悲劇を引例し、戦争の勝利者による略奪婚について言及したが、戦争を契機に国を超えて人的拡散してゆく歴史は古い。一九八〇年代後半以降、冷戦構造の終結によって市場経済が世界的規模で拡大し、ヒト、モノ、カネ、情報などが大量に国際移動する現象が生じ、経済そして人的拡散のグローバル化が著しく進展していった。いまや日本人の海外移住も国際結婚もなんら珍しいものではなく、しばしばテレビなどでも取り上げられているように、世界のこんな所に日本人が、という時代になっている。

ところで永井荷風は一九〇三（明治三六）年にアメリカに渡航し、一九〇七（明治四〇）年にフランスに渡るまで、およそ四年の間にアメリカ各地を訪れ、西洋社会について見聞を広めている。

無論、自分は恋と云う事よりも長く此の国に存在する黒白両人種の問題を今更らしく考え出すのである。一体黒人と云うものは何故白人種から軽侮又嫌悪されるのであろう。其の容貌が醜いから黒いからであろうか。単に五十年前は奴隷であったと云うのに過ぬのであろうか。人種なるものは一個の政治的団体を作らぬ限りは如何しても迫害を免がれないのであろうか。永久に国家や軍隊の存在が必要なのであろうか……*103。

荷風は四年に及ぶ見聞の成果でもある『あめりか物語』のなかで、アメリカ各地の四季折々の自然や都市の姿などを流麗な筆致で活写しながら、あらゆる人種が混ざり合った「人種の坩堝」として、人種問題をはじめ、二〇世紀初頭のアメリカ社会の負の側面を鋭く指摘している。文化的にも経済的にも、ヨーロッパの植民地の域を超える社会にまでは成長していないとはいえ、個人の自由および平等を根本原理として新たに成立した近代市民社会としてアメリカには、社会の底辺に生きる人たちをはじめ、すでに多くの日本人が生活していたが、日本を離れ、アメリカ社会に生きるかれらの生活の実態について深く省察し反省するとともに、たとえばカリフォルニアにおける日本の学童排斥問題にも触れ、近い将来に日米間で起こるかもしれない戦争を予測してもいるのである*104。

二〇一五（平成二七）年は戦後七〇周年にあたり、そして今まさにこの地球上で激しい地域戦争が行なわれていることもあり、戦争にまつわる話題に高い関心が寄せられてきた。こうした時代の風潮のなかで、『朝日新聞』夕刊に一五回にわたって連載された「もう一つの戦後―― 日系米国人の七〇年 ――」は、太平洋戦争で日本を敵国として戦ったアメリカで生きぬいていった、日系アメリカ人の生の軌跡を伝える記事として位置づけてよいであろう。

まだ人びとの記憶に新しいが、二〇〇一年九月一一日、アメリカ本土を攻撃目標として起きた同時多発テロは、アメリカ社会に「真珠湾攻撃以来の衝撃」を与えたと言われている。テロの後、アメリカで暮らすアラブ系市民に対して疑いのまなざしが向けられ、石を投げられたり、暴言を吐かれたりして、恐怖と不安のなかで暮らすアラブ系市民もいたのである。

そうした状況のなかで、ロサンゼルスの全米日系人博物館の館長であったアイリーン・ヒラノは、長年にわたる人種偏見や差別を乗り越え、アメリカ社会で重要な位置を占めて活躍している日系アメリカ人に対して寄せる、アラブ系団体市民の関心に気づき、「今こそ、日系人の経験を伝えなければ」と痛感し、「万人の人権が大切」というメッセージをアメリカ社会に伝えようと努めていったのである。「攻撃を受け、恐怖で覆われた社会がいかに簡単に人権を無視するのか。九・一一は歴史が繰り返される可能性を感じた最初の機会だった」*105というヒラノの言葉は、太平洋戦争中に強制収容所に隔離された日系人の血を受け継ぐ者にしてはじめて言える言葉ではなかろうか。さらに日系人が中心となって、テロの犠牲者を追悼する祈りとともに、アラブ系市民に対するヘイトクライム（憎悪犯罪）を防ぐための呼びかけも行なわれていったのである。日系人によるこうした行為は、戦時中に強制収容された経験が、人種や国籍を問わず国家に自由を奪われた人びとへの共感として、日系人の間で着実に受け継がれていったことを、なによりも証明するものとなっていると言ってよいのではなかろうか*106。

ある意味で人類は、その発生以来グローバルに人的移動を続けてきたと言えるが、日本人もすでに一六世紀、安土桃山時代に東南アジアに進出し、いくつか日本人町を形成している。こうした日本人の海外移住の一環として、日系アメリカ人社会は一九世紀の中頃に始まったとされている。すでに一九世紀に移民国家としてアメリカ合衆国は、多民族、多文化社会を形成していたが、じっさいには白色人種であるアングロ・サクソン民族によって実権を握られ、後進の少数民族、とりわけ有色人種は、もっぱら差別と偏見の対象とされていったのである。しかも移民の多くが激しい差別や偏見と闘いながら、過酷な労働に従事していかなければならない苦難の道を歩んでいるなか、真珠湾攻撃に端を発した日米戦争によって、とりわけアメリカに移住した多くの日系人は、基本的に移民は棄民と考える日本政府の姿勢もあって、強い外交措置もないまま、民主主義というアメリカ合衆国の政治システムのもとで、強制収容所に隔離され自由を奪われるという、想像を絶する苦難を強いられたのである*107。

すでに第二章で論述したが、太平洋戦争が終わり、アメリカ政府による不当な強制収容に対して謝罪と補償を求める声が日系人の間から上がり、長い年月を要してようやくその実現にこぎつけ、国家に異議申し立てをする権利を獲得したが、こうした日系人による補償運動が、同じく民主主義というアメリカ合衆国の政治システムのもとで遂行され、一定の成果を収めたことは注目されてよいであろう*108。つまり政治システムとして民主主義は、繰り返して言えば、なによりもそのもとで生きる人びとの意志や資質や能力によって、より良いものになる可能性を秘めたものであるということである*109。そしてこのことはまた、民主主義が単に政治システムとして存在していればよいといった静態的なものではなく、たとえば革命のように既存の政治体制を転覆させるといった過激な行動に訴えることなく、そこに生きる一人ひとりが主語となり、人びとの意志と力によって社会の内面や価値観をも変えることができる可能性を秘めた、動態的なものであるということをなによりも示している、と言ってもけっして過言ではないのである*110。

アメリカ社会で生き抜いていった日系人として、一世や二世と比べその歴史は古くはないが、戦後アメリカに渡った戦争花嫁の存在も大きい。これまで言及してきたように、戦争花嫁とひと括りにすることができないほど、その歩みは多様である。同じくアメリカ合衆国の政治システムとして民主主義のもとで、アメリカ政府によって一九二四（大正一三）年に制定された「排日移民法」がいぜんとして戦後も適用され、日本人のアメリカ移住は認められていなかったため、アメリカ軍兵士たちと結婚したイギリスやドイツやフランスの女性たちがアメリカに移住するのは許可されても、むろん日本人の戦争花嫁たちに対しては認められないという、露骨な人種差別の状態が続いていたのである。基本的に個人の自由と平等を根本原理として民主主義を標榜するアメリカ政府による、こうした日本人女性への不当な扱いに対して、結婚相手として当事者である米軍将兵、そして日系アメリカ人社会の関係者たちが抗議行動を起こしたことで、その訴えが実を結び、一九四六年に「GＩ婚約者法」がアメリカ議会で承認され、日本人女性の戦争花嫁にもアメリカ永住への道が開かれていったのである。

もっとも日本人女性の戦争花嫁たちに関して言えば、こうしてアメリカへの移住の道が開かれたものの、少し前までは敵国として戦っていたアメリカ軍の将兵と結婚した女性ということで、戦前からの先住者であり、同胞でもある日系人一世や二世の人たちから白眼視されるという、そしてさらに結婚相手であるアメリカ人の肌の色による人種差別もあり、一世や二世たちが強いられた苦難とはその内実こそ違え、同じように想像を絶する苦難の道を歩まねばならなかった戦争花嫁もいたのである*111。

藤原てい（作家）、江成常夫（写真家）、山田雪代（主婦）、鈴木成子（司会）による座談会「海を渡った花嫁たち」は、アメリカ社会での戦争花嫁それぞれの生の軌跡を伝えていて興味深い。

座談会は、一九八二（昭和五七）年に発行された、創価学会婦人平和委員会編『サヨナラ・ベースの街』に収録されていることから考え、今からおよそ三三年前に行なわれていると推定できるが、時代状況を考慮に入れても、座談会の内容に古さは感じられず、むしろ変わらない真理が一貫して主張されていると言ってよい。つまりそれは、海を渡った戦争花嫁の一人ひとりにそれぞれの自分史があり、そしてアメリカでの生活も幸か不幸かに分かれていったとしても、帰りたいと思っても帰る所がないかぎり、「良きアメリカ市民」になるようひたすら生きぬいてゆくしかなかったということである。そしてまたこうした自覚を持つことこそ、負のイメージがつきまとう「戦争花嫁」という言葉から解放され、人びとを不幸に陥れる戦争が再び起こらないように、それこそ日米間の架け橋となって自分たちの体験を後世に伝えてゆく、「平和花嫁」として生きぬいてゆくことへと導いていったのである*112。

アメリカ東海岸に位置する都市のひとつである、ボルティモア市に滞在して得た私の個人的知見を、アメリカ社会全体に関するものとして一般化することはむろん控えなければならないが、その後も継続して関連する文献を読んでゆくと、日系アメリカ人にある共通の姿勢が見られるのではないかと思うようになった。それはひとつには、少しでも社会に貢献したいという積極的な姿勢と言ってよいかもしれない。たとえば、すでに述べたように、二〇〇一年九月一一日の同時多発テロ以降、人種偏見や憎悪の対象とされたアラブ系市民に対して救いの手を差し延べたのは、日米戦争のため戦時中に強制収容所に隔離された日系人の血を受け継いだ日系アメリカ人たちであった。

そして戦後アメリカに渡った戦争花嫁のひとりは、「アメリカの地に根を張り、一家を成して夫に仕え、子供を育て、望郷の念にかられても風雪に耐え、日本の伝統文化を伝え、日本食を紹介して、二つの国の架け橋となって、今日まで生きて来た。（中略）戦前に教育を受け、礼儀と忍耐のしつけを与えられたこの年代は、外国人と結婚した自分自身に責任を持ち、恥をさらすまいと我慢してきたケースが多い。」*[113]と述べ、また別の戦争花嫁は、「この星条旗のもとで生きて行く限り、この星条旗が守ってくれる。私はこの国の土になろう。そしてこの感謝の気持ちをいつの日か、何かの方法で形に表わして行こうと心に誓った。」*[114]と述べている。

一九八五年から八六年にわたってボルティモア市に滞在中、私は多くの日系アメリカ人がそれぞれ地域社会に貢献している積極的姿勢をしばしば眼にした。たとえば姉妹都市の提携を結んでいるボルティモア市と川崎市との間では、地方行政、商工業、教育、文化、芸術、スポーツなど多方面で都市間交流が活発に行なわれていたが、なかにはボルティモア市の市長室の国際交流担当部署に、ボランティアとして所属して活躍している日系人女性たちもいて、公的にも私的にも多くの日系人が様々な交流事業を率先して支えていた*[115]。

私は滞在中に多くの日系アメリカ人と出合い、それこそ愛情溢れる温かい援助をいっぱい受けたが、日系一世および二世、そして戦争花嫁たちのそうした姿には、意志こそ自己への、そして人生への愛情であると確信し、広大なアメリカ社会で生きぬいてきたことへの誇りを感じさせるものがあった。もちろん今も元気で活躍中の日系人はいるが、とりわけ当時すでに高齢の日系一世および二世の人たちは、日本の心とか魂のようなものがなんらかの形でどこかに残ってゆくと信じて、アメリカの土になって地に還る日を待っていたように思われた。そしてそれはまた、日本から遠く離れたアメリカで、「地の塩」として生きぬいて、アメリカの土になって地に還ってゆくことへの誇りでもあったのではないだろうか*116。

＊

1 堤未果『ルポ　貧困大国アメリカⅡ』〈岩波新書〉（岩波書店、二〇一〇年）一～一〇頁、上杉忍、前掲『アメリカ黒人の歴史——奴隷貿易からオバマ大統領まで——』三～一五頁。
2 森田徳、前掲『アメリカから語り掛ける』一四九、一八一頁。
3 **U.S. Bureau of the Census, *Statistical Abstract of the United States*, 1981, pp. 21-23.** なお、本田創造『アメリカ黒人の歴史』〈岩波新書〉（岩波書店、一九九一年）二四一頁、参照。
4 同上書、二五一頁。
5 同上書、二三九頁。
6 上杉忍『パクス・アメリカーナの光と陰』新書アメリカ合衆国史③〈講談社現代新書〉（講談社、一九八九年）二一七～二二三頁。
7 ドナルド・クラーク『月に願いを——ビリー・ホリデイの生涯とその時代——』諸岡敏行訳（青土社、一九九八年）一八～二四頁。
8 上杉忍、前掲『パクス・アメリカーナの光と陰』一八二～二一九頁。なお、マイラ・マクファーソン『ロング・

タイム・パッシング――ベトナムを越えて生きる人々――』松尾弌之訳（地湧社、一九九〇年）、佐藤隆三『ミー時代のアメリカ――「私」優先社会の危機――』（日本経済新聞社、一九八二年）、参照。

9 ハワード・ジン、前掲『民衆のアメリカ史』（下）一五五～一五七頁。

10 同上書、一五七～一五八頁。

11 'Billie Holiday, Twelve of Her Greatest Interpretations' (CD: Commodore Records).

12 ドナルド・クラーク、前掲書、一四～一五、一八～三六頁、「訳者あとがき」、三六六～三七三頁、ビリー・ホリデイ『奇妙な果実――ビリー・ホリデイ物語――』油井正一・大橋巨泉訳〈筑摩書房編集部、ノンフィクション全集一六〉（筑摩書房、一九七三年）三～一二頁、「解題」、三五三～三五四頁、中川ヨウ『ジャズに生きた女たち』〈平凡社新書〉（平凡社、二〇〇八年）六三～一一一頁。

なお、アメリカ南部における黒人に対するリンチについては、すでに第一章で言及した。上杉忍、前掲『公民権運動への道――アメリカ南部農村における黒人のたたかい――』一二七～一三七頁、鈴木透『性と暴力のアメリカ――理念先行国家の矛盾と苦悶――』〈中公新書〉（中央公論新社、二〇〇六年）八一～九七頁、参照。

13 本田創造、前掲書、二三二～二三六頁。

14 ハワード・ジン、前掲書、四一〇頁。

15 Baltimore, *A Portrait* (Image Publishing, Ltd., 1983) pp.7-15, 森田徳、前掲書、一五〇～二七〇頁。

16 Baltimore, *A Portrait*, pp.15-20, 21-23, 37, 41, 50-51, 61, 64-65.

17 J・K・ガルブレイス『ゆたかな社会』鈴木哲太郎訳〈岩波現代文庫〉（岩波書店、二〇〇六年）一三頁。

18 同上書、一四頁。

19 同上書、三八一頁。

20 同上書、四一八頁。

21 同上書、三八五頁。

22 同上書、三八六頁。

23 同上書、四二〇頁。
24 同上書、「訳者あとがき」四二八～四二九頁、上杉忍、前掲『パクス・アメリカーナの光と陰』一三〇～一四三、一八二～二二九頁。
25 国際連合開発計画（ＵＮＤＰ）『貧困と人間開発』〈人間開発報告書一九九七〉（国際協力出版会、一九九七年）四～五頁、『世界開発報告二〇〇〇／二〇〇一 ――貧困との闘い』西川潤監訳（シュプリンガー・フェアラーク、二〇〇二年）五頁。
26『朝日新聞』二〇一五年五月五日付。
27 Ｍ・ハリントン『もう一つのアメリカ ――合衆国の貧困――』内田満・青山保訳（日本評論社、一九六五年）六頁。なお、一～六、一一、二二、六八頁も参照。
28 同上書、九頁。
29 同上書、一一、一九～二一、三一、六九、九三～一二六、一二九、一三一、一三五、一五九～一七七、二七六～二八四、二九一頁。
30 同上書、二四三～二六八頁、上杉忍、前掲『パクス・アメリカーナの光と陰』一五八～一六〇頁、有賀貞、大下尚一編『概説アメリカ史 ――ニューワールドの夢と現実――』〈有斐閣選書〉（有斐閣、一九七九年）一六一～一六二頁、Charles Murray, *Losing Ground : American Social Policy 1950-1980*, Basic Books, Inc., Publishers, 1984, pp. 56, 61, 64.
31 Ｊ・Ｌ・ブラウン、Ｈ・Ｆ・パイザー『現代アメリカの飢餓』青木克憲訳（南雲堂、一九九〇年）五～二一頁、「訳者あとがき」三二四～三三〇頁。
32 同上書、五～一七頁。
33 同上書、八七頁。
34 同上書、一五四頁。
35 同上書、二八四、二九五頁。

36 同上書、三一九頁。なお、家族の収入などの統計については、前掲 *Statistical Abstract of the United States,* 参照。

37 ヘインズ・ジョンソン『崩壊帝国アメリカ――「幻想と貪欲」のレーガン政権の内幕――』（上）山口正康監訳（徳間書店、一九九一年）二八〇～二九一頁。

38 *The Sun*, January 22, 1984.

39 岡田信子、前掲『貧しいアメリカ』四七～六五頁、八六～一〇三、一二八～一五一頁、ほか。

40 F・L・アレン『ザ ビッグ チェンジ――アメリカ社会の変貌 一九〇〇～一九五〇年――』河村厚訳（光和堂、一九七九年）二三五～二三六頁。

41 M・ハリントン、前掲書、二八一頁。

42 C. Murray, *op. cit.*, p.245.

43 M・ハリントン、前掲書、二八一頁。

44 F・L・アレン、前掲書、二三四頁、『岩波 西洋人名事典』増補版（岩波書店、一九八一年）三四六頁。

45 一番ヶ瀬康子『現代の社会福祉』（春秋社、一九七六年）、同編著『社会福祉と政治経済学』（一粒社、一九七九年）、松本真一、小田兼三編著『社会福祉概説』（福村出版、一九七八年）、ほか。

46 Michael Harrington, *The New American Poverty: A provocative, incisive exposé of the social and political roots of poverty*, Penguin Books, 1984, pp.14-38.

47 ヘインズ・ジョンソン、前掲書（上）一六三～二九一頁、J・L・ブラウン、H・F・パイザー、前掲書、二七九～二九七頁、アンジェラ・デイヴィス『監獄ビジネス――グローバリズムと産獄複合体』上杉忍訳（岩波書店、二〇〇八年）、「訳者解説」一三九～一五四頁。

48 ヘインズ・ジョンソン、前掲書（下）、二四〇～二五六頁。

49 堤未果『ルポ 貧困大国アメリカ』〈岩波新書〉（岩波書店、二〇〇八年）六、九～一〇、一八八、二〇三～二〇五頁、同著者、前掲『ルポ 貧困大国アメリカⅡ』一〇三～一五四、一五五～一九五、二一四～二一五頁、同著者

『(株) 貧困大国アメリカ』〈岩波新書〉(岩波書店、二〇一三年) 一二一〜一三三、二七一〜二七七頁、アンジェラ・デイヴィス、前掲書、「訳者解説」一三九〜一五四頁。
50 堤未果、前掲『(株) 貧困大国アメリカ』三三頁。
51 『朝日新聞』夕刊、二〇一五年五月二三日付。
52 F・L・アレン、前掲書、二五一〜二五六頁、R. W. Connell and others, *Making The Difference: Schools, Families and Social Division*, Allen & Unwin, 1982, pp. 184-194.
53 正津勉、前掲「鈴木しづ子というひと」鈴木しづ子、前掲書、一六〇頁。
54 デーヴ・グロスマン『戦争における「人殺し」の心理学』安原和見訳〈ちくま学芸文庫〉(筑摩書房、二〇〇四年)、「献辞」一一頁。
55 デイヴィッド・フィンケル『帰還兵はなぜ自殺するのか』古屋美登理訳 (亜紀書房、二〇一五年) 二二七頁。
56 エリコ・ロウ『本当は恐ろしいアメリカの真実』(講談社、二〇〇九年) 五八、六〇頁、マイラ・マクファーソン、前掲書、三四〇〜三九六頁。
57 デーヴ・グロスマン、前掲書、三八八〜三九〇、四一一頁。
58 同上書、四〇五、四三〇、四三三、四三五、四四七頁、マイラ・マクファーソン、前掲書、一〇二〜一二七頁。
59 デーヴ・グロスマン、前掲書、一一〇頁。
60 同上書、三九二〜四〇四頁。
61 同上書、四一七〜四一八頁。
62 同上書、一二三〜一二四、一三一〜一三二、四三六頁。
63 陸井三郎編訳『ベトナム帰還兵の証言』〈岩波新書〉(岩波書店、一九七三年)、マイラ・マクファーソン、前掲書、デイヴィッド・フィンケル、前掲書、デーヴ・グロスマン、前掲書、エリコ・ロウ、前掲書、デイル・A・ダイ『プラトーン』井上一夫訳〈二見文庫〉(二見書房、一九八六年)、白石洋子『ベトナム戦争のアメリカ——もう一つのアメリカ史——』(刀水書房、二〇〇六年) ほか、参照。

64 遠藤聡、前掲『ベトナム戦争を考える――戦争と平和の関係――』一一〇～一一七頁、白石洋子、同上書、一八〇～一八六頁。

65 デーヴ・グロスマン、前掲書、四〇八～四三二頁。

66 マイラ・マクファーソン、前掲書、四五二頁。

67 デイヴィッド・ハルバースタム『ベスト＆ブライテスト』（上・中・下）浅野輔訳〈朝日文庫〉（朝日新聞社、一九九九年）。

なお、いかにもヴェトナム戦争のハリウッド版映画の印象が強いが、つぎに記す映画を参照した。マーティン・スコセッシ監督『タクシー・ドライバー』、マイケル・チミノ監督『ディア・ハンター』、フランシス・コッポラ監督『地獄の黙示録』、オリバー・ストーン監督『プラトーン』、同『七月四日に生まれて』。

68 マイラ・マクファーソン、前掲書、四五二～四五三頁。

69 同上書、四五三頁。

70 上杉忍、前掲『パクス・アメリカーナの光と陰』一七一～一八六頁。

71 マイラ・マクファーソン、前掲書、四四六～四五一頁。

72 石井陽一『麻薬戦争――南北アメリカの病理――』（創樹社、一九九六年）一〇～二三頁、中村希明『薬物依存――ドラッグでつづる文化風俗史――』〈ブルーバックス〉（講談社、一九九三年）二三～二六、四三～五〇、二二四～二二八頁。なお、アンジェラ・デイヴィス、前掲書、ハワード・ジン、前掲『民衆のアメリカ史』（下）、参照。

73 マイラ・マクファーソン、前掲書、四五一～四五三頁。

74 デーヴ・グロスマン、前掲書、四二三、四四八～四五一頁。

75 同上書、四〇五～四〇八、四一八～四二二、四三九～四四二頁。

76 同上書、四二三～四二四、四四二～四四五頁。

77 遠藤聡、前掲書、三六～五三頁、George C. Herring, *America's Longest War: The United States and Vietnam, 1950-1975*, Alfred・A・Knopf, 1979, pp.73-143, 257-281.

78　ジョン・ボドナー『鎮魂と祝祭のアメリカ――歴史の記憶と愛国主義――』野村達朗ほか訳（青木書店、一九九七年）一二～一三、二二～二三頁。
79　デーヴ・グロスマン、前掲書、四二四頁、白井洋子、前掲書、一七五～一七七頁。
80　マイラ・マクファーソン、前掲書、四九七～五〇九頁、ジョン・ボドナー、前掲書、二二頁。
81　デーヴ・グロスマン、前掲書、四二三～四二五頁、ジョン・ボドナー、前掲書、一二～二三頁、白井洋子、前掲書、一七五～一九四頁、遠藤聡、前掲書、二三〇～二三八頁。
82　マイラ・マクファーソン、前掲書、五〇九頁。
83　遠藤聡、前掲書、二二八～二二九頁。
84　マイラ・マクファーソン、前掲書、五〇二頁。
85　同上書、五〇〇～五〇二頁、油井大三郎『好戦の共和国アメリカ――戦争の記憶をたどる』〈岩波新書〉（岩波書店、二〇〇八年）。
86　マイラ・マクファーソン、前掲書、五〇二～五〇九頁、デイヴィッド・フィンケル、前掲書、三三九～三七六頁、遠藤聡、前掲書、一一〇～一一七、二二八～二三八頁、**George C. Herring,** ***op.cit.***、なお、清水知久『ベトナム戦争の時代――戦車の闇・花の光――』〈有斐閣新書〉（有斐閣、一九八五年）、亀山旭『ベトナム戦争――サイゴン・ソウル・東京――』〈岩波新書〉（岩波書店、一九七二年）、参照。
87　V・E・フランクル、前掲『夜と霧――ドイツ強制収容所の体験記録――』参照。
88　ヘレン・コレイン『歌の力――日本軍女性収容所を生きる――』西村由美訳（木鐸社、二〇〇一年）、参照。
89　小川洋司『深い河のかなたへ――黒人霊歌とその背景――』（音楽之友社、二〇〇一年）、一五、一〇三～一〇五、一三六～一四四、一五七～一五八頁。
　なお、すでにこれまでに注記した関連する文献のほか、左記の諸文献を参考にした。

　CD「黒人霊歌集」バーバラ・コンラード独唱、コンヴェントアヴェニュー合唱団（NAXOS,DDD）。

　ロック・クラシック研究会編『ブラック・ミュージック入門』（河出書房新社、二〇〇八年）。

東理夫『アメリカは歌う――歌に秘められた、アメリカの謎――』（作品社、二〇一〇年）。

アメリカ学会編『原典アメリカ史』〈社会史史料集〉（岩波書店、二〇〇六年）。

亀井俊介・鈴木健次監修『史料で読むアメリカ史②』〈独立戦争から南北戦争まで〉（東京大学出版会、二〇〇五年）。

有賀夏紀・油井大三郎編『アメリカの歴史――テーマで読む多文化社会の夢と現実――』〈有斐閣アルマ〉（有斐閣、二〇〇三年）。

『史料が語るアメリカ』（有斐閣、一九八九年）

セオドア・ローゼンガーテン『アメリカ南部に生きる――ある黒人農民の世界――』上杉忍・上杉健志訳（彩流社、二〇〇六年）。

青木冨貴子『「風と共に去りぬ」のアメリカ――南部と人種問題――』〈岩波新書〉（岩波書店、一九九六年）。

ベンジャミン・クォールズ『アメリカ黒人の歴史』明石紀雄・岩本裕子・落合明子訳（明石書店、一九九四年）。

メアリー・ベス・ノートン他『アメリカの歴史』②白井洋子ほか訳（三省堂、一九九六年）。

同著者『アメリカの歴史』③上杉忍ほか訳（三省堂、一九九六年）。

古矢旬、山田史郎編『権力と暴力』〈シリーズ・アメリカ研究の越境〉第二巻（ミネルヴァ書房、二〇〇七年）。

上坂昇『アメリカ黒人のジレンマ――「逆差別」という新しい人種関係――』〈世界差別問題叢書七〉（明石書店、一九八七年）。

トーマス・F・ペティグリュー『現代アメリカの偏見と差別』今野敏彦・大川正彦訳〈世界差別問題叢書二〉（明石書店、一九八五年）。

W・E・B・デュボイス『黒人のたましい』木島始・鮫島重俊・黄寅秀訳（未来社、一九六五年）。

ロナルド・シーガル『ブラック・ディアスポラ――世界の黒人がつくる歴史・社会・文化――』富田虎男監訳（明石書店、一九九九年）。

セラ・ルイーズ・デレイニィ、アニー・エリザベス・デレイニィ、エイミー・ヒル・ハース『アメリカ黒人姉妹の一世紀――家族・差別・時代を語る――』樋口映美訳（彩流社、二〇〇〇年）。

Shirley Ann Wilson Moore, *To Place Our Deeds: The African American Community in Richmond, California, 1910-1963*, University of California Press, 2000.

W. E. B. Dubois, *An ABC of Color: Selections chosen by the author from over a half century of his writings*, International Publishers, 1964' " The Souls of Black Folk", *Three Negro Classics*, Avon Books, 1965.

Jack Woddis, *Ho Chi Minh :Selected Articles and Speeches 1920 -1967*, Lawrence & Wishart Ltd. ,1969.

Conrad Lynn, *There is a Fountain: The Autobiography of a Civil Rights Lawyer*, Lawrence Hill, 1979.

Harry Haywood, *Black Bolshevik: Autobiography of an Afro American Communist*, Liberator Press, 1978.

Office of Secondary Supervisors, 'The Afro-American in History', Baltimore City Public Schools Social Studies Department, 1968.

90 角間隆『燃えるアメリカ――「神話」に挑戦する若者たち――』〈中公新書〉（中央公論社、一九七一年）、越智道雄『アメリカ「六〇年代」への旅』〈朝日選書〉（朝日新聞社、一九八八年）参照。

91 ポーラ・ギディングズ『アメリカ黒人女性解放史』河地和子訳（時事通信社、一九八九年）。

92 塩澤実信『昭和歌謡一〇〇名曲』（株式会社ブレーン、二〇一二年）四九～五一頁。なお、第一章の注(60)を参照。

93 同上書、〈Part.5〉（ブレーン、二〇一四年）一六六～一六八頁。

なお、すでにこれまでに注記した関連する文献のほか、左記の諸文献を参考にした。

北島明弘『アメリカ映画１００年帝国――なぜアメリカ映画が世界を席捲したのか?――』（近代映画社、二〇〇八年）。

藤本和子『ブルースだってただの唄――黒人女性のマニフェスト――』〈朝日選書〉（朝日新聞社、一九八六年）。

同著者『塩を食う女たち――聞書・北米の黒人女性――』（晶文社、一九八二年）。

リロイ・ジョーンズ『ブルース・ピープル』飯野友幸訳（音楽之友社、二〇〇四年）。

ピーター・バラカン『魂のゆくえ』（アルテスパブリッシング、二〇〇八年）。

マイク伊藤『音楽から見える「アメリカ」――カントリー&ウェスタンとともに四〇年――』（彩流社、二〇〇八年）。

三井徹『カントリー音楽の歴史』（音楽之友社、一九七一年）。
カール・N・デグラーほか『アメリカのおんなたち――愛と性と家族の歴史――』立原宏要、鈴木洋子訳（教育社、一九八六年）。
荒このみ『女のアメリカ』（花伝社、一九八七年）。
藤枝澪子、松野潔子ほか『英語で読む　アメリカのフェミニズム』（創元社、一九九一年）。
ホーン川嶋瑤子『女たちが変えるアメリカ』〈岩波新書〉（岩波書店、一九八八年）。
湯川新『ブルース――複製時代のフォークロア』〈教養選書〉（法政大学出版局、一九九七年）。
サミュエル・チャーターズ『ブルースの本』小林宏明訳（晶文社、一九八〇年）。
Shirley Dex, *The Sexual Division of Work: Conceptual Revolutions in the Social Sciences*, St. Martin's Press, 1985.
Leslie Friedman Goldstein, *The Constitutional Rights of Women: Cases in Law and Social Change*, Longman, 1979.
Sandra Baxter, Marjorie Lansing, *Women and Politics: The Visible Majority*, The University of Michigan Press, 1980.
Susan J. Carroll, *Women as Candidates in American Politics*, Indiana University Press, 1985.
George Spence, 'The Program for Autistic-Like Children in Baltimore City Public Schools: An Informational Handbook', Baltimore City Public Schools, 1982.
Marian K. DeMyer, 'Evaluation of an Autistic Child: Expanded Outline for Conference on Infantile Autism', Indiana University Medical Center,1983.
J. Rendie-Short, 'Autism Diagnosis', Division for Exceptional Children , Baltimore City Public Schools (Pamphlet).

94　ニーチェ『ツァラトゥストラ』上〈ニーチェ全集九〉吉沢伝三郎訳〈ちくま学芸文庫〉（筑摩書房、一九九三年）

八八～九三頁、参照。
95 William Macdonald, ed., *Select Documents of the United States*, Burt Franklin, 1968, p.2, 高木八尺、末延三次、宮沢俊義編『人権宣言集』〈岩波文庫〉（岩波書店、一九五七年）一一三～一一五頁。
96 A・トクヴィル『アメリカの民主政治』（上）井伊玄太郎訳〈講談社学術文庫〉（講談社、一九八七年）二一頁。
97 エリック・フォーナー『アメリカ　自由の物語――植民地時代から現代まで――』（上）横山良ほか訳（岩波書店、二〇〇八年）「序」ｘｖ～ｘｘⅸ、七〇～八一頁、A・トクヴィル、前掲書（上）二二一～一九五頁、同（下）二〇〇～二〇八頁、D・J・ブアスティン『現代アメリカ社会――コミュニティの経験――』橋本富郎訳（世界思想社、一九九〇年）三七～一〇四頁、ベルナール＝アンリ・レヴィ『アメリカの眩暈――フランス人哲学者が歩いた合衆国の光と陰――』宇京頼三訳（早川書房、二〇〇六年）三二九～四二四頁。
98 エリック・フォーナー、同上書、ｘｖ～ｘｘⅸ頁。
99 マーク・ゲイン、前掲『ニッポン日記』一八一頁。
100 エリック・フォーナー、前掲書、「日本語版への序」ｖ～ⅸ頁、『朝日新聞』二〇一五年九月二四日付。
101 アラン・ブルーム『アメリカン・マインドの終焉』菅野盾樹訳（みすず書房、一九八八年）一七～三六、八一～一四三、一九九～二三七、三四七～三七一頁。
102 エリック・フォーナー、前掲書、「序」ｘｘⅳ～ｘｘⅶ頁、ベルナール＝アンリ・レヴィ、前掲書、三五四頁。
103 永井荷風『あめりか物語』〈新潮文庫〉（新潮社、一九五一年）一一九頁。
104 同上書、一二四頁。
105『朝日新聞』夕刊、二〇一五年九月三〇日付。

106『朝日新聞』夕刊、二〇一五年一〇月一日付。なお、ジョン・W・ダワー、前掲『忘却のしかた、記憶のしかた――日本・アメリカ・戦争――』二九一～二九七頁、参照。
107 ハルミ・ベフ編、前掲『日系アメリカ人の歩みと現在』七～一三頁。
108『朝日新聞』夕刊、二〇一五年九月二八日、二九日、一〇月一日、二日付。

109 マーク・ゲイン、前掲書、一八一頁。
110 『朝日新聞』夕刊、二〇一五年九月二四日付参照。
111 大谷勲、前掲『ロサンゼルス市日本人町――四人の女の物語――』ほか、参照。
112 創価学会婦人平和委員会編、前掲『サヨナラ・ベースの街』一八七～二〇九頁。
113 コーバ月子「はるかなる虹の彼方の国」植木武編、前掲『「戦争花嫁」五十年を語る――草の根の親善大使――』六一～六二頁。
114 マートレイゆき「川柳で綴る私のアメリカ生活」植木武編、同上書、一七四頁。
115 ボルティモア市はメリーランド州に属するが、そのメリーランド州の歴史、地理、議会、行政機構などについては、森田徳、前掲書、二五五頁以下に詳述されている。
116 古森義久、前掲『遥かなニッポン』二七一～二九二頁、マーク・ゲイン、前掲書、一八一頁、植木武編、前掲書、一七四頁など、参照。

なお、すでにこれまでに注記した関連文献のほか、左記の諸文献を参考にした。

Ronald Takaki, *Strangers from a Different Shore: A History of Asian Americans*, Back Bay Books, 1989.

Diane C. Fujino, *Heartbeat of Struggle: The Revolutionary Life of Yuri Kochiyama*, University of Minnesota Press, 2005.

Roger Daniels, *Asian America: Chinese and Japanese in the United States since 1850*, University of Washington Press, 1988.

Jill M. Bystydzienski and Estelle P. Resnik, ed., *Women in Cross-Cultural Transitions*, Phi Delta Kappa Educational Foundation, 1995.

Yukiko Koshiro, *Trans-Pacific Racisms and The U.S. Occupation of Japan*, Columbia University Press, 1999.

Gene N. Levine & Colbert Rhodes, *The Japanese American Community, A Three-Generation Study*, Praeger, 1981.

おわりに

『朝日新聞』声欄で不定期に掲載される「語りつぐ戦争」*1に眼を通すたびに、「戦争の痕は、戦争と同じように永遠に続く」*2という文言に同感せざるをえない。そこには、いわゆる国家を単位とする歴史記述にその名が出てこない、無名の人びとの素朴な感情が行間に伺え、畏敬と愛惜の念が自ずから湧いてくる。それと同時に、権力の獲得、維持、発展を中心として展開される国家の正史のなかに埋没してゆく、個々の人間の記憶を記録として残してゆくことの大切さが痛感され、国家や時代が過去の忘却を強制するようなことがあってはならないと、改めて思わざるをえないのである*3。

「はじめに」で述べたように、派遣教員として過ごした姉妹都市のボルティモア市での私の生活体験は、いわゆる正史とは異なり、教科書などには取り上げられていない歴史の現実を学ぶまたとない機会となった。容易には忘却することのできない、重い過去の記憶を背負った日系人の多くに出合い、私は社会の現実をもっと直視しなければならないという意識を持つようになったのである。そしてそのための実践のひとつの試みとして、滞在中に私は、多くの日系人の過去を許される範囲で文字で記録してゆくこと、つまり聞き書きを続けてゆくことにした。もっとも、専門分野を異にする私はそれ以前に、聞き書きやオーラル・ヒストリーといった研究方法があるということすら学んだことがなく、そのため私の実践の試みは、いわば素人のつける日記といったレベルのものにすぎなかったことは認めなければならない。

帰国後、日系人に関して聞き書きした文献がすでに数多く公刊されていることを知り、また私自身の問題意識も、単に聞き書きしたものをまとめて資料として作成するということよりも、むしろ興味と関心を抱いた対象の本質にできるかぎり迫ってゆきたいということにあったため、関連するそれぞれの分野で多くの文献を渉猟することに時間をとられ、こうして資料としてまとめるのに、当初に考えていたより以上に年月がかかってしまったことを認めざるをえない。

本稿でこれまで述べてきたことは、アメリカ東海岸の一都市における私の生活体験に基づき、太平洋戦争をキー・ワードにしてまとめた日米関係の歴史、つまりひとつの断面史にすぎない。むろんこれによって、日米関係の歴史の全体像を把握することが出来たなどとはけっして思わない。それだけに、もしこうして日米関係の一端を追及することによって、その全体像の片鱗が少しでも解明されるようなことがあるとするならば、望外の喜びとしなければならないであろう。

二〇一五年が戦後七〇周年にあたることもあってか、新聞紙上には太平洋戦争にまつわる記事が例年よりも多く掲載されてきたように思われる。日中戦争が始まった一九三七（昭和一二）年に生まれた私は、戦時中そして敗戦後の数年、それこそ思い出したくもない記憶しか浮かんでこない、つらい経験をしたひとりであったと思う。

私個人のことに関して言えば、第一章で暗黒色のモノトーンで覆われた幼少期の戦争体験について多少は触れたが、たとえば『朝日新聞』が掲載している、「給食の七〇年——かながわの戦後——」のなかで取り上げられている、昭和二〇年代のある横浜市立小学校の給食風景の写真、そしてララ物資の記事などに眼を通すと*4、敗戦後にひもじい思いをした原風景へとどうしても連れ戻されてしまう。

また第二章では主として日系一世および二世、そして第三章と第四章では主として戦争花嫁を主題として論述したが、取り上げた日系人の多くに滞在中に世話になっただけに、私情が混じるようなことがないだろうかと、不安になることもあった。

それだけに本稿において私は、私の個人的な原風景や日系人たちとの交流など、ややもすれば主観的に過去を振り返りがちになるような体験に言及するのはなるべく避け、公刊されている資料にできるだけ多くあたり、そして記述の客観化にできるかぎり徹することに努めてきた。

とはいえ、すでに述べたが、歴史とは解釈のことであり、解釈がまったく加わっていない純粋な事実などは存在しないし、そして歴史家やジャーナリストや著作家などによって世界に呈示されてきたあらゆる事実の背後には、つねにひとつの判断があるとされている＊5。つまり歴史は、主観的な契機によってまとめられた客観的事実の一断片であり、歴史の事実は純粋な形式で存在するものではなく、現在の視点に立ってする歴史への反省以外に歴史はないということは認めなければなるまい＊6。

ある意味で戦争は、民族的利己心や国家の安全などといったきわめて抽象的な理由で、自らは安全圏に身を置く、政治、経済、軍事、宗教などにかかわっている、ひとにぎりの要人たちの利害や思惑もからんで、国家権力が誤った発想に基づき、誤った助言を得て、誤った筋書きで遂行してゆく悲劇にほかならない＊7。それだけに戦争は、自己の裡に光と闇を抱える人間の弱さ、醜さ、怖さなどが赤裸々に発揮される、まさに例外状況にならざるをえないと言ってよいであろう。

戦争と平和について、ニーチェは『人間的、あまりに人間的』のなかで、歴史を通して妥当する、それだけにまた、みごとに人間の本質をついた言及を展開している。

いかなる政府も、軍隊を保持しているのは自国の防衛に奉仕させるためであって、征服欲を満足させるためであるとはけっして認めようとしない。ところが自国がやむを得ず正当防衛の手段に訴えることは、隣国が好戦的で征服欲にかられていることを前提としていることにほかならないのである。じっさい自国の善意と隣国の悪意を前提として軍隊を保持することは、しばしば隣国に非道徳性をなすりつけ、相手の敵愾心や敵対行為を誘発するため、戦争への挑発となり、原因ともなる。そのため、正当防衛の手段としての軍隊の理論は、征服欲とともに徹底的に否定されなければならない。また、自身をも隣国をも信頼することができないため、憎悪心や恐怖心から武器を捨てることができない武装平和は、けっして心意の平和を導きはしない。むしろ自発的に「われわれは剣を折ろう」とすることによって、自己を無防備化することが、真の平和へと至る手段とならなければならないのである*8。

とはいえいかなる国家も、自己を無防備化することによって滅亡することなど、けっして望みはしないであろう。「野営のあの荒々しいエネルギー、あの深い非個人的な憎しみ、晴れやかな良心をもってするあの殺人の冷血、敵を絶滅するさいのあの共通な組織化する灼熱、大きい喪失に対する、自己の現存在や親しい者の現存在に対するあの誇らかな無関心、あの重苦しい地震のような魂の震撼など」戦争に固有な激情、背徳、悪意は、たしかに既存の文化を破壊するにしても、新しい文化や歴史を生み出すために必要な新しい力を得る手段として働くかぎり、やはり戦争はなくては済まされないものとなるにちがいないのである*9。

このようにニーチェは、戦力を放棄し、自己を無防備化することが真の平和を導くとする、「日本国憲法」第九条にも通ずる、ラディカルな平和論者であると同時に、同じ著作の別の個所では、「自分の文化や現存在そのものを失わないためには、単に戦争というだけではなく、もっとも大きい物凄い戦争――したがって野蛮状態へのときおりの復帰――を必要とする」*10と述べる、戦争不可欠論者でもあるということに注目しなければならないのである。

平和か戦争かに関して、こうしたニーチェの矛盾した主張は、すでに第一章で論及したカントのやはり矛盾した所説に通ずるものがある、と言ってもよいであろう。つまり「人間の本性にそなわる邪悪」*11や「人間の本性に生来そなわっているかに見える権力者の戦争癖」*12、それに人間を暴力へと駆り立てる様々な社会的矛盾がなくならないかぎり、戦争はいつ起こってもけっして不思議ではないのである。そしてこのことはまた、『旧約聖書』「コーヘレト書」（別名「伝道の書」）にある言葉、「かつてあったことは、いずれまたあるであろう。かつて起きたことは、いずれまた起きるであろう。日の下に、新しいことは一つも存在しない。」（一一九）が教えているように、時が過ぎ、国家や権力者の名前が変わっても、人間の本質そのものが変らないかぎり、戦争がこの世界からなくなることはないということを、なによりも明確に示していると言ってよいのではあるまいか[*13]。

＊

1　朝日新聞社編『戦場体験――「声」が語り継ぐ歴史――』（朝日新聞社、二〇〇三年）。
2　デイヴィッド・フィンケル、前掲『帰還兵はなぜ自殺するのか』三七六頁。
3　J・W・ダワー、前掲『忘却のしかた、記憶のしかた――日本・アメリカ・戦争――』、参照。
4　『朝日新聞』二〇一五年一月八日付。
5　ハワード・ジン、前掲『民衆のアメリカ史――一四九二年から現代まで――』（下）五八八～五八九頁。
6　E・H・カー、前掲『歴史とは何か』一～四〇頁。
7　マイラ・マクファーソン、前掲『ロング・タイム・パッシング――ベトナムを越えて生きる人々――』五〇二頁。
8　ニーチェ、前掲『人間的、あまりに人間的』Ⅱ、四七一～四七二頁。
9　同著者、前掲書Ⅰ、四一五～四一六頁。
10　同上書、四一六頁。
11　カント、前掲『永遠平和のために』四〇頁。
12　同上書、一八頁。
13　前掲『聖書名言辞典』三〇五～三一二頁。

あとがき

私は川崎市教育委員会から派遣された交換教員として、一九八五（昭和六〇）年に任期一年の契約で、アメリカ東海岸にある港湾都市ボルティモア市に、そして一九九二（平成四）年に同じく任期一年の契約で、大きさでオーストラリア第九番目の都市ニュー・サウス・ウェールズ州ウロンゴン市に赴任した。このとき経験したアメリカ公教育の実際、そしてオーストラリアはニュー・サウス・ウェールズ州の教育改革や公教育活動などについては、帰国後あまり年月が経過していない時点で、『アメリカ公教育のいま』（川崎市総合教育センター、一九九〇年）、『アメリカ公教育の課題と展望』（川崎教育文化研究所、一九九二年）、そしてオーストラリアに関しては『オーストラリア多文化主義の軌跡』（ナカニシヤ出版、二〇〇一年）としてまとめ、刊行した。これら三冊の書物が、いずれも交換教員として私の正規の教育活動に関する成果の記録であるとするならば、本書は、ボルティモア市における私のいわば教科外活動の成果の記録と言ってよいものである。

情報化社会を迎え、国際化がすっかり定着した今日の日本と異なり、一九八〇年代の日本は、誰でも気軽に海外旅行に行けると言えるほどまでにはまだなっていなかったし、そして海外の情報も限られていたのではなかったかと思う。それだけに「なんでも見てやろう」の精神がまだ人びとの間で旺盛で、私自身もせっかくの機会とばかり、ややもすれば教科外活動により多く精力を注いでゆくことになってしまったかもしれない。とりわけ私は大学における学問の修業時代から、つねに存在者としての人間の実相に強い関心を抱いてきたということもあって、派遣されたボルティモア市で出合った日系一世および二世、そして戦争花嫁たちが負っているように思えた、歴史的過去の事実とは何なのかということに強い関心を引き起こされたのである。

こうして滞在中に私の研究意欲に火がつき、すでに本文のなかで述べたが、できるかぎり多くのひとに会い、かれらの話に耳を傾け、できればノートに記録し、そして帰国してからは、できるかぎり多くの文献を渉猟し、より広い社会的文脈のなかで課題を理解してゆくことに努めてきた。そして定年退職して時間に余裕が生まれたこともあり、幸い私の家から距離にしてさほど遠くない所にある公立大学に聴講生として入学し、改めて日本およびアメリカの歴史を体系的に学ぶなどして研究を続けてきたこともあって、完結するまでに当初に予定していたよりもはるかに多くの年数を要してしまった。本書は、こうして研究を続けているうち、八〇歳が目前に迫ってしまった私のささやかな研究成果である。アメリカ滞在中に、いずれ公刊することを約束して、自分史を語っていただき、また快く資料などを提供していただいた関係者の皆様には、むろん遅延したことを心から詫びなければならないが、ともあれ一応の研究成果が完成したことで、ささやかではあるが還元することができたのではないかと安堵している。

二〇世紀後半、そして二一世紀となり、世界はあらゆる方面で激動の時代を迎えているが、それだけに歴史的現象の背後にある精神ないし本質に対する理解が必要とされるのではなかろうか。本書は、こうした歴史認識を充足するために、学術的理解に力点を置いた所論のほか、詩や俳句や音楽など、文芸や芸能的側面に力点を置いた所論、さらに一九六〇年代のアメリカにおける揺れ動いた社会現象の理解に努めた叙述など、論調に一貫性を欠くきらいがあることは認めなければならないとはいえ、本書を貫く基本姿勢は、これもすでに本文で述べたように、太平洋戦争をキー・ワードにして、個人の力を超えて動いてゆく社会の動態に翻弄されながらも、逞しく生きぬいていった個々の人間の実相をもっぱら把握してゆくことにある。

本書はささやかな研究成果にすぎないが、ものみなすべてがそうであるように、こうして本書が刊行されることになったのは、関係する多くの方々から温かいご理解とご協力をいただいたからである。とりわけ私の試みに快く協力していただいた、ボルティモア市で出合った多くの日系人の方々には、もしかれらの理解と協力が得られなければ本書は成立しなかっただけに、いくら感謝してもしきれないほどである。そしてお名前を個々に記すことは控えるが、滞米中に私の生活を側面から支えていただいた日系人の方々には、ここで改めて感謝の意を表したい。さらに、川崎市教育委員会および私のかつての勤務校の校長先生はじめ各先生方、そしてボルティモア市において私が勤務した教育センターや学校など各教育機関の先生方、および合衆国や州や市の政府機関の関係者の皆様には、多大なご支援とご指導を賜り、心よりお礼を申し上げなければならない。

定年退職後に聴講生として学んだ横浜市立大学では、幸運にも古川隆久教授（現・日本大学教授）に巡り合い、先生には講義のほかゼミにも参加することを勧められ、若い学生たちにまじって学ぶことができたのは、私にとって大きな刺激となり喜びともなった。先生の授業にはじめて出席したのは二〇〇五（平成一七）年四月であったが、先生が大学を移られてからも、先生にはこうして私の原稿が完成するまで、およそ一〇年にわたって根気よく何度も手紙で激励していただき、そして待っていただいたことになる。とりわけ先生には、なんとお礼をすればよいのか、お礼の言葉をみつけるのが困難なほど、感謝の気持ちでいっぱいである。

横浜市立大学では、古川先生の授業とは別に、いくつか講義を聴講させていただいた。とりわけ上杉忍先生（現・北海学園大学教授）には、アメリカ南部農村における黒人のたたかいをはじめ公民権運動など、ひろくアメリカ黒人の歴史についてご教示をいただいた。

私は本書の原稿をはじめてパソコンで完成させた。パソコンを習い始めたのは七三歳になってからである。パソコン・スクール「グローブ」の周藤富司、天野有子、石黒美香、立川真子、森まり子の諸先生方には、いつも温かく懇切丁寧にご指導していただき、衷心より感謝の言葉を申し上げたい。

最後になるが、古川先生には本書を公刊するにあたり、芙蓉書房出版を紹介していただいた。先生にはつねに変らない深い心遣いをいただき、感謝の言葉もないほどである。そして出版事情の厳しい折にもかかわらず、本書の出版を快く引き受けていただいた芙蓉書房出版代表の平澤公裕氏には、心から感謝の意を表しなければならない。

そして二度にわたる私の海外単身赴任生活のあいだ、いっさいの苦労を背負って留守家庭を守り、帰国後もこれまで私が家庭内の雑事に煩わされることなく研究に没頭するのを見守ってきた、妻の良子に心から感謝しつつ、本書を捧げたい。

二〇一六年五月

吉浜精一郎

著者
吉浜精一郎（よしはま せいいちろう）
1937年生まれ。早稲田大学大学院政治学研究科博士課程単位取得退学。元川崎市国際交流協会常務理事・事務局長、カリタス女子短期大学非常勤講師など。
著書：『オーストラリア多文化主義の軌跡』（ナカニシヤ出版、2001年）、『アメリカ公教育の課題と展望』（共編著、川崎教育文化研究所、1992年）、『アメリカ公教育のいま』（共編著、川崎市総合教育センター、1990年）ほか。

太平洋戦争と日系アメリカ人の軌跡
――日米関係史を考える――

2016年 8月10日　第１刷発行

著 者
吉浜《よしはま》 精一郎《せいいちろう》

発行所
㈱芙蓉書房出版
（代表 平澤公裕）
〒113-0033東京都文京区本郷3-3-13
TEL 03-3813-4466　FAX 03-3813-4615
http://www.fuyoshobo.co.jp

印刷・製本／モリモト印刷

ISBN978-4-8295-0685-1

日本人移民はこうして「カナダ人」になった
『日刊民衆』を武器とした日本人ネットワーク
田村紀雄著　本体 2,300円

戦前カナダに渡った３万人の日本人移民は異文化社会でどう生き抜いたのか。日本人労働者のカナダ社会への同化、地位向上に一身を捧げたジャーナリスト鈴木悦、パートナーとして鈴木を支えた作家田村俊子、鈴木の後継者として日系人社会をリードした梅月高市……。個性あふれる人々が『日刊民衆』というメディアを武器に強固なネットワークを形成していく過程を描いたノンフィクション。

ボリビア移民の真実
寺神戸 曠著　本体 1,900円

1956年からの南米ボリビアへの移民の実態は…？　６年余、農業技師として現地で移民支援に当たった著者がボリビア・サンフアン入植地の姿をたくさんの写真とともに記録。国の欺瞞、不作為の「罪」を厳しく追及する。

海外移民ネットワークの研究
ペルー移住者の意識と生活
赤木妙子著　本体 7,800円

聞き取り調査と史料を駆使して日系人社会のネットワーク形成を明らかにした論考。戦前のリマでさまざまな商売を営んでいた日本人移民たちのネットワークを「福島県人」を中心に再構成。周辺諸国や日本との関わりまで広げた分析手法は、移民史研究に新風を吹き込む。

太平洋の架橋者 角田柳作

「日本学」のSENSEI

荻野富士夫著　本体 1,900円

“アメリカにおける「日本学」の父”の後半生を鮮やかに描いた評伝。40歳で米国に渡り、87歳で死去するまでの人生の大半を主にニューヨークで過ごした角田は、コロンビア大学に日本図書館を創設し、The Japan Culture Center を開設した。ドナルド・キーンをはじめ多くの日本研究者を育てた角田は、深い教養と、学問に対する真摯な姿勢から、尊敬と敬愛をこめて“SENSEI”と呼ばれた。貴重な写真・図版77点収録。

日米野球の架け橋

鈴木惣太郎の人生と正力松太郎

波多野 勝著　本体 2,300円

日本プロ野球の創成期に日米野球に執念を燃やし続けた一人の男がいた。昭和を駆け抜けた一大興行師正力松太郎の野望と理想の野球追求の狭間で揺れ動いた鈴木惣太郎の一生を鮮やかに描いた評伝。

ハンガリー公使大久保利隆が見た三国同盟

ある外交官の戦時秘話

高川邦子著　本体 2,500円

“ドイツは必ず負ける！ それも1年から1年半後に”

枢軸同盟国不利を日本に伝え、一日も早い終戦を説いた外交官の生涯を描いた評伝。

対ソ開戦を本国に具申しようとした大島駐独大使と対立し降格された大久保は、決死の覚悟でソ連経由で帰国。欧州情勢の真相と一日も早い終戦を説いて回り、天皇にも「御進講」の機会を得た。そして戦況悪化による中立国外交団の軽井沢疎開にともない、外務省軽井沢事務所長を務めた。大久保は戦後になって、欧州で見た三国同盟の実像を回想録にまとめたが、これを広く公表することを許さなかった。戦後70周年の年、大久保の孫にあたる著者によって、この回想録を検証した評伝が完成。本書巻末に、大久保の回想録全文を掲載。

ゼロ戦特攻隊から刑事へ
友への鎮魂に支えられた90年
西嶋大美・太田茂著　本体 1,800円

少年航空兵・大舘和夫が戦後70年の沈黙を破って初めて明かす特攻・戦争の真実。8月15日の最後の出撃直前、玉音放送により奇跡的に生還した元特攻隊員が、南海の空に散っていった戦友への鎮魂の思いを込めて、あの戦争の現場で何があったのかを語り尽くす。長期間にわたる聞き取りを行ったジャーナリストと法律家によって読みやすくまとめられている。

太平洋戦争開戦過程の研究
安井　淳著　本体 6,800円

陸軍を中心に、海軍・外務省・宮中などが対米戦争を決意するまでの経緯と政策の決定、執行の詳細を、徹底的な資料分析によって明らかにした論考。

原爆を落とした男たち
マッド・サイエンティストとトルーマン大統領
本多巍耀著　本体 2,700円

“原爆投下は戦争終結を早め、米兵だけでなく多くの日本人の命を救った”という戦後の原爆神話のウソをあばく。「原爆の父」オッペンハイマー博士、天才物理学者ファインマン博士ら、やればどうなるかよく知っている科学者たちがなぜこれほど残酷な兵器を開発したのか？　そして、トルーマンやグローヴスらの政治家、軍人、外交官はこれにどのように向き合ったのか？　原爆の開発から投下までの、科学者の「狂気」、投下地点をめぐる政治家の駆け引き、B-29エノラ・ゲイ搭乗員たちの「恐怖」……。

原爆投下への道程
認知症とルーズベルト
本多巍耀著　本体 2,800円

世界初の核分裂現象の実証からルーズベルト大統領急死までの６年半をとりあげ、原爆開発の経緯とルーズベルト、チャーチル、スターリンら連合国首脳の動きを克明に追ったノンフィクション。マンハッタン計画関連文献、アメリカ国務省関係者の備忘録、米英ソ首脳の医療所見資料など膨大な資料を駆使。